기독교문서선교회(Christian Literature Center: 약칭 CLC)는 1941년 영국 콜체스터에서 켄 아담스에 의해 시작되었으며 국제 본부는 미국 필라델피아에 있습니다.
국제 CLC는 약 650여 명의 선교사들이 59개 나라에서 180개의 서점을 운영하며 이동 도서 차량 40대를 이용하여 문서 보급에 힘쓰고 있으며 이메일 주문을 통해 130여 국으로 책을 공급하고 있는 국제적 문서선교 기관입니다.

추천사

송 옥 석 PD
극동방송 〈좋은아침입니다〉 진행자

  김병렬 목사님은 누구보다 예수님을 사랑하는 목회자입니다. 다른 복음이 아닌 오직 예수 그리스도의 복음을 간절히 전하고자 하는 목사님은 이번 책에서도 예수님을 발견하게 합니다. 하나님께 죽기까지 충성하신 예수님의 일생처럼, 그리스도의 일꾼인 우리가 어떤 마음으로 충성해야 하는지를 히브리서 말씀을 통해 감동적으로 전하고 있습니다.
  개인적으로 늘 견고하고 한결같이 걸어가시는 목자의 모습을 오랫동안 지켜보았습니다. 이 책을 통해 목사님의 마음속 신앙고백을 다시 한번 볼 수 있어 참 행복했습니다. 이 책을 통해 살아 있고 활력이 넘치는 하나님의 마음을 깊이 누리시기를 기대하며 추천합니다.

추천사

채 돈 목사
대신은퇴원로목사회 회장, 찬양교회 원로목사

히브리서는 예수님께서 친히 제물이 되셔서, 단 한 번의 제사로 우리 인간의 죄를 완전히 제거하신 충분한 효력을 지닌 제사를 기록한 책입니다. 따라서 이제는 사람이 하나님께 직접 나아갈 수 있게 된 제사법을 기록한 신약의 레위기라 할 수 있습니다.

김병렬 목사님은 신·구약 성경 전체를 아우르는 인용구와 말씀의 근거를 바탕으로 본문을 강해하기 위해 많은 연구와 노력을 기울여 왔습니다. 이는 하나님 말씀의 은사가 있기에 가능한 일이라 생각합니다.

성경을 처음 접하는 분이라도 하나님의 거룩한 뜻을 깨닫길 원한다면, 먼저 이 책을 정독해 보시기를 강력히 추천합니다.

히브리서에서 발견한 예수님

(히브리서 묵상집)

Discovering Jesus in Hebrews
Written by Byung Ryul Kim
All rights reserved.
Korean Edition Copyright ⓒ 2025 by Christian Literature Center, Seoul, Korea

히브리서에서 발견한 예수님

2025년 11월 20일 초판 발행

지 은 이 | 김병렬

편   집 | 추미현
디 자 인 | 소신애
펴 낸 곳 | (사)기독교문서선교회
등   록 | 제16-25호(1980.1.18.)
주   소 | 서울특별시 동대문구 천호대로71길 39
전   화 | 02-586-8761~3(본사) 031-942-8761(영업부)
팩   스 | 02-523-0131(본사) 031-942-8763(영업부)
이 메 일 | clckor@gmail.com
홈페이지 | www.clcbook.com
송금계좌 | 기업은행 073-000308-04-020 (사)기독교문서선교회
일련번호 | 2025-93

ISBN 978-89-341-2887-8 (03230)

이 책의 저작권은 저자와 (사)기독교문서선교회가 소유합니다. 신저작권법에 의하여 한국 내에서 보호받는 저작물이므로 무단 전재와 무단 복제를 금합니다.

히브리서에서
발견한
예수님

김병렬 지음

CLC

목차

추천사1　**송 옥 석 PD** | 극동방송 〈좋은아침입니다〉 진행자　　1
추천사2　**채 돈 목사** | 대신은퇴원로목사회 회장, 찬양교회 원로목사　　2
저자 서문　　8

제1장　말씀하신 하나님　　10

제2장　죽으신 예수님　　24

제3장　충성하신 예수님　　46

제4장　우리의 결산을 받으실 이　　69

제5장　대제사장이신 예수 그리스도　　90

제6장　거짓말하지 않으시는 하나님　　102

제7장	우월하신 예수 그리스도	127
제8장	섬기는 이	149
제9장	우리를 위하시는 예수님	168
제10장	갚으시는 하나님	192
제11장	상 주시는 이	230
제12장	심판자이신 하나님	290
제13장	오늘도 살아계신 예수님	330

저자 서문

김 병 렬 박사

대신목회대학원 교수, 인천찬양교회 담임목사

일을 행하시는 여호와, 그것을 만들며 성취하시는 여호와, 그의 이름을 여호와라 하는 이가 이와 같이 이르시도다 (렘 33:2).

지난 2021년도에 시편 묵상집인 『아침식사는 하셨습니까』(CLC 刊)라는 책의 출간은 저에게 큰 위로이자 은혜였습니다. 왜냐하면, 제가 책을 내려고 의도하지도 않았을 뿐만 아니라 전혀 생각지도 못했는데, 하나님의 인도로 정말 선물같이 책이 출간되었기 때문입니다.

이번에도 마찬가지입니다. 어느 날 한 집사님으로부터 전화가 왔습니다. 전화 내용인즉, 저에게 책을 내 달라는 부탁이었습니다. 이유를 들어 보니, 집사님께서 새벽예배 말씀을 통해 늘 은혜를 받아 오셨기에 그 은혜를, 책을 통해 다른 사람들과 나누고 싶다는 것이었습니다.

처음에 이 이야기를 듣고서는 책을 출간하는데 비용이 만만치 않기 때문에 거절했습니다. 그런데 그 집사님의 의지가 매우 확고했고, 이미 책 출간 비용도 확인하신 상태였습니다. 게다가 올해 연말(2025년)까지 목표로, 책 출간 비용을 어떻게 모을지에 대한 구체적인 계획도 말씀해 주셨습니다. 그러고 나서 덧붙인 집사님의 이 말씀 한마디가 저를 더 감동시켰습니다.

"목사님, 이것은 제가 하나님께 드리는 거예요. 나를 위해 돈을 쓰면 사라지고 없어지겠지만, 주님을 위해 쓰면 사라지지 않잖아요. 주님을 위해 헌신하기로 결단했으니 더 이상 사양하지 말아 주세요."

집사님의 말씀을 듣고서 더 이상 거절할 수가 없었습니다. 그렇게 책을 출간하기로 하고, 얼마 지나지 않아 또 그 집사님께 전화가 왔습니다. "여보세요"라고 말하는 집사님의 목소리는 상당히 들떠 있는 상태임을 쉽게 알 수 있었습니다.

"목사님, 책을 출간하기 위해 돈을 조금씩 모을 계획이었는데, 전혀 예상치 못한 목돈이 생겼어요. 책을 내고도 남을 만큼 큰돈을 하나님이 주셨어요. 하나님을 위해 헌신하니까, 하나님께서 이렇게도 복을 주시네요."

저는 집사님의 말씀을 듣고 너무나 기뻤습니다. 귀한 헌신을 받으시고 넘치도록 은혜를 부어주시는 하나님을 찬양하지 않을 수 없었습니다. 이 책의 출간은 하나님이 계획하시고 하나님이 이루셨습니다. 하나님께 영광을 올려드립니다.

또한, 이 지면을 빌어 귀한 집사님의 헌신에도 깊은 감사를 드립니다. 아울러 늘 곁에서 힘이 되어 주는 아내와 세 자녀 그리고 언제나 든든한 동역자인 찬양교회의 당회원들과 성도들께도 감사드립니다. 할렐루야!

제1장
말씀하신 하나님

1. 말씀하신 하나님

2. 아들을 통하여 말씀하셨으니

3. 그가 천사보다 훨씬 뛰어남은

4. 하나님이 기름을 부어

5. 사라질 피조물, 영존하시는 주님

6. 천사는 섬기는 자, 우리는 상속자

1. 말씀하신 하나님

> [히 1:1] 옛적에 선지자들을 통하여 여러 부분과 여러 모양으로 우리 조상들에게 말씀하신 하나님이.

히브리서의 저자는 미상이지만, 이 히브리서를 쓴 저자는 구약성경과 유대 전통에 해박한 인물로 추정할 수 있습니다. 그래서 히브리서의 저자로 거론되는 인물로는 바울, 아볼로, 바나바 또는 브리스길라와 아굴라 등이 있습니다. 이 중에서 가장 유력한 사람은 바울입니다.

히브리서는 로마의 네로 황제에 의해 기독교에 대한 핍박이 심할 때 쓰인 서신입니다. 그리고 신약성경의 열아홉 번째 책인 히브리서의 일차 독자는 유대교에서 기독교로 개종한 유대인입니다. 그런데 약 2-30년간 신앙생활을 해 오던 히브리 성도들은 그 당시 핍박이 너무 심해서 다시 유대교로 돌아가려는 유혹으로 믿음이 흔들리고 있었습니다.

따라서 히브리서 기자는 그들이 유혹을 물리치고 예수 그리스도께 대한 믿음을 굳게 지키도록 독려하기 위해서 본 서신을 쓴 것입니다. 히브리서의 주요 내용은 예수 그리스도의 우월성 및 탁월성에 관한 진술로서 예수님 외의 다른 구원의 방법은 없다는 사실을 강조합니다.

1절은 구약 시대에 하나님께서는 선지자를 통해 여러 부분과 여러 모양으로 이스라엘 백성에게 계시의 말씀을 주셨음을 밝힙니다. 이처럼 구약 시대에 하나님은 이스라엘 백성에게 직접 말씀하지 않으시고 선지자들을 통해서 말씀하셨습니다. 따라서 수많은 선지자가 이스라엘 백성에게 전달한 메시지는 그들 개인의 바람이나 생각이 아니라, 하나님의 말씀이었습니다.

오늘날 우리가 성경을 읽을 때도 이런 관점에서 보아야 합니다. 즉, 성경은 개개인의 사상을 담고 있는 철학 서적이나 문학 서적이 아니라, 하나님의 말씀을 기록하여 모은 아주 특별한 계시의 책입니다. 그래서 바울은 "모든 성경은 하나님의 감동으로 된 것"이라고 말하였으며, 베드로는 이렇게 말합니다.

> 먼저 알 것은 성경의 모든 예언은 사사로이 풀 것이 아니니 예언은 언제든지 사람의 뜻으로 낸 것이 아니요 오직 성령의 감동하심을 받은 사람들이 하나님께 받아 말한 것임이라(벧후 1:20-21).

하나님은 말씀하시는 분이시며, 우리는 하나님께서 말씀하신 것을 듣고 순종해야 하는 자들입니다. 그러므로 하나님을 바르게 알기 원한다면 반드시 하나님께서 하신 말씀이 기록된 성경을 보아야 합니다. 즉, 성경을 보지 않고서는 하나님에 대해 알 수 없습니다. 또한, 성경에는 우리 인생의 모든 문제에 대한 해답이 담겨 있습니다.

> 복 있는 사람은 악인들의 꾀를 따르지 아니하며 죄인들의 길에 서지 아니하며 오만한 자들의 자리에 앉지 아니하고 오직 여호와의 율법을 즐거워하여 그의 율법을 주야로 묵상하는도다(시 1:1-2).

> 이 예언의 말씀을 읽는 자와 듣는 자와 그 가운데에 기록한 것을 지키는 자는 복이 있나니 때가 가까움이라(계 1:3).

2. 아들을 통하여 말씀하셨으니

> [히 1:2] 이 모든 날 마지막에는 아들을 통하여 우리에게 말씀하셨으니 이 아들을 만유의 상속자로 세우시고 또 그로 말미암아 모든 세계를 지으셨느니라.

2절에 나오는 "아들을 통하여 우리에게 말씀하셨다"라는 말씀은 1절에서 '선지자들을 통하여 말씀하셨다'라는 말씀과 대구를 이루고 있습니다. 하나님께서는 옛적에는 선지자들을 통해서 당신의 마음에 있는 것을 나타내 보이셨으나 최종적으로는 아들을 통해서 계시하셨습니다. 이것은 시사하는 바가 큽니다. 우리는 옛적 모든 선지자의 마지막에 예수 그리스도가 계신다는 사실을 통하여 먼저 구약이 그리스도를 지향하고 있음을 확인하게 됩니다.

즉, 성경의 중심은 그리스도이십니다. 구약이든 신약이든 모든 성경은 그리스도를 지향하고 있는 것입니다. 하나님께서는 구약 시대에는 선지자들을 통해서 비록 단편적이기는 할지라도 자기 백성에게 자기 뜻을 전달하셨지만, 마지막에는 계시의 정점이며 동시에 계시의 주인공 되시는 성자 예수 그리스도를 통해서 인류를 구원하시고자 하는 하나님의 계획을 드러내 보이셨습니다.

본문은 결국 그리스도가 구약의 모든 선지자보다 우월하신 분이시다는 사실을 통해서 그리스도의 계시에 기초한 기독교의 우월성을 부각하고 있습니다. 이제 이어지는 하반절에서는 하나님의 아들로서 그리스도의 실체를 보여 줍니다.

"이 아들을 만유의 상속자로 세우시고
또 그로 말미암아 모든 세계를 지으셨느니라."

성부 하나님은 성자 예수 그리스도를 만물의 상속자로 세우셨습니다. 아들이신 그리스도께서 아버지 하나님으로부터 상속받은 권한은 만물에 대한 완전한 통치권입니다. 히브리서 기자는 바로 이러한 만물에 대한 그리스도의 신적 통치권을 밝힘으로써 유대인들이 존경하는 구약의 어떤 선지자들보다 예수님께서 훨씬 우위에 있음을 부각하는 것입니다.

그뿐만 아니라 그리스도는 모든 세계를 지으신 창조자가 되십니다. 창세기 1장 1절의 "태초에 하나님이 천지를 창조하시니라"라는 선언은 하나님께서 온 우주를 창조하신 사건에 대한 선언입니다. 하나님은 온 우주를 창조하시되 성자 예수 그리스도를 통하여 창조하셨습니다.

이와 관련하여 요한복음과 골로새서에서는 다음과 같이 말씀합니다.

> 태초에 말씀이 계시니라 이 말씀이 하나님과 함께 계셨으니 이 말씀은 곧 하나님이시니라 그가 태초에 하나님과 함께 계셨고 만물이 그로 말미암아 지은 바 되었으니 지은 것이 하나도 그가 없이는 된 것이 없느니라(요 1:1-3).

> 그는 보이지 아니하는 하나님의 형상이요 모든 피조물보다 먼저 나신 이시니 만물이 그에게서 창조되되 하늘과 땅에서 보이는 것들과 보이지 않는 것들과 혹은 왕권들이나 주권들이나 통치자들이나 권세들이나 만물이 다 그로 말미암고 그를 위하여 창조되었고(골 1:15-16).

창조주가 되시는 예수 그리스도는 어느 누구보다 우월하신 분이심을 히브리서 기자는 계속해서 강조합니다. 그러므로 고난이 온다고 해서 예수님을 믿는 이 믿음을 저버려서는 안 된다는 것입니다. 신앙생활을 하다 보면 손해를 볼 수도 있고 또 억울한 일을 당할 수도 있습니다. 그렇다고 해서 교회를 떠나거나 주님을 멀리해서는 안 됩니다. 주님보다 위대하신 분이 없는데, 고난이 온다고 해서 이런 주님을 떠난다면 이것보다 어리석은 일은 없습니다.

3. 그가 천사보다 훨씬 뛰어남은

> [히 1:4-5] 그가 천사보다 훨씬 뛰어남은 그들보다 더욱 아름다운 이름을 기업으로 얻으심이니 하나님께서 어느 때에 천사 중 누구에게 너는 내 아들이라 오늘 내가 너를 낳았다 하셨으며 또다시 나는 그에게 아버지가 되고 그는 내게 아들이 되리라 하셨느냐.

오늘 본문은 그리스도의 우월성 중에서도 천사보다 뛰어나신 성자 하나님으로서의 신분적 탁월성에 대한 진술입니다. 즉, 예수 그리스도는 천사들이 받지 못한 아들로서의 이름을 받으신 성자 하나님이심을 밝힌 것입니다.

히브리서 기자가 무엇보다 먼저 천사와 비교해서 그리스도의 우월성을 논증한 것은 당시 이 서신의 일차 수신자인 유대인들 사이에는 천사에 대한 신앙이 있었기 때문입니다. 당시 골로새 교회에서는 천사 숭배가 성행하고 있을 정도였습니다. 이런 정황에서 히브리서 기자는, 천사는 그리스도인들이 숭배할 대상이 아니며 오히려 부려야 할 대상이라는 사실을 말함으로써 신앙의 대상은 오직 예수 그리스도뿐임을 강조합니다.

천사를 뜻하는 히브리어 '말라크'의 의미는 '사자'입니다. 이것은 천사가 하나님을 섬기는 존재이며, 하나님과 인간 사이의 연락관임을 보여 줍니다. 따라서 그 어떤 천사라도 하나님의 아들이신 예수 그리스도와는 비길 수 없습니다. 천사는 그리스도께서 창조하신 일개 피조물에 불과합니다.

이어지는 5절은 시편 2편 7절의 인용으로 하나님께서 '내 아들'이라 칭하신 유일한 존재는 그리스도뿐임을 보여 줍니다. "너는 내 아들이라"라는 이 선언은 역사적으로 볼 때 예수님의 생애에서 실제로 나타났던 선언이기도 합니다. 즉, 예수님께서 세례를 받으시고 올라오실 때 그리고 변화산에서 성부 하나님께서 예수님을 향하여 직접 하신 선언입니다.

5절 하반절에 나오는 "나는 그에게 아버지가 되고 그는 내게 아들이 되리라"라는 말씀은 하나님께서 다윗이 낳을 아들 솔로몬을 가리켜 예언하신 사무엘하 7장 14절을 인용한 구절입니다. 사무엘하에 나오는 이 말씀의 주인공은 일차적으로는 솔로몬을 가리키지만, 여기서 솔로몬은 그리스도를 예표합니다. 즉, 신정 왕국인 이스라엘의 왕으로서 기름 부음 받은 솔로몬은 하나님의 기름 부으심을 받은 왕으로서 하나님의 나라를 견고케 하실 그리스도를 예표한 것입니다.

기름 부음 받은 메시아는 유일하신 분이므로 여기에 천사가 개입될 여지는 없습니다. 따라서 하나님과 그리스도와의 관계는 천사들이 하나님과 가지는 관계와 비교할 수 없을 정도로 우월한 것입니다. 그러므로 환난이 온다고 해서 예수 그리스도를 버려서는 안 된다고 히브리서 기자는 강조하고 있는 것입니다.

4. 하나님이 기름을 부어

> [히 1:7-9] 또 천사들에 관하여는 그는 자기 천사들을 바람으로, 그의 사역자들을 불꽃으로 삼으시느니라 하셨으되 아들에 관하여는 하나님이여 주의 보좌는 영영하며 주의 나라의 규는 공평한 규이니이다 주께서 의를 사랑하시고 불법을 미워하셨으니 그러므로 하나님 곧 주의 하나님이 즐거움의 기름을 주께 부어 주를 동류들보다 뛰어나게 하셨도다 하였고.

오늘 본문 7절은 시편 104편 4절를 인용한 구절로써 천사들은 창조된 존재 곧 일개 피조물이라는 사실을 분명히 보여 줍니다. 여기에서 "삼으시느니라"라는 동사는 '만들다'라는 뜻입니다. 즉, 하나님은 천사들을 친히 만드셨을 뿐만 아니라 자신의 목적대로 사용하신다는 개념이 이 단어에 들어 있습니다. 여기서 중요한 것은 하나님께서 아들은 바람이나 불꽃 등의 도구로 삼지 않으시지만, 천사들은 그렇게 사용하신다는 것입니다.

8절과 9절에서는 하나님의 아들이신 예수 그리스도의 지위와 그 통치권에 대한 진술입니다. 천사들과는 비교할 수 없을 정도로 우월하신 예수 그리스도의 지위에 대한 진술인 이 부분은 시편 45편 7절을 인용한 것입니다. 이 시편은 원래 왕을 위한 결혼 축하 시로 여겨지는데, 히브리서 기자는 메시아를 위한 축하 시로 인용하고 있습니다. 천사들이 종으로서 섬기는 존재인 것과는 대조적으로 그리스도는 하나님으로서 통치하는 존재입니다.

예수님께서 하나님이시라는 사실은 '그분의 보좌는 영영하다'라는 표현에서도 잘 드러납니다. '보좌'는 등받이와 팔받침 그리고 발등상을 갖

춘 높은 의자를 가리키는데, 이것은 왕을 위한 자리로써 통치를 상징하는 표현입니다. 특히, 하나님의 보좌에 대한 언급은 통치자 하나님의 위엄을 나타냅니다. 신약에서는 하나님의 보좌를 그리스도의 보좌와 연결하고 있습니다. 그런데 이 그리스도의 보좌는 영원하다고 말합니다. 또한, 주님은 어느 민족이나 어떤 개인에 대해서도 편견을 가지지 않으시고 공평하게 다스리십니다.

> "주께서 의를 사랑하시고 불법을 미워하셨으니
> 그러므로 하나님 곧 주의 하나님이 즐거움의 기름을 주께 부어
> 주를 동류들보다 뛰어나게 하셨도다."

의를 사랑하고 불법을 미워하는 것은 공평한 규례를 가지고 통치하시는 예수 그리스도의 특징입니다. 성부 하나님께서는 의를 사랑하고 불법을 미워하는 아들에게 즐거움의 기름을 부으십니다. 여기에서 즐거움의 기름을 붓는 행위는 기쁨이 넘칠 때 행하는 축제의 기름 부음을 의미합니다.

실제 구약에서 기름 부음의 주된 대상은 왕과 제사장 그리고 선지자였습니다. 특히, 왕에게 기름을 붓는 것은 여호와 앞에서 행하여진 취임식의 한 과정으로서 거룩한 의식이었으며, 이는 세워진 새 왕에게 이스라엘을 통치할 법적 권리를 부여하는 것이었습니다. 하나님께서는 아들에게 하늘 대관식을 행하심으로 그리스도의 우월성을 입증하셨습니다. 이는 '주를 동류들보다 뛰어나게 하셨도다'라는 말씀에서도 잘 드러납니다.

5. 사라질 피조물, 영존하시는 주님

> [히 1:10-11] 또 주여 태초에 주께서 땅의 기초를 두셨으며 하늘도 주의 손으로 지으신 바라 그것들은 멸망할 것이나 오직 주는 영존할 것이요 그것들은 다 옷과 같이 낡아지리니.

오늘 본문은 시편 102편 25-26절의 인용으로서, 예수 그리스도께서는 창조주로서 피조물과 달리 영존하신다는 사실을 들어 그분의 우월하심을 밝히는 부분입니다. 먼저 10절에서는 그리스도가 창조자로 묘사되고 있습니다. 즉, 예수 그리스도는 땅의 기초를 두셨고, 그 손으로 하늘을 지으셨다는 것입니다.

특히, 10절에서 우리가 주목할 점은 "태초에 하나님이 천지를 창조하시니라"(창 1:1)는 말씀에 나오는 하나님과 오늘 본문에 나오는 그리스도를 동일시한다는 것입니다. 이는 그리스도가 곧 창조주라는 사실을 전제한 것입니다.

이러한 묘사는 신약 성경 곳곳에서 발견되기도 합니다.

> 만물이 그로 말미암아 지은 바 되었으니 지은 것이 하나도 그가 없이는 된 것이 없느니라(요1:3).

> 그는 보이지 아니하는 하나님의 형상이시요 모든 피조물보다 먼저 나신 이시니 만물이 그에게서 창조되되 하늘과 땅에서 보이는 것들과 보이지 않는 것들과 혹은 왕권들이나 주권들이나 통치자들이나 권세들이나 만물이 다 그로 말미암고 그를

위하여 창조되었고(골 1:15-16).

이처럼 그리스도는 창조주이시기 때문에 예수 그리스도를 버리고 과거의 유대교 신앙으로 되돌아가려고 하는 것은 실로 어리석은 일임을 바울은 강조하고 있는 것입니다.

11절에서는 하늘과 땅은 멸망할 것이며 옷과 같이 낡아진다고 말씀합니다. 이때 '멸망하다'라는 말은 사라지고 없어진다는 뜻입니다. 즉, 이 말은 지음을 받은 모든 피조물은 계속해서 쇠퇴하다가 결국은 사라지게 될 것을 나타냅니다. 이는 성경이 늘 강조하는 진리이기도 합니다. 우리가 눈으로 볼 수 있는 것 중에 영원한 것은 아무것도 없습니다. 모든 것은 쇠퇴하고 옷과 같이 낡아지며 사라지게 됩니다. 이처럼 이 세상의 모든 것이 영원하지 않고 언젠가 다 소멸한다면, 이런 세상에 소망을 두고 사는 것은 어리석은 태도입니다.

실제로 지구는 현재 환경 오염과 온난화로 인하여 자연재해가 갈수록 증가하고 있습니다. 남극의 얼음은 계속 녹아내리고 있으며, 또 한겨울에 홍수가 나는가 하면 한여름에 폭설이 내리는 기현상도 일어나고 있습니다. 이 모든 현상은 오늘 본문의 말씀처럼 이 피조 세계가 옷과 같이 낡아지는 증거라고 할 수 있습니다. 그러기에 우리는 사라지고 없어질 이 땅에 소망을 두는 자가 아니라, 영존하시는 주님께 소망을 두며 살아야 합니다.

6. 천사는 섬기는 자, 우리는 상속자

> [히 1:13-14] 어느 때에 천사 중 누구에게 내가 네 원수로 네 발등상이 되게 하기까지 너는 내 우편에 앉아 있으라 하셨느냐 모든 천사는 섬기는 영으로서 구원받을 상속자들을 위하여 섬기라고 보내심이 아니냐.

오늘 본문은 천사가 성도를 섬기기 위하여 보냄을 받은 존재임을 밝힘으로써 본 단락 전체의 주제인 천사보다 뛰어나신 예수 그리스도의 지위를 확실하게 보여 줍니다.

먼저 13절은 시편 110편 1절의 인용으로서 이 말씀의 대상은 오직 그리스도뿐입니다. 즉, 13절은 수사 의문문을 사용하여 하나님께서는 아들이신 그리스도 외에는 어느 사람에게 하나님 우편에 앉으라고 말씀하신 적이 없다는 사실을 말해 줍니다. 이때 '하나님 우편에 앉는다'라는 것은 그의 권능과 영광에 동참한다는 것을 뜻합니다. 이는 곧 그리스도의 절대적 지위를 보여 주는 것이기도 합니다. 실제로 예수님은 부활 승천하셔서 하나님 보좌 우편에 앉아 계십니다.

> 주 예수께서 말씀을 마치신 후에 하늘로 올려지사 하나님 우편에 앉으시니라 (막 16:19).

14절은 섬김을 받는 그리스도와는 반대로 섬기는 존재로서 창조된 천사들의 지위에 대한 말씀입니다.

> "모든 천사는 섬기는 영으로서 구원받을 상속자들을 위하여
> 섬기라고 보내심이 아니냐."

천사들은 믿는 자들 곧 성도를 섬기도록 보내심을 받은 봉사의 영임을 직접 말씀하고 있습니다. 즉, 천사들은 하나님의 종들로서 성도들을 섬기는 존재입니다. 이처럼 구원받은 성도들을 섬기는 존재인 천사를 오히려 신앙의 대상으로 섬기고 숭배한다는 것은 성도에게 주어진 영적 특권을 버리는 참으로 어리석은 행동입니다. 더욱이 성도를 섬기는 존재인 천사와 예수 그리스도의 지위는 결코 비교할 수 없습니다.

하나님께서는 창세전에 이미 그리스도 안에서 우리를 선택하시고 예정하셨으며, 우리를 위해 천사를 보내십니다. 보냄 받은 천사들은 우리가 숭배하거나 섬겨야 할 대상이 결코 아닙니다. 더 나아가 우리는, 성도라는 우리의 위치가 얼마나 귀한지를 바르게 깨달아야 합니다. 하나님께서 천사들을 보내사 우리를 위해 섬기게 하실 정도로 우리는 존귀한 존재입니다. 즉, 우리는 그리스도와 함께 하나님 나라의 공동 상속자입니다.

> 성령이 친히 우리의 영과 더불어 우리가 하나님의 자녀인 것을 증언하시나니 자녀이면 또한 상속자 곧 하나님의 상속자요 그리스도와 함께한 상속자니 우리가 그와 함께 영광을 받기 위하여 고난도 함께 받아야 할 것이니라(롬 8:16-17).

제2장
죽으신 예수님

1. 들은 것에 더욱 유념함으로

2. 사람이 무엇이기에

3. 만물을 복종하게 하셨느니라

4. 모든 사람을 위하여 죽으신 예수님

5. 고난을 통하여

6. 형제라 부르시기를 부끄러워하지 아니하시고

7. 죽음을 통하여

8. 죽기를 무서워하므로

9. 아브라함의 자손

10. 시험을 받아

1. 들은 것에 더욱 유념함으로

> [히 2:1-3] 그러므로 우리는 들은 것에 더욱 유념함으로 우리가 흘러 떠내려가지 않도록 함이 마땅하니라 천사들을 통하여 하신 말씀이 견고하게 되어 모든 범죄 함과 순종하지 아니함이 공정한 보응을 받았거든 우리가 이같이 큰 구원을 등한히 여기면 어찌 그 보응을 피하리요. 이 구원은 처음에 주로 말씀하신 바요 들은 자들이 우리에게 확증한 바니.

히브리서에는 수신자를 향해 불신앙에 대한 경고가 총 다섯 번 나옵니다. 그 가운데 오늘 본문은 첫 번째 경고의 말씀입니다. 내용은 그리스도의 구원 복음으로부터 이탈하여 천사보다 뛰어나신 그리스도에게 순종하지 아니하는 죄에 대한 경고입니다.

"그러므로 우리는 들은 것에 더욱 유념함으로
우리가 흘러 떠내려가지 않도록 함이 마땅하니라."

여기서 '들은 것'이란, 그리스도에 관해서, 즉 예수님은 하나님의 아들이시며 유일한 구원자라고 들은 것을 가리킵니다. 성도는 그 들은 것을 주의하여 놓치지 않도록 힘써야 합니다. 왜냐하면, 우리가 흘러 떠내려가지 않도록 하기 위해서입니다. 풍랑이나 급류에 휩쓸려 표류하게 되면 그 결과가 참혹하게 되는 것처럼 그리스도의 말씀에서 떠나 잘못된 이단에 이끌려 표류하게 되면 이 역시 회복하기 힘든 해를 당하게 됩니다.

히브리서 저자는 유대 출신 그리스도인들이 과거 유대교의 잘못된 가르침으로 되돌아가서 천사를 숭배하던 상태로 떨어지지 않도록, 그들이 이미 들은 복음의 말씀에 특별히 유의하여 그 안에 머물러 있을 것을 당부하는 것입니다. 이것은 오늘 우리에게도 해당하는 말씀입니다. 즉, 우리는 성경 말씀에서 떠나 영적 세계를 혼란케 하는 이단에 휩쓸리지 않도록 부단히 노력해야 합니다.

계속해서 2절은 이렇게 말씀합니다.

"천사들을 통하여 하신 말씀이 견고하게 되어
모든 범죄함과 순종하지 아니함이 공정한 보응을 받았거든."

2절은 이런 뜻입니다.
'천사들을 통해 주신 말씀인 율법도 구속력이 있어 그것을 어겨 죄를 범하는 자들이 마땅한 보응을 받았다는 것이 사실일진대 하물며'
구약성경에는 하나님의 율법이 천사들을 통해서 주어졌다는 사실이 기록되어 있지 않습니다. 하지만, 신약성경 사도행전 7장 53절과 갈라디아서 3장 19절 및 유대 역사가 요세푸스의 저술에는 천사의 중보를 통하여 율법을 받았다는 사실이 기록되어 있습니다.

너희는 천사가 전한 율법을 받고도 지키지 아니하였도다 하니라 (행 7:53).

천사가 이렇게 중요한 일을 감당했음에도 그의 지위는 결코 그리스도보다 높을 수는 없습니다. 여기에서 우리가 간과하지 말아야 할 것이 있습니다. 바로 천사를 통해 하신 말씀도 확실한 효력이 있어서 그것을 불순종하면 징벌을 받는데, 하물며 아들이신 그리스도께서 직접 전하여 주신 구원의 복음을 등한히 여긴다면 이 얼마나 큰 징벌을 받겠는가 하는 것입니다.

그러므로 우리는 어떤 어려움을 당한다고 할지라도 예수 그리스도가 전하여 준 이 복음만큼은 꼭 붙들어야 합니다.

2. 사람이 무엇이기에

> [히 2:5-6] 하나님이 우리가 말하는바 장차 올 세상을 천사들에게 복종하게 하심이 아니니라 그러나 누구인가가 어디에서 증언하여 이르되 사람이 무엇이기에 주께서 그를 생각하시며 인자가 무엇이기에 주께서 그를 돌보시나이까.

5절에서 말하고 있는 '장차 올 세상'이란, 예수 그리스도의 재림을 통해서 이루어지게 될 새로운 세상 곧 하나님의 나라를 가리킵니다. 즉, 하나님은 하나님의 나라를 천사들에게 종속시키지 않으시고, 천사들보다 뛰어난 아들에게 복종시키실 것입니다. 이 사실을 통해서도 천사보다 뛰어난 예수 그리스도의 우월성을 잘 알 수 있습니다.

이제 이어지는 6절에서 8절까지는 다윗의 시를 인용하고 있습니다. 그런데 히브리서 기자는 마치 인용되는 구절이 성경 어디에 있는지 전혀 모르는 사람처럼 이렇게 표현합니다.

"누구인가가 어디에서 증언하여 이르되."

이러한 인용법은 지금 인용하는 이 인용구가 어디에 나오는 것인지를 독자들이 이미 잘 알고 있다는 사실을 전제로 하는 인용법입니다.

"사람이 무엇이기에 주께서 그를 생각하시며
인자가 무엇이기에 주께서 그를 돌보시나이까."

'생각하신다'라는 말은 관심을 가지고 기억해 준다는 의미입니다. 즉, 하나님은 연약하고 비천한 인간을 단 한 순간도 잊지 않으시고 항상 관심을 가지고 지켜보시는 분이십니다. 이것은 큰 은혜입니다. 예를 들어 한 나라의 대통령이 나를 기억하고 나에게 관심을 두고 있다면, 이것은 큰 위로와 힘이 됩니다. 하물며 하늘과 땅을 지으신 창조주 하나님께서 한낱 피조물에 불과한 나를, 그것도 죄 가운데 태어나 죄만 짓고 사는 나를 기억해 주신다는 것은 큰 은혜가 아닐 수 없습니다.

하나님의 아들이신 예수님께서 고난을 받으실 아무런 이유가 없습니다. 또한, 창조주이신 예수님께서 피조물인 인간의 몸을 입고 이 땅에 오실 이유도 없습니다. 예수님께서 인간의 몸을 입고 이 땅에 오셔서 온갖 고난을 받으시고 결국에는 십자가에 못 박혀 죽으신 이유는 단 하나, 나를 살리시기 위해서였습니다. 이토록 주님은 나를 사랑하셨습니다. 이런 사랑을 받은 내가, 주님을 생각하지 못한 채 나만을 위해 산다면 주님께 너무 죄송할 것 같습니다.

나를 사랑하시는 주님의 사랑이 짝사랑으로 끝나지 않았으면 좋겠습니다. 이제는 나도 주님을 이 세상 그 무엇보다 그 누구보다 사랑하며 살기를 다짐해 봅니다.

3. 만물을 복종하게 하셨느니라

> [히 2:7-8] 그를 잠시 동안 천사보다 못하게 하시며 영광과 존귀로 관을 씌우시며 만물을 그 발 아래에 복종하게 하셨느니라 하였으니 만물로 그에게 복종하게 하셨은즉 복종하지 않은 것이 하나도 없어야 하겠으나 지금 우리가 만물이 아직 그에게 복종하고 있는 것을 보지 못하고.

예수님은 성육신하신 동안 천사보다 조금 못한 존재였으나, 그 기간은 잠깐 동안이었습니다. 즉, 예수님은 성육신하셔서 시간과 공간의 제한을 당하셨으며, 또 배고픔과 피곤함 등 인간의 연약함도 지닌 채 사셔야 했습니다. 이런 모습은 순수한 영적 존재로서 시공간을 초월해서 존재하며 신체적 피곤함 같은 것은 전혀 느끼지 못하는 천사보다 낮은 지위의 모습임이 분명합니다.

즉, 하나님은 그리스도를 그의 지상 33년의 생애 동안 철저히 인간으로 살게 하신 것입니다. 이로 인해 그리스도는 모든 낮아짐을 경험하셨던 것입니다. 하지만, 성육신 및 수난과 죽음으로 잠깐 동안 천사보다 못하게 되신 그리스도께서는 부활 승천하심으로써 본래 지니고 있던 그 영광과 존귀를 되찾아 그 가운데 거하시게 됩니다.

"만물을 그 발 아래에 복종하게 하셨느니라."

이 말씀은 그리스도를 만물의 통치자로 세우셨다는 사실을 말합니다. 여기에서 말하는 만물에는 당연히 천사도 포함됩니다.

> 이러므로 하나님이 그를 지극히 높여 모든 이름 위에 뛰어난 이름을 주사 하늘에 있는 자들과 땅에 있는 자들과 땅 아래에 있는 자들로 모든 무릎을 예수의 이름에 꿇게 하시고(빌 2:9-10).

여기에서 말하는 '하늘에 있는 자들'이란, 천사를 가리킵니다. 즉, 천사들도 피조물로서 예수님께 무릎 꿇고 경배해야 합니다. 이와 관련해서 이미 히브리서 1장에서 말한 바 있습니다.

> 또 그가 맏아들을 이끌어 세상에 다시 들어오게 하실 때에 하나님의 모든 천사들은 그에게 경배할지어다 말씀하시며(히 1:6).

하나님께서는 그리스도를 만물의 통치자로 세우시고 만물을 그 발 아래 복종하게 하셨습니다. 하지만, 아직은 만물이 그에게 복종하지 않습니다. 왜냐하면, 그리스도의 재림 때까지는 이 세상 어두움의 주관자인 사단의 활동으로 인해 만물이 그리스도에게 철저히 복종하지는 않는 것입니다.

이로 인해 재림 전까지 성도들은 이 세상에서 많은 고난을 당할 것이며 하나님의 나라를 대적하는 세력들은 끊임없이 일어날 것입니다. 그러나 재림 이후 만물은 그리스도에게 온전히 복종하게 될 것입니다. 우리는 만물이 그리스도에게 복종하게 되는 이 재림의 날을 기다리는 자들입니다.

마라나타!

4. 모든 사람을 위하여 죽으신 예수님

> [히 2:9] 오직 우리가 천사들보다 잠시 동안 못하게 하심을 입은 자 곧 죽음의 고난 받으심으로 말미암아 영광과 존귀로 관을 쓰신 예수를 보니 이를 행하심은 하나님의 은혜로 말미암아 모든 사람을 위하여 죽음을 맛보려 하심이라.

오늘 본문에서는 예수님을 크게 두 가지로 설명합니다.

첫째, '천사들보다 잠깐 못하게 하심을 입은 자'입니다. 그리스도는 본래 천사들과는 비교할 수 없을 정도로 우월하신 분이십니다. 즉, 예수님은 창세 전부터 성부 하나님과 영광을 나누어 가지신 분으로서 이 세상의 보이는 것과 보이지 않는 모든 것들을 창조하는 사역에 동참하신 창조자이십니다. 그런 그리스도께서 성육신하심으로써 지상에 계시는 기간 동안 잠시 천사보다 낮은 존재로 사셨습니다.

둘째, '죽음의 고난 받으심으로 말미암아 영광과 존귀로 관을 쓰신 분'입니다. 예수님께서 영광과 존귀로 관을 쓰시게 된 이유는 자신의 인성으로 고난과 수치를 당하셨기 때문입니다. 만물을 존재하게 하신 제2위 하나님이신 그리스도께서 잠깐 피조물에 불과한 천사보다 못한 위치에 계셨던 것은 성육신의 결과였습니다.

즉, 예수님은 우리와 똑같은 인성을 취하셨기에 우리와 똑같이 시험을 받으셨고 고난을 겪으셨으며 죽음을 경험하신 것입니다. 죽음이란 인간이 경험할 수 있는 가장 최고 지경의 고난이라고 할 수 있습니다. 그런데 예수님은 이 죽음까지 친히 경험하신 것입니다.

그런데 예수님의 죽음은 예수님 자신의 과실이나 또는 예수님 자신의 영광을 위해서가 아니라, 모든 사람을 위한 것이었습니다. 즉, 예수님은 모든 사람을 위한 대속적 죽음을 치르셨습니다. 그러나 예수님께서 모든 사람을 위해 죽으신 것은 맞지만, 그렇다고 해서 모든 사람이 다 구원받는 것은 아닙니다.

> 청함을 받은 자는 많되 택함을 입은 자는 적으니라(마 22:14).

모든 사람에게 공무원이 될 수 있는 길은 열려 있습니다. 하지만, 그렇다고 해서 모든 사람이 다 공무원이 될 수 있는 것은 아닙니다. 이와 마찬가지로 예수님은 모든 사람에게 구원의 길을 열어 주셨습니다. 예를 들어, 평생 나쁜 짓만 하던 강도라고 할지라도 예수님만 믿으면 구원받습니다. 이처럼 모든 사람에게 구원의 길은 열려 있지만, 그렇다고 해서 모든 사람이 예수님을 믿고 구원받는 것은 아니라는 것입니다. 그러므로 오늘 내가 예수님을 믿고 신앙생활을 한다는 것이 얼마나 큰 은혜인지 모릅니다.

5. 고난을 통하여

> [히 2:10] 그러므로 만물이 그를 위하고 또한 그로 말미암은 이가 많은 아들들을 이끌어 영광에 들어가게 하시는 일에 그들의 구원의 창시자를 고난을 통하여 온전하게 하심이 합당하도다.

본문의 내용은 만물의 창조주 하나님께서 성도들을 하늘나라의 영광으로 인도하시기 위해서 예수 그리스도가 고난을 당하셨다는 것입니다.

먼저 상반절에 보면, 하나님을 이렇게 표현합니다.

"만물이 그를 위하고 또한 그로 말미암은 이가."

여기에서 '그'는 창조주 하나님을 가리킵니다. 즉, 하나님은 만물의 근원이시며, 만물은 그분에 의해 창조되었음을 밝히는 것입니다. 뒤이어 나오는 "많은 아들"이란, 예수 그리스도의 구속 사역을 통해 죄 사함을 받아 하나님의 자녀로 입양된 자들을 말합니다.

그리고 본문에서 언급된 '영광'이란, 장차 유업으로 받게 될 하나님의 나라를 말합니다. 영광은 본래 하나님과 그리스도에게만 있는 것이며, 죄인들과는 상관없는 것입니다. 그러나 그리스도의 성육신과 수난 및 죽음과 부활을 통해서, 죄인들이 하나님 나라를 유업으로 받아 그 영광을 소유할 기회를 얻게 된 것입니다.

오늘 본문에서 하나님을 만물의 창조주라고 표현한 저자는, 예수 그리스도를 '구원의 창시자'라고 표현합니다. 창시자란, 남들이 들어갈 수 있도록 처음으로 길을 열어 주는 사람을 가리킵니다. 따라서 예수님께서 구원의 창시자라는 말은 우리가 뒤따라 들어갈 수 있도록 예수님께서 구원의 길을 열어 주셨음을 의미합니다. 이와 관련하여 예수님께서는 이렇게 말씀하신 적이 있습니다.

> 예수께서 이르시되 내가 곧 길이요 진리요 생명이니 나로 말미암지 않고는 아버지께로 올 자가 없느니라(요 14:6).

이렇게 구원의 창시자이신 예수님은 우리가 영광에 들어갈 수 있게 하려고 고난이라는 엄청난 대가를 지급하셨습니다. 주님은 죄와 사망에 빠진 우리를 구원하여 천국에 들어가게 하시려고 십자가의 고난과 죽음이라는 대가를 지급하셨던 것입니다. 그러므로 우리 입장에서는 구원이 공짜인 것처럼 느껴질지 몰라도 하나님 입장에서는 독생자 예수 그리스도의 희생이라는 큰 대가를 치르신 것입니다.

사순절을 지내는 동안 기도하는 가운데 주님의 십자가 의미를 조금 더 깊이 묵상해 보았으면 좋겠습니다.

6. 형제라 부르시기를 부끄러워하지 아니하시고

> [히 2:11] 거룩하게 하시는 이와 거룩하게 함을 입은 자들이 다 한 근원에서 난지라 그러므로 형제라 부르시기를 부끄러워하지 아니하시고.

본문은 "거룩하게 하시는 이"인 그리스도와 그의 구속 사역을 통해 거룩함을 입은 성도들이 모두 다 하나님 한 분께 기원을 두고 있다는 사실과 그래서 그리스도는 성도를 형제라고 부르신다는 사실을 말해 주고 있습니다.

여기에서 "거룩하게 하시는 이"라는 표현은 현재 분사로서 '계속해서 거룩하게 하시는 분'이라는 의미입니다. 대제사장이신 그리스도는 자신의 속죄 사역을 통해 성도, 곧 믿는 자들을 거룩하게 하는 분이십니다.

그리고 뒤이어 나오는 '거룩하게 함을 입은 자들'이란 바로 성도들을 가리킵니다. 성도로서 거룩해지는 것을 가리키는 성화는 죄인의 신분에서 의인의 신분으로 바뀌는 것, 즉 칭의처럼 단회적인 것이 아니라 점진적인 과정을 나타냅니다. 따라서 성도는 이미 그리스도 안에서 하나님에 의해 의롭다 함을 입은 사람들이지만, 천국에 가는 그날까지 끊임없이 성결해지는 자들이기도 합니다.

이런 의미에서 우리의 신앙은 멈춰서는 안 됩니다. 그래서 사도 바울도, 자신은 "달려가노라"라고 고백하고 있습니다. 지금 우리는 더 이상 거룩해지지 않아도 될 만큼 완전한 사람이 아닙니다. 그러므로 날마다 주님을 닮아가려고 애쓰는 성화의 발버둥이 있어야 합니다.

오늘 본문에서 또 하나 감동이 있습니다. 바로 주님은 우리를 형제라 부르시기를 부끄러워하지 않으신다는 말씀입니다. 성자 그리스도께서는 자신을 낮추사 사람들과 같이 되셔서 대신 속죄 사역을 수행하심으로 성도들을 하나님과 화목하게 하사 한 가족의 관계를 만드셨습니다.

따라서 주님은 성도들을 형제로 부르는 일에 부끄러워하지 않으신다는 것입니다. 이전에는 허물과 죄로 죽어 죄의 종이요, 마귀의 지배 아래 있었으며 지금도 단지 성화의 길 위에서 거룩해지기를 부단히 애쓰고 있을 뿐인 우리를, 주님이 친히 형제라 칭하시고, 형제 됨을 부끄러워하지 않으신다는 사실은 참으로 큰 은혜입니다.

존귀하신 주님이 우리를 부끄러워하지 아니하시고 형제라고까지 불러주시는데 정작 나는 주님을 부끄러워하고 있는 것은 아닐까요?

그래서 내 주변 사람들에게 내가 그리스도인임을 말하지 못한 채, 마치 비밀요원처럼 남몰래 신앙생활을 하고 있는 것은 아닌가요?

주님은 이렇게 말씀하셨습니다.

> 누구든지 이 음란하고 죄 많은 세대에서 나와 내 말을 부끄러워하면 인자도 아버지의 영광으로 거룩한 천사들과 함께 올 때에 그 사람을 부끄러워하리라 (막 8:38).

7. 죽음을 통하여

> [히 2:14] 자녀들은 혈과 육에 속하였으매 그도 또한 같은 모양으로 혈과 육을 함께 지니심은 죽음을 통하여 죽음의 세력을 잡은 자 곧 마귀를 멸하시며.

오늘 본문 상반절은 혈과 육을 지닌 자들을 구원하기 위해 예수 그리스도도 인간과 마찬가지로 혈과 육을 지닌 자가 되었다는 사실을 밝히는 내용입니다. 여기에서 '혈과 육'이란 영원한 존재이신 하나님과 달리 유한한 생명을 지닌 인간을 가리키는 표현입니다. 즉, 성도들은 모두 혈과 육을 지닌 연약한 인간들입니다. 그런데 제2위 하나님이신 예수 그리스도께서 우리와 같은 모양으로 혈과 육에 속한 인간이 되신 것입니다. 그래서 실제로 그리스도께서는 인간으로서 우리가 겪게 되는 일체의 모든 것을 친히 체휼하시게 됩니다.

그러나 그렇다고 해서 예수님께서 모든 인간이 지닌 원죄까지 타고 나신 것은 아닙니다. 이와 관련해서는 예수님의 탄생 과정을 보면 잘 알 수 있습니다. 즉, 예수님은 육신의 부모 사이에서 태어나신 것이 아니라, 성령을 통해 잉태되심으로서 창세기에서 예언하고 있는대로 여자의 후손으로 이 땅에 오셨습니다.

그래서 히브리서 기자는 예수님께는 죄가 없으시다고 선언합니다.

> 우리에게 있는 대제사장은 우리의 연약함을 동정하지 못하실 이가 아니요 모든 일에 우리와 똑같이 시험을 받으신 이로되 죄는 없으시니라 (히 4:15).

이어지는 오늘 본문 하반절은 예수님께서 성육신하신 목적에 대하여 설명합니다.

> "혈과 육을 함께 지니심은 죽음을 통하여
> 죽음의 세력을 잡은 자 곧 마귀를 멸하시며."

그리스도의 죽음은 사단에게 패배했다는 것을 말하는 것이 아닙니다. 오히려 예수님의 죽으심으로 인해서 우리는 죄와 사망에서 해방되었으며, 또한 사단의 지배에서 완전히 벗어나게 되었습니다.

구약에서부터 줄곧 내려오는 죄 사함의 대원칙이 있습니다. 그것은 바로 이것입니다.

> 율법을 따라 거의 모든 물건이 피로써 정결하게 되나니 피흘림이 없은즉 사함이 없느니라(히 9:22).

이 원칙에 따라 구약 시대의 제사는 반드시 소나 양과 같은 짐승의 피가 있어야만 했었습니다. 즉, 소나 양의 피를 흘려야만 내 죄가 사함을 받는 것입니다. 이 속죄의 원칙에 따라 내 죄를 사하시기 위해서 예수 그리스도께서 자신의 피를 흘려 죽으셨던 것입니다. 우리는 지금 사순절을 지내고 있습니다. 주님의 피 흘리심이 나의 죄 때문임을 기억하고 더 이상 죄의 종으로 살아서는 안 될 것입니다.

8. 죽기를 무서워하므로

> [히 2:15] 또 죽기를 무서워하므로 한평생 매여 종노릇하는 모든 자를 놓아주려 하심이니.

예수 그리스도를 믿지 않는 자들은 죽기를 무서워합니다. 즉, 사망에 대한 두려움이 있는 것입니다. 이 사망은 단순한 육체적 사망의 차원을 넘어 심판 후에 있게 될 둘째 사망까지도 포함합니다. 그리스도를 알지 못하고 그와 관계가 없는 인간들은 이 사망에 대한 두려움에 사로잡혀 진정한 평강의 삶을 살지 못합니다. 즉, 두려움에 예속되어 평생을 살아가는 것입니다. 죽음과 관련해서 성경은 여러 곳에서 말씀하고 있습니다.

> 한번 죽는 것은 사람에게 정해진 것이요 그 후에는 심판이 있으리니 (히 9:27).

정말 두려운 것은 육체의 죽음이 아닙니다. 육체의 죽음 이후에 있을 심판이 두려운 것입니다. 요한계시록에 보면 이것을 둘째 사망이라고 부릅니다.

> 그러나 두려워하는 자들과 믿지 아니하는 자들과 흉악한 자들과 살인자들과 음행하는 자들과 점술가들과 우상 숭배자들과 거짓말하는 모든 자들은 불과 유황으로 타는 못에 던져지리니 이것이 둘째 사망이라 (계 21:8).

이 첫째 부활에 참여하는 자들은 복이 있고 거룩하도다 둘째 사망이 그들을 다스리는 권세가 없고 도리어 그들이 하나님과 그리스도의 제사장이 되어 천 년 동안 그리스도와 더불어 왕 노릇 하리라(계 20:6).

이 둘째 사망을 예수님은 영벌이라고 표현하시기도 하셨습니다.

그들은 영벌에, 의인들은 영생에 들어가리라 하시니라(마 25:46).

그리스도께서는 우리를 누르고 있는 이 사망의 권세를 깨뜨리시사 우리를 죄와 사망의 종노릇하는 데서 자유하게 하시고자 친히 십자가에 못 박혀 죽으신 것입니다. 따라서 우리는 예수님께서 나에게 영생을 주시려고 죽으신 십자가의 은혜를 잊어서는 안 될 것입니다. 늘 주님께 빚진 자의 마음으로 감사하면서 살아야 할 것이며, 또한 더 이상 죄의 종노릇을 해서는 안 될 것입니다.

너희가 전에는 어둠이더니 이제는 주 안에서 빛이라 빛의 자녀들처럼 행하라 빛의 열매는 모든 착함과 의로움과 진실함에 있느니라(엡 5:8-9).

9. 아브라함의 자손

> [히 2:16] 이는 확실히 천사들을 붙들어 주려 하심이 아니요 오직 아브라함의 자손을 붙들어 주려 하심이라.

오늘 본문의 말씀은 그리스도께서 성육신과 대속 죽음을 통해 구원하시는 대상이 누구인지를 명확하게 보여 줍니다. 그 대상은 천사들이 아니라, 아브라함의 자손입니다. 그런데 우리는 여기에서 주목해야 할 부분이 있습니다. 바로 구원의 대상이 유대인이 아니라 아브라함의 자손이라는 것입니다. 이때 아브라함의 자손이라는 것은 영적인 이스라엘, 즉 믿음의 자녀를 말합니다.

하나님의 약속에 참예하게 될 아브라함의 자손은 혈통적 이스라엘이 아니라 그리스도를 믿는 자입니다.

이와 관련하여 성경은 이렇게 말씀합니다.

> 무릇 표면적 유대인이 유대인이 아니요 표면적 육신의 할례가 할례가 아니니라 오직 이면적 유대인이 유대인이며 할례는 마음에 할지니 (롬 2:28-29).

> 그런즉 믿음으로 말미암은 자들은 아브라함의 자손인 줄 알지어다 (갈 3:7).

단지 아브라함의 혈통을 가졌다는 이유만으로 구원에 이를 수는 없습니다. 예수 그리스도는 혈통적 이스라엘이나 천사들을 위해 오신 것이 아니라, 아브라함의 영적 후손을 위해 오셨습니다. 즉, 예수님은 구원받기로 미리 선택되고 예정된 사람들을 위해서 오신 것입니다. 하나님 나라를 유업으로 받아 그리스도와 함께 왕 노릇할 자들은 혈통적 이스라엘이나 천사들이 아니라 바로 택한 믿음의 자녀들입니다.

오늘 우리는 분명 혈통적으로는 아브라함의 후손들이 아닙니다. 그러나 예수 그리스도를 믿음으로 말미암아 영적으로 아브라함의 후손이 된 것입니다. 이것은 참으로 감사한 일입니다. 그런데 이것은 또한 두려운 일이기도 합니다. 왜냐하면, 이 말은 내가 신앙생활을 잘 한다고 해서 나의 자녀들이 구원받는 것은 아니라는 말이 되기 때문입니다. 즉, 믿음의 가정에서 태어났다고 해서 자동으로 구원의 대열에 들어서는 것은 아닙니다.

오늘 우리 시대를 보면 참 두렵습니다. 하나님을 경외함은 없고, 죄를 죄로 여기지 않기에 죄를 짓고서도 부끄러워하지 않는 모습을 볼 때, 마치 노아 시대를 보는 것 같기도 합니다. 이런 시대를 살아가는 다음 세대를 위해 우리는 더욱 깨어 기도해야 합니다.

10. 시험을 받아

> [히 2:18] 그가 시험을 받아 고난을 당하셨은즉 시험받는 자들을 능히 도우실 수 있느니라.

오늘 본문은 예수님께서 인간의 몸을 취하심으로써 인간이 당하는 모든 시험을 경험하셨다는 사실을 밝혀주는 매우 유명한 말씀입니다. 예수님은 우리와 한결같이 모든 일에 시험을 받으셨습니다.

이와 관련하여 히브리서에서는 이렇게 말씀하고 있습니다.

> 우리에게 있는 대제사장은 우리의 연약함을 동정하지 못하실 이가 아니요 모든 일에 우리와 똑같이 시험을 받으신 이로되 죄는 없으시니라(히 4:15).

예수님께서 이 땅에 계실 동안의 삶은 시험의 연속이었습니다. 즉, 예수님을 넘어뜨리기 위한 사탄의 유혹은 예수님께서 공생애를 시작하시는 순간부터 겟세마네까지 계속되었습니다. 사탄은 하나님의 아들이신 예수님마저 시험했습니다. 그러므로 나를 시험하는 것은 당연한 일입니다.

베드로전서에 보면 다음과 같이 말씀합니다.

> 사랑하는 자들아 너희를 연단하려고 오는 불 시험을 이상한 일 당하는 것 같이 이상히 여기지 말고 오히려 너희가 그리스도의 고난에 참여하는 것으로 즐거워하라 (벧전 4:12-13).

야고보서에서도 동일한 말씀을 합니다.

> 내 형제들아 너희가 여러 가지 시험을 당하거든 온전히 기쁘게 여기라 (약 1:2).

이 세상에서 그리스도인으로서 살아야 하는 사람들에게 유혹과 시련은 피할 수 없는 일입니다. 하지만, 피할 수 없는 시험 가운데에서도 우리가 낙담하지 않을 수 있는 이유는, 우리와 동일한 시험을 당하신 바 있으신 예수님께서 능히 도우시기 때문입니다. 우리가 외우고 있는 주기도문에 보면 이런 부분이 나옵니다.

> "우리를 시험에 빠지지 않게 하시고."

이 땅을 살면서 시험을 피할 수는 없습니다. 즉, 시험을 만날 수는 있으나, 그 시험에 빠져서는 안 됩니다. 시험이 나를 넘어지게 하는 걸림돌이 아니라 그 시험을 딛고 더 높은 곳으로 도약할 수 있는 디딤돌이 되게 해야 합니다.

제3장
충성하신 예수님

1. 예수를 깊이 생각하라

2. 충성하신 예수님

3. 소망의 확신과 자랑

4. 오늘 너희가 그의 음성을 듣거든

5. 너희 마음을 완고하게 하지 말라

6. 내가 노하여

7. 떨어질까 조심할 것이요

8. 믿음을 끝까지 견고히 잡으라

9. 하나님을 격노케 하던 자

10. 능히 들어가지 못한 것이라

1. 예수를 깊이 생각하라

> [히 3:1] 그러므로 함께 하늘의 부르심을 받은 거룩한 형제들아 우리가 믿는 도리의 사도이시며 대제사장이신 예수를 깊이 생각하라.

오늘 본문은 우리가 어떤 존재인지에 대해 말씀해 줍니다.

첫째, 우리는 '하늘의 부르심을 받은 자'입니다. 하늘의 부르심이란, 하나님의 선택과 예정에 기반을 둔 소명을 말합니다. 성도가 구별된 자들이며 매우 특별한 존재인 것은 하나님께서 선택하시고 예정하셨기 때문입니다. 즉, 하나님은 창세 전에 이미 그리스도 안에서 성도를 선택하셨고, 이것에 기초하여 자기 백성들을 부르십니다.

하나님의 부르심과 관련하여 성경은 다음과 같이 말씀합니다.

> 야곱아 너를 창조하신 여호와께서 지금 말씀하시느니라 이스라엘아 너를 지으신 이가 말씀하시느니라 너는 두려워하지 말라 내가 너를 구속하였고 내가 너를 지명하여 불렀나니 너는 내 것이라 (사 43:1).

우리는 이 세상의 많고 많은 사람 가운데에서 특별히 하나님께서 지명하여 부르신 자들입니다. 이렇게 하나님께서 지명하여 부르신 데에는 이유가 있습니다. 이것을 '사명'이라고 합니다. 즉, 하나님께서 아브라함을 부르시거나 또는 모세를 부르신 것은 그에게 맡기실 일이 있기 때문입니다. 아브라함이나 모세를 부르신 하나님께서 오늘 나를 부르셔서 하나님의 자녀로 삼으신 것은 나에게 맡기실 일이 있기 때문임을 알아 부름 받은 사명자로 살아야 마땅합니다.

둘째, 우리는 '거룩한 형제' 즉, 성도입니다. 거룩하신 하나님께서 우리에게 요구하시는 것이 있는데 그것은 바로 거룩입니다.

> 나는 너희의 하나님이 되려고 너희를 애굽 땅에서 인도하여 낸 여호와라 내가 거룩하니 너희도 거룩할지어다 (레 11:45).

> 하나님이 우리를 부르심은 부정하게 하심이 아니요 거룩하게 하심이니 (살전 4:7).

하나님께서 세상 가운데에서 우리를 부르신 것은 우리를 거룩하게 하시기 위해서입니다. 그러므로 우리는 거룩하신 하나님의 부르심을 입은 자로서 거룩해야 합니다. 이렇게 하나님으로부터 부르심을 받고 또한 거룩한 성도가 된 우리가 해야 할 일은 '예수를 깊이 생각하는 것'입니다.

내 마음이 누구에게 관심이 있으면, 그 사람을 생각하기 마련입니다. 반대로 내가 그 사람에게 관심이 없으면 아예 그 사람을 생각조차 하지 않습니다. 그렇다면 나는 과연 하루를 사는 동안 얼마나 예수님을 생각하고 있는지를 한번 점검해 보기를 원합니다. 내 마음에 예수님께서 계신다면 분명 예수님을 생각하며 살 것입니다. 하지만, 내 마음에 예수님께서 안 계신다면, 하루가 아니라 일주일을 살아도 예수님 생각을 한 번도 하지 않은 채 살아갈 것입니다.

오늘 본문은 우리에게 명령합니다. 하나님의 부르심을 받고 거룩한 백성이 된 우리는 예수님을 깊이 생각해야 한다고 말입니다.

2. 충성하신 예수님

> [히 3:2-3] 그는 자기를 세우신 이에게 신실하시기를 모세가 하나님의 온 집에서 한 것과 같이 하셨으니 그는 모세보다 더욱 영광을 받을 만한 것이 마치 집 지은 자가 그 집보다 더욱 존귀함 같으니라.

2절에서는 예수님과 모세 둘 다 동일하게 신실하였음을 말합니다. 이때 '신실하다'는 말은 '충성하다' 또는 '믿음직스럽다'라는 뜻입니다. 그러나 모세는 종으로서 당연히 해야 할 충성을 한 인물임에 반해, 그리스도는 아들로서 자발적인 충성을 한 분이라는 점에서 그리스도는 존재론적으로뿐만 아니라 충성의 정도에서도 모세보다 뛰어나신 분이시라는 사실을 말해줍니다. 실제로 그리스도께서는 항상 성부 하나님의 말씀에 순종하는 삶을 사셨으며, 하나님의 기대를 저버리신 적이 단 한 번도 없으신 신실하시고 충성된 분이셨습니다.

이렇게 예수님께서 아버지께 처음부터 끝까지 신실한 모습으로 충성하신 것은 자기에게 이 일을 맡기신 이가 바로 성부 하나님이시기 때문입니다. 따라서 예수님은 자신이 왜 이 세상에 오셨는지 잘 아셨기에 신실하게 아버지의 뜻을 따르는 삶을 사셨을 뿐만 아니라 심지어 죽기까지 복종하셨습니다.

예수님께서 하나님 아버지께 이토록 죽기까지 복종하는 충성된 삶을 사신 것을 보면서, 오늘 나의 삶을 한 번 돌아봅니다. 나는 과연 예수님께서 하셨던 것처럼 하나님께 충성을 다하고 있는지 자신에게 물어볼 때, 참 부끄럽다는 생각이 듭니다. 달란트 비유에서 각각 다섯 달란트와 두 달란트를 남긴 종들에게 주인은 똑같은 칭찬을 해 주십니다.

> 그 주인이 이르되 잘하였도다. 착하고 충성된 종아 네가 적은 일에 충성하였으매 내가 많은 것을 네게 맡기리니 네 주인의 즐거움에 참여할지어다 하고(마 25:21).

일꾼에게 요구되는 가장 중요한 덕목은 충성입니다.
이와 관련하여 성경은 다음과 같이 말씀합니다.

> 사람이 마땅히 우리를 그리스도의 일꾼이요 하나님의 비밀을 맡은 자로 여길지어다 그리고 맡은 자들에게 구할 것은 충성이니라(고전 4:1-2).

> 너는 장차 받을 고난을 두려워하지 말라 볼지어다 마귀가 장차 너희 가운데에서 몇 사람을 옥에 던져 시험을 받게 하리니 너희가 십 일 동안 환난을 받으리라 네가 죽도록 충성하라 그리하면 내가 생명의 관을 네게 주리라(계 2:10).

예수님은 성부 하나님과 동등하신 분이심에도 죽기까지 충성하셨습니다. 이제는 우리도 예수님을 본받아 충성스런 주님의 일꾼이 되었으면 좋겠습니다. 그래서 주님 앞에 서는 날, '착하고 충성된 종아, 잘 하였도다'라는 칭찬을 들을 수 있기를 소망합니다.

3. 소망의 확신과 자랑

> [히 3:5-6] 또한 모세는 장래에 말할 것을 증언하기 위하여 하나님의 온 집에서 종으로서 신실하였고 그리스도는 하나님의 집을 맡은 아들로서 그와 같이 하셨으니 우리가 소망의 확신과 자랑을 끝까지 굳게 잡고 있으면 우리는 그의 집이라.

오늘 본문은 사역의 측면에 있어서 모세에 대한 그리스도의 우월성을 밝히는 부분입니다. 그 가운데 5절은 하나님의 집에서 모세가 행한 사역 및 그가 차지하고 있는 지위에 대한 언급입니다. 모세의 지위는 '종'입니다. 즉, 하나님의 온 집에서 종으로서 충성을 다한 모세는 그 직책이 비록 영광스러운 것이기는 하나 결코 그 집의 주인일 수는 없으며, 하나님의 집 맡은 주인의 아들 그리스도와는 절대 비교되지 않습니다.

또한, 모세와 같은 하나님의 종은 모세 외에도 여호수아, 사무엘, 엘리야, 이사야, 예레미야 등 많이 있지만, 그리스도와 같은 아들은 예수님 외에 아무도 없습니다. 이처럼 히브리서 기자가 그리스도와 모세의 관계를 비중 있게 다루는 것은 모세를 추종하기 위해 그리스도를 버리려는 당시 유대 출신 그리스도인들의 생각이 잘못된 것임을 깨우쳐 주기 위해서입니다.

그리스도와 모세는 다 같이 하나님의 집에서 맡은 바 임무에 충실하였으나, 그 역할에는 현격한 차이가 있었습니다. 즉, 모세는 종으로서 충성했지만, 그리스도는 집 맡은 아들로서 충성하신 것입니다. 그러므로 비록 예수님 믿는 것으로 인해 핍박과 환난이 온다고 할지라도 이 믿음을 저버려서는 안 된다고 강조하는 것입니다. 이와 관련해서 오늘 본문에서는 '소망의 확신과 자랑을 끝까지 굳게 잡으라'라고 말하고 있습니다.

확신이라는 것은 성도들의 궁극적이고 완전한 소망이신 그리스도를 아무 주저함이나 거리낌이 없이 증거할 수 있는 담대함이라고 할 수 있습니다. 이러한 확신이 있어야 환난 속에서도 믿음이 흔들리지 않을 수 있습니다.

확신과 함께 요구되는 것은 자랑입니다. 고대 헬라인들은 자기 자신에 대해 자랑할 만한 것은 자랑해야 한다고 생각하고 있었으므로 자랑이라는 단어가 그리 부정적 어감을 전달하는 것만은 아닙니다. 구약에서도 하나님과 그분이 행하신 일들을 자랑하는 것은 좋은 의미로 언급되고 있습니다. 히브리서 기자는 지금 성도들에게는 예수 그리스도가 자랑의 근거와 핵심이 되어야 한다는 의미에서 이렇게 말하고 있습니다.

바울의 유일한 자랑거리는 그리스도의 십자가였습니다. 이는 그가 자신의 삶에서 최고의 가치를 어디에 두었는지를 잘 알게 합니다. 즉, 바울은 그리스도의 십자가에 최고의 가치를 두었기에 자신을 온전히 그분을 위해 바칠 수 있었고, 또한 자신이 그분의 종이라는 사실에 대해 대단한 자부심을 가졌던 것입니다. 하늘나라를 바라보는 성도라고 한다면 누구든지 이 두 가지를 끝까지 견고히 붙잡아야 합니다.

4. 오늘 너희가 그의 음성을 듣거든

> [히 3:7] 그러므로 성령이 이르신 바와 같이 오늘 너희가 그의 음성을 듣거든.

오늘 본문에서 인용된 이 말씀은 시편 95편 7절에 나오는 구절입니다. 그런데 히브리서 기자는 이 인용구를 제시하기에 앞서 '성령이 말씀하신다'라고 표현하고 있습니다. 이것은 성경이 성령의 영감으로 기록된 하나님의 말씀인 것을 강조하기 위함입니다.

이와 관련하여 디모데후서에서는 다음과 같이 말씀합니다.

> 모든 성경은 하나님의 감동으로 된 것으로 교훈과 책망과 바르게 함과 의로 교육하기에 유익하니(딤후 3:16).

모든 성경은 하나님의 감동으로 된 하나님의 말씀입니다. 그러므로 말씀을 듣거나 읽을 때 '내가 하나님 앞에 서서 하나님께서 하시는 말씀을 듣는다'라는 자세를 가져야 합니다. 즉, 두렵고 떨리는 마음으로 말씀을 받아야 합니다.

말라기에서 하나님은 이렇게 말씀하셨습니다.

> 내 이름을 멸시하는 제사장들아 나 만군의 여호와가 너희에게 이르기를 아들은 그 아버지를, 종은 그 주인을 공경하나니 내가 아버지일진대 나를 공경함이 어디 있느냐 내가 주인일진대 나를 두려워함이 어디 있느냐(말 1:6).

오늘 본문에서 인용하고 있는 시편의 말씀은 이렇습니다.

"오늘 너희가 그의 음성을 듣거든."

이 시편은 출애굽 1세대가 걸어간 광야에서의 전철을 밟지 않도록 하나님의 소리를 듣고 순종하라는 권고의 말씀입니다. 그런데 오늘 본문에서 우리가 주의해서 보아야 할 단어가 있습니다. 바로 "오늘"이라는 단어입니다. 하나님은 언제나 "오늘"이라는 시간에 우리와 만나시고 우리에게 말씀하시며 우리 가운데서 역사하십니다. 이것을 기억하는 것이 중요합니다.

성경은 단순히 과거의 역사 이야기가 아닙니다. 하나님의 말씀은 살아 있고, 오늘 나에게 하시는 말씀입니다. 따라서 우리의 신앙은 늘 현재적 신앙이 되어야 합니다. 즉, 과거의 신앙에 매여 있어서도 안 되고, 또한 미래에 무엇을 하겠다고 말해서도 안 됩니다.

바울의 고백을 보십시오.

> 형제들아 나는 아직 내가 잡은 줄로 여기지 아니하고 오직 한 일 즉 뒤에 있는 것은 잊어버리고 앞에 있는 것을 잡으려고 푯대를 향하여 그리스도 예수 안에서 하나님이 위에서 부르신 부름의 상을 위하여 달려가노라(빌 3:13-14).

바울처럼 우리도 오늘을 달려가는 신앙을 가졌으면 좋겠습니다.

5. 너희 마음을 완고하게 하지 말라

[히 3:8] 광야에서 시험하던 날에 거역하던 것 같이 너희 마음을 완고하게 하지 말라.

오늘 본문의 말씀은 출애굽한 이스라엘 백성이 광야를 행진하던 도중 르비딤에 장막을 쳤을 때 있었던 사건과 관련된 진술입니다. 즉, 이스라엘 백성은 마실 물을 구하지 못하자 모세와 다투고 또 여호와를 시험하여 '여호와께서 과연 우리 중에 계신가?' 하며 의심하기까지 했었습니다.

이스라엘 백성이 르비딤에서 취한 이러한 행위는 하나님에 대한 시험이었습니다. 그들은 하나님께서 자신들을 애굽에서 건지시고 홍해 바다를 건너게 하신 전능하신 분이심을 몸소 체험했으면서도 일시적으로 당하는 어려움으로 인해 하나님을 신뢰하지 못하고 시험하려 했던 것입니다. 이것은 구원자 하나님에 대한 모독이었습니다.

이렇게 이스라엘 백성이 광야에서 시험하던 날에 하나님을 거역했다라고 말씀하고 있습니다. 이때 '거역하다'라는 원어의 뜻은 '반역하다'라는 의미입니다. 즉, 르비딤에서 마실 물이 없다고 불평한 이 사건을 하나님께서는 반역으로 보신 것입니다.

하나님을 기쁘시게 하는 것은 믿음과 순종인데 그들은 정반대의 모습을 보임으로써 자신들을 구원해 주신 하나님을 분노케 했던 것입니다. 하나님은 그들의 이러한 태도를 반역으로 받아들이셨습니다. 또한, 하나님의 명령을 수행하는 모세를 방해하고 해하려고 한 일체의 행동 역시 하나님의 권위에 대한 도전과 반역으로 보신 것처럼, 하나님은 예수 그리스도에 대한 불순종 역시 그렇게 받아들이신다는 사실을 히브리서 기자는 말하고 있는 것입니다. 즉, 그리스도를 버리고 다시 과거의 유대교로 돌아가는 것은 하나님에 대한 반역임을 경고하고 있는 것입니다.

이에 대해 히브리서 기자는 다음과 같이 권면합니다.

"너희 마음을 완고하게 하지 말라."

광야 시대의 이스라엘이 하나님을 시험한 것은 그들의 마음이 완악해졌기 때문이었습니다. 히브리서 기자는 현재 히브리 성도들 역시 이러한 위험에 노출되어 있다는 사실을 감지하고 그런 오류를 범하지 말고 권면합니다. '완고하다'는 말은 고집이 세어 하나님의 인도하심에 대해 무감각했던 이스라엘 백성의 마음의 상태를 가리키는 표현입니다.

예수님 당시의 대다수 유대인 지도자들은 예수님의 말씀을 듣고 또 예수님께서 행하시는 놀라운 기적들을 친히 보았음에도 끝내 예수님을 배척하게 된 것은 바로 그들의 마음이 굳은 상태에 있었기 때문입니다. 간 경화가 육신의 생명을 위협한다면, 마음의 경화는 영적 생명을 위협하는 치명적 요소가 됩니다. 이러한 이유로 히브리서 기자는 과거 이스라엘이 광야에서 범했던 잘못처럼 자신의 마음을 완고하게 하지 말라고 말하고 있습니다.

이 시간에 나의 마음의 상태를 한 번 점검해 보기를 원합니다. 과연 나의 마음은 살처럼 부드러운 상태인지 아니면 돌처럼 딱딱하지는 않은지를 말입니다.

내가 그들에게 한마음을 주고 그 속에 새 영을 주며 그 몸에서 돌 같은 마음을 제거하고 살처럼 부드러운 마음을 주어(겔 11:19).

모든 지킬 만한 것 중에 더욱 네 마음을 지키라 생명의 근원이 이에서 남이니라(잠 4:23).

6. 내가 노하여

> [히 3:10-11] 그러므로 내가 이 세대에게 노하여 이르기를 그들이 항상 마음이 미혹되어 내 길을 알지 못하는도다 하였고 내가 노하여 맹세한 바와 같이 그들은 내 안식에 들어오지 못하리라 하였다 하였느니라.

　10절에 나오는 '이 세대'란, 출애굽 1세대를 가리킵니다. 이 출애굽 1세대들의 마음은 항상 미혹되어 하나님의 길을 알지 못하였습니다. 이때 '미혹되어'라는 말은 '잘못된 길을 가다', '방황하다'라는 뜻입니다. 즉, 광야 시대의 이스라엘은 무언가에 미혹되어 정신적·도덕적으로 잘못 행하고 있었던 것입니다. 마음이 항상 잘못된 길에 빠져서 방황하는 자들이 하나님께서 원하시는 믿음의 삶, 순종의 삶을 살기는 어렵습니다.

　이스라엘의 광야 세대에게서 드러난 이러한 특징은 예수 그리스도께서 이 땅에 오셨을 때에도 여지없이 나타났습니다. 유대인들은 입술로만 하나님을 경외할 뿐, 마음은 하나님에게서 멀리 떠나 있었던 것입니다. 이것이 하나님의 백성임을 자랑하는 이스라엘의 모습이었습니다. 마음이 미혹된 사람들은 예나 지금이나 하나님께 순종치 아니하며 순종할 수도 없습니다.

　이렇게 마음이 미혹된 모세 당시 이스라엘 백성은 자신들 곁에서 행하시는 하나님의 놀라운 행위를 두 눈으로 직접 보고 또한 온몸으로 경험하였음에도 하나님의 길을 알지 못하였습니다. 그래서 그들은 조금만 힘들면 다시 애굽으로 돌아가려고 했고, 늘 불평과 원망 가운데 하나님을 시험하는 범죄를 서슴지 않았던 것입니다.

하나님께서 베풀어 주신 은혜에 감사하지 못하고 늘 원망함으로서 하나님을 불신하였던 이스라엘 백성을 향하여 하나님은 노하십니다. 심판자 되시는 하나님의 분노를 사는 것은 큰 불행입니다. 즉, 출애굽 1세대는 하나님의 분노를 촉발시킨 결과 약속의 땅, 가나안에 들어가지 못하고 광야에서 모두 죽고 맙니다. 하나님은 그들에게 젖과 꿀이 흐르는 가나안 땅을 주시려고 종노릇하던 애굽에서 건져내셨는데, 그들은 하나님을 분노케 함으로써 스스로 복을 차버린 셈이 되었던 것입니다.

나를 사랑하시는 하나님께서 나를 축복의 대상이 아니라 진노의 대상으로, 또한 사랑받는 자녀가 아니라 멸망에 떨어질 대적으로 여기시게 만드는 것은 인생의 돌이킬 수 없는 최대의 비극이 아닐 수 없습니다.

하나님께서 기뻐하시는 것은 믿음과 순종입니다. 하나님의 약속과 인도를 온전히 신뢰하는 사람들은 어떤 환경에 처하게 되든지 광야 시대의 이스라엘 백성처럼 불신과 원망 가운데 살아서는 안 됩니다.

7. 떨어질까 조심할 것이요

> [히 3:12-13] 형제들아 너희는 삼가 혹 너희 중에 누가 믿지 아니하는 악한 마음을 품고 살아 계신 하나님에게서 떨어질까 조심할 것이요 오직 오늘이라 일컫는 동안에 매일 피차 권면하여 너희 중에 누구든지 죄의 유혹으로 완고하게 되지 않도록 하라.

오늘 본문 12절에 보면, '악한 마음'이 무엇인지를 명확하게 알려 줍니다. 바로 예수 그리스도를 '믿지 않는' 것이 악한 마음이라는 것입니다. 히브리서 기자는 이렇게 믿지 않는 악한 마음을 품고 살아 계신 하나님에게서 떨어질까 조심하라고 경고합니다.

하나님을 특별히 '살아 계신 하나님'이라고 표현한 것은 생명이 없는 우상과 반대되는 개념으로서 하나님은 과거에만 존재하신 것이 아니라 현재에도 살아계시며 미래에도 동일하게 존재하시는 영원하신 분이심을 나타낸 표현입니다. 이런 살아 계신 하나님에게서 떨어진다는 것은 곧 영원한 사망을 의미합니다.

예수 그리스도를 믿지 않고 거부한다는 것은 그것은 곧 하나님과의 영원한 분리를 의미합니다. 이러한 사실을 기억하고 하나님에게서 떨어지지 않도록 늘 조심해야 합니다.

살아계신 하나님에게서 떨어지지 않을 방법 중 하나는 성도들이 매일 피차 권면하여 신앙을 유지해 나가는 것입니다.

그러면 언제 권면해야 할까요?

바로 '오늘' 해야 합니다. 어제는 이미 지나갔기에 되돌릴 수 없고, 내일은 아직 도래하지 않은 불확실한 시간이지만 오늘은 여기에 있습니다. 오직 오늘만이 우리가 하나님과 관계를 맺을 수 있는 확실하고 유일한 시간입니다. 따라서 하나님의 뜻을 행하려는 이들은 오늘 행해야 하고, 은혜도 오늘 받아야 합니다.

> 너는 내일 일을 자랑하지 말라 하루 동안에 무슨 일이 일어날는지 네가 알 수 없음이니라(잠 27:1).

> 이르시되 내가 은혜 베풀 때에 너에게 듣고 구원의 날에 너를 도왔다 하셨으니 보라 지금은 은혜받을 만한 때요 보라 지금은 구원의 날이로다(고후 6:2).

날아가는 화살을 되돌릴 수 없고 엎질러진 물을 주워 담을 수 없듯이, 오늘이라는 시간도 한 번 지나가면 다시 돌아오지 않습니다. 오직 오늘이라는 시간에 성도들은 피차 권면하여 마음이 완고해지지 않도록 주의해야 합니다. 이때 '완고하다'라는 말은 '딱딱하게 굳어지다'라는 뜻입니다. 이 당시 히브리 성도들을 포함한 오늘 우리 역시, 완고하고 고집이 세어 하나님의 인도를 거부했던 광야 시대의 이스라엘 백성처럼 되지 않도록 피차간에 하나님의 말씀으로 권면해야 합니다.

8. 믿음을 끝까지 견고히 잡으라

> [히 3:14] 우리가 시작할 때에 확신한 것을 끝까지 견고히 잡고 있으면 그리스도와 함께 참여한 자가 되리라.

'시작할 때에 확신한 것'이란, 예수 그리스도의 복음을 처음 받아들였을 때 가졌던 확고한 믿음을 말합니다. 히브리서 기자는 이 믿음이 죄의 유혹 등으로 약화하고 잃어버리기 쉬우므로 끝까지 견고히 붙잡으라고 독려하고 있습니다.

그리스도와 함께 하나님의 나라를 공동 상속받기 위해서는 반드시 처음 믿음을 확실히 붙들고 있어야 합니다. 당시 그리스도인들은 성령으로 시작하였다가 육체로 마치는 것처럼 그리스도를 버리고 다시 옛 생활로 되돌아가려는 유혹 속에 있었습니다. 따라서 이에 히브리서 기자는 처음 믿음을 끝까지 견고히 붙잡으라고 권면합니다. 이때 '끝까지'라는 말은 개인적인 종말인 죽음과 우주적 종말인 그리스도의 재림 모두를 가리킵니다. 즉, 내가 죽을 때까지 또는 주님이 재림하시는 그 순간까지 믿음을 붙들라는 것입니다.

히브리서 기자가 이토록 믿음을 강조하는 데에는 이유가 있습니다. 바로 믿음만이 구원을 받을 수 있는 유일한 방법이기 때문입니다. 사탄도 이것을 잘 알기에 어떻게 해서라도 우리에게서 믿음을 빼앗아 가려고 안간힘을 다합니다. 욥기서를 보십시오. 사탄은 욥에게서 재산이나 자녀를 빼앗는 것이 목적이 아니었습니다. 욥이 재산과 자녀를 빼앗기고서도 믿음을 잃지 않으니, 이제는 욥의 건강을 빼앗아 갑니다.

사탄은 욥이 가진 것들을 빼앗아 감으로써 결국 욥의 믿음을 빼앗으려고 했던 것입니다. 욥이 그랬던 것처럼 이 세상의 모든 것을 다 잃는다고 할지라도 믿음만은 끝까지 견고히 붙들어야 합니다. 믿음을 잃어버리면 우리 역시 한순간에 가룟 유다가 될 수도 있습니다.

주님이 이 땅에 계실 동안 누군가를 칭찬하신 것도 오직 믿음 때문이었고, 누군가를 책망하신 것도 믿음이 없었기 때문이었습니다.

> 이에 예수께서 대답하여 이르시되 여자여 네 믿음이 크도다. 네 소원대로 되리라 하시니 그때로부터 그의 딸이 나으니라 (마 15:28).

> 예수께서 이르시되 어찌하여 무서워하느냐 믿음이 작은 자들아 하시고 (마 8:26).

믿음도 다 같은 믿음이 아닙니다. 큰 믿음이 있고, 작은 믿음이 있습니다. 물론, 작은 믿음으로는 주님께 칭찬받을 수 없습니다. 주님은 우리가 큰 믿음의 사람이 되기를 원하시지만, 마지막 때가 될수록 믿음을 가진 자가 적을 것입니다.

주님이 하신 말씀을 보십시오.

> 내가 너희에게 이르노니 속히 그 원한을 풀어 주시리라 그러나 인자가 올 때 세상에서 믿음을 보겠느냐 하시니라 (눅 18:8).

9. 하나님을 격노케 하던 자

> [히 3:15-17] 성경에 일렀으되 오늘 너희가 그의 음성을 듣거든 격노하시게 하던 것 같이 너희 마음을 완고하게 하지 말라 하였으니 듣고 격노하시게 하던 자가 누구냐 모세를 따라 애굽에서 나온 모든 사람이 아니냐 또 하나님이 사십 년 동안 누구에게 노하셨느냐 그들의 시체가 광야에 엎드러진 죄를 범한 자들에게가 아니냐.

오늘 본문 15절은 이미 앞에서 한 번 말씀한 바가 있습니다. 즉, 7-8절에서 전한 내용을 다시 말씀하심으로써 불신앙으로 마음을 완고하게 하는 것이 얼마나 큰 죄인지를 거듭 강조하고 있습니다.

하나님의 말씀을 들으면 마음을 완고하게 하지 말아야 하는데, 안타깝게도 광야 시대 이스라엘 백성은 하나님의 말씀을 듣고서도 마음을 완고하게 합니다.

이와 관련하여 16절에서는 이렇게 표현합니다.

"듣고 격노하시게 하던 자가 누구냐."

광야 시대 이스라엘 백성이 망한 것은 하나님의 말씀을 못 들어서가 아닙니다. 분명 그들은 하나님의 말씀을 들었고, 심지어 십계명까지 받았습니다. 그런데도 그들은 하나님을 격노하시게 만듭니다. 하나님의 말씀을 듣는 것에 대한 반응은 곧 그분과의 관계를 나타냅니다. 광야 시대의 이스라엘은 하나님의 말씀을 귀로는 들었으나 마음으로 불순종함으로써 하나님을 격노케 하는 자들이 된 것입니다. 하반절에서는 하나님의 말씀을 듣고서도 하나님을 격노케 한 자들이 누구인지 설명해 줍니다.

"모세를 따라 애굽에서 나온 모든 사람이 아니냐."

모세를 따라 애굽에서 나온 사람들이란, 애굽에서 노예로 있었지만, 모세를 따라 구원받은 이스라엘 백성을 가리킵니다. 이들이 애굽에서 나올 수 있었던 것은 하나님께서 애굽 땅에 '열 가지 재앙'을 내리셨기 때문입니다. 하나님께서 내리신 '열 가지 재앙'이 애굽 사람들에게는 재앙이었지만, 이스라엘 백성로서는 자신들을 구원해 주시기 위한 하나님의 기적이자 은혜였습니다. 그런데 이렇게 하나님의 은혜를 직접 입은 사람들이 하나님을 격노케 했던 것입니다. 그리고 하나님을 격노케 한 이들은 약속의 땅 가나안을 밟아 보지도 못한 채 광야에서 죽고 말았습니다.

오늘 본문은 매우 두려운 말씀입니다. 하나님의 진노로 죽임을 당한 사람들이 하나님의 말씀을 듣지 못하고 하나님의 은혜를 경험해 보지 못한 사람들이라고 한다면, 어찌할 수 없었다고 생각할 수 있도 있습니다. 그런데 하나님을 격노하게 하여 죽임을 당한 사람들은 하나님을 모르는 자들이 아니었습니다. 그들은 하나님의 말씀을 듣고, 그분의 은혜를 직접 경험한 자들이었습니다.

신앙생활을 하고 있는 우리 역시 하나님의 말씀을 듣고 있으며, 나름대로 하나님의 은혜를 경험한 적도 있을 것입니다. 그런데 이것이 구원을 보장해 주는 것은 아니라는 사실을 알아야 합니다.

그래서 주님은 이렇게 말씀하셨습니다.

나더러 주여 주여 하는 자마다 다 천국에 들어갈 것이 아니요. 다만 하늘에 계신 내 아버지의 뜻대로 행하는 자라야 들어가리라(마 7:21).

그러므로 나의 사랑하는 자들아 너희가 나 있을 때뿐 아니라 더욱 지금 나 없을 때도 항상 복종하여 두렵고 떨림으로 너희 구원을 이루라(빌 2:12).

10. 능히 들어가지 못한 것이라

> [히 3:18-19] 하나님이 누구에게 맹세하사 그의 안식에 들어오지 못하리라 하셨느냐 곧 순종하지 아니하던 자들에게가 아니냐 이로 보건대 그들이 믿지 아니하므로 능히 들어가지 못한 것이라.

오늘 본문 18절은 하나님께서 이스라엘의 광야 세대에게 그분의 안식에 들어오지 못할 것임을 맹세로 확증하셨음을 보여 줍니다. 그런데 여기에서 우리가 주목해야 할 것은 맹세의 주체가 바로 하나님 자신이시라는 점입니다. 식언치 않으시며 변함이 없으신 하나님께서 맹세로 어떤 일을 확증하셨다면 이것은 돌이킬 수 없는 확고부동한 결정 사항임을 알아야 합니다. 불완전한 사람이 결정한 일은 얼마든지 바뀔 수 있고 번복될 수 있지만, 전능하신 하나님께서 맹세로 정하신 일은 결코 바뀌는 법이 없습니다. 그래서 실제로 하나님께서 맹세하신 대로 불순종한 이스라엘은 그의 안식에 들어오지 못하고 결국 광야에 시체로 엎드러지고 맙니다.

이때 '그의 안식'이란 하나님께서 이스라엘 백성에게 주시고자 약속하신 젖과 꿀이 흐르는 가나안 땅을 말합니다. 이 가나안 땅은 400년간의 애굽에서의 노예 생활을 완전히 청산하고 새로운 자기 기업을 받고 안식할 수 있는 땅이었습니다. 그런 측면에서 가나안은 안식이 될 땅이었습니다. 그러나 가나안 땅 역시 예수 그리스도를 통해 주어지는 천국에 비하면 참 안식의 그림자일 뿐입니다. 그런 점에서 광야에서 죽임을 당한 이스라엘 백성은 안식의 그림자도 밟아 보지 못한 실로 불쌍한 사람들이었습니다.

19절은 하나님의 안식에 들어가는 데 실패한 광야 시대 이스라엘의 근본적인 문제점을 지적합니다. 그것은 바로 '믿지 않았기' 때문입니다. '믿지 아니하므로'라는 원어의 뜻은 크게 두 가지입니다. 하나는 '성실치 않다'라는 것이고, 또 하나는 '불신앙'입니다. '성실치 않음'이란 하나님의 언약에 대한 그들의 태도를 나타내고, '불신앙'이란 그들의 영적 상태를 반영합니다.

그들은 이 둘 모두에 문제가 있었습니다. 그 결과 그들은 약속의 땅에 들어가지 못하고 광야에서 죽고 말았습니다. 히브리서 기자는 이러한 역사적 사실을 들어, 본 서신의 일차 수신자인 히브리 그리스도인들에게 불신앙과 불순종에 빠지지 말도록 경고합니다. 왜냐하면, 이스라엘 광야 세대가 그랬듯이 만일 그들이 그리스도를 떠난다면 약속에 참여하지 못하고 망하게 될 것이기 때문입니다.

광야 시대 이스라엘은 무엇보다도 믿음이 없는 세대였고, 마음이 완고하고 강퍅한 세대였던 것으로 특징 지을 수 있습니다. 하나님께서 그들에게 주시고자 계획하신 것은 그들의 분수에 차고 넘치는 최고의 것이었습니다. 하지만, 그들에게는 이것을 받아들일 만한 믿음과 순종이 없었으므로 그들은 이 약속에 참여하지 못하였습니다. 즉, 하나님은 주고자 하셨으나 그들에게는 그것을 받을 만한 그릇이 없었기에 받지 못한 것입니다.

이러한 사실이 나 자신과는 무관하다고 말할 수 있는 사람이 누가 있겠습니까?

우리는 언제든지 하나님께서 주시는 기회가 제한적이라는 사실을 기억해야 합니다. 기회는 우리를 기다려 주지 않습니다. 그러므로 지금, 바로 이 순간에 그것을 붙잡지 않으면 안 됩니다. 항상 오늘이라는 시간을 마지막으로 여기고 사는 자세가 필요합니다.

제4장
우리의 결산을 받으실 이

1. 우리는 두려워할지니

2. 믿음과 결부시키지 아니함이라

3. 듣는 자, 믿는 자

4. 내 안식에 들어오지 못하리라

5. 아직 남아 있는 안식

6. 안식에 들어가기를 힘쓸지니

7. 살아 있는 하나님의 말씀

8. 우리의 결산을 받으실 이

9. 은혜의 보좌로 나아갈 것이니라

1. 우리는 두려워할지니

> [히 4:1] 그러므로 우리는 두려워할지니 그의 안식에 들어갈 약속이 남아 있을지라도 너희 중에는 혹 이르지 못할 자가 있을까 함이라.

오늘 본문 바로 앞에 이런 말씀이 있습니다.

> 또 하나님이 누구에게 맹세하사 그의 안식에 들어오지 못하리라 하셨느냐 곧 순종하지 아니하던 자들에게가 아니냐 이로 보건대 그들이 믿지 아니하므로 능히 들어가지 못한 것이라(히 3:18-19).

오늘 본문에서 히브리서 기자는 불순종 때문에 하나님의 안식에 들어가지 못한 사람들을 거울삼아 우리도 혹 그런 자리에 떨어질까 두려워하자고 권면합니다. 이를 통해서 알 수 있는 것은 히브리서가 쓰여질 당시의 그리스도인들도 과거 불순종함으로 멸망한 이스라엘과 비슷한 위험에 처해 있었다라는 것입니다. 즉, 이들은 그리스도에 대한 믿음을 버리고 다시 유대교로 돌아가려는 갈등과 위기에 처해 있었던 것입니다.

성경은 한결같이 우리에게 '두려워하지 말라'고 말씀하고 있습니다. 그런데 오늘 본문에서는 반대로 '두려워하라'고 권면하고 있습니다. 이것은 상호 모순이 아니라 두려움의 대상과 이유가 다르기 때문입니다. 즉, 하나님을 믿고 신뢰하는 자들은 대적이나 위험, 역경 따위를 두려워하거나 겁낼 필요가 없습니다.

왜냐하면, 문제보다 크신 하나님이 계시기 때문입니다. 하지만, 반대로 믿음이 없고, 순종치 않는 모습으로 살아가고 있다면, 약속하신 안식에 들어가지 못할까(히 3:18) 두렵고 떨리는 마음을 가져야 합니다. 특히, 약속을 받았다고 해서 무책임하고 무절제한 삶으로 죄를 지어도 괜찮다고 생각하는 태도는 하나님을 두려워하는 바른 자세가 아닙니다.

바울의 고백을 보십시오.

> 그러므로 나의 사랑하는 자들아 너희가 나 있을 때뿐 아니라 더욱 지금 나 없을 때에도 항상 복종하여 두렵고 떨림으로 너희 구원을 이루라(빌 2:12).

> 내가 내 몸을 쳐 복종하게 함은 내가 남에게 전파한 후에 자신이 도리어 버림을 당할까 두려워함이로다(고전 9:27).

히브리서 기자는 우리가 두려워해야 하는 이유를 본문에서 다음과 같이 설명합니다.

> "그의 안식에 들어갈 약속이 남아 있을지라도
> 너희 중에는 혹 이르지 못할 자가 있을까 함이라."

'있을까'라는 원어의 뜻은 '판단하다', '여기다'라는 의미입니다. 여기서 판단의 주체는 하나님이십니다. 따라서 하나님께서 안식에 들어가기에 부족한 자로 판단하신다는 뜻입니다. 전지전능하시며 공의로우신 하나님의 판단은 정확무오하셔서 그분에 의해서 거부의 판정을 받은 사람들은 그 상황을 돌이킬 여지가 전혀 없습니다. 따라서 오늘 우리는 혹 하나님의 판단 때문에 안식에 들어가지 못하는 일이 없도록 늘 두려움으로 경계해야 합니다.

그 글을 해석하건대 메네는 하나님이 이미 왕의 나라의 시대를 세어서 그것을 끝나게 하셨다 함이요 데겔은 왕을 저울에 달아 보니 부족함이 보였다 함이요 (단 5:26-27).

2. 믿음과 결부시키지 아니함이라

> [히 4:2] 그들과 같이 우리도 복음 전함을 받은 자이나 들은 바 그 말씀이 그들에게 유익하지 못한 것은 듣는 자가 믿음과 결부시키지 아니함이라.

오늘 본문에서 저자는 복음을 들어도 믿음으로 응하지 않으면 그 복된 소식이 아무 유익도 되지 못함을 말합니다. 즉, 이스라엘의 출애굽 1세대가 들은 말씀 곧 안식의 약속이 그들이 구원을 얻을 만큼 유익하지 못했다는 것입니다. 하나님의 말씀을 단지 듣는 데에서 그치고 그것에 대해 아무런 반응을 보이지 않는다면, 아무리 그 말씀을 들었다고 할지라도 그것은 결국 쓸모가 없습니다. 그래서 그들은 비록 애굽의 노예 상태에서는 구원을 받았지만, 자신들을 위해 하나님께서 예비하신 약속의 땅에는 들어가지 못했습니다.

이것은 역사적으로 입증된 사실이며, 히브리서를 받는 독자들도 이미 잘 알고 있는 사실입니다. 복음을 듣고 믿음을 가졌으나 여러 가지 핍박과 환난으로 인해 그리스도에 대한 믿음에서 떠나 율법주의로 돌아감으로써 하나님께서 약속하신 기업을 상실하게 될 위기에 처한 그들에게 히브리서 기자는 이러한 역사적 사실을 상기시키면서 경종을 울려 줍니다.

표면적 유대인이 유대인이 아니라 이면적 유대인이 유대인인 것처럼, 구원을 얻은 사람도 표면적 그리스도인이 아니라 이면적 그리스도인입니다. 누구든지 예수님을 믿어 성령의 인도를 받는 자들은 이면적 그리스도인이며, 약속하신 기업을 상속받게 됩니다. 히브리서 기자는 독자들에게 광야 시대의 이스라엘과 같은 표면적 그리스도인이 되지 말기를 바라는 마음에서 저들의 부끄러운 과거사를 사례로 들고 있는 것입니다.

여기에서 우리가 한 가지 짚고 넘어갈 것이 있습니다. 구약의 기사들은 당대의 사건과 관련해서 기록된 것이지만, 구약성경 속에 기록되어 있는 하나님의 모습은 시대를 초월하여 동일하다는 사실입니다. 따라서 구약 시대보다 수천 년 후를 살아가는 사람일지라도 그들처럼 불신앙과 불순종의 삶을 산다면 그로 인해 그들이 하나님에게서 받았던 대우와 동일한 대우를 받게 될 것입니다. 그러므로 우리는 구약성경 속에 기록되어 있는 역사적 사건이 나 자신에게 주는 의미를 깨달음으로써 성경의 기사를 통해 오늘 나의 모습을 발견하고, 또한 오늘 나에게 말씀하시는 하나님의 음성을 들을 수 있어야 합니다.

오늘 본문 하반절에서는 안식에 대한 약속의 말씀이 광야 시대의 이스라엘에 아무런 도움이 되지 못한 이유를 설명합니다.

"들은 바 그 말씀이 그들에게 유익하지 못한 것은
듣는 자가 믿음과 결부시키지 아니함이라."

광야 시대의 이스라엘은 들은 말씀을 믿음으로 수용하지 않고, 또 그것을 믿음의 표현인 순종으로 반응하지 않아 광야에서 죽고 말았습니다. 하나님과 하나님의 계시는 객관적 실재이며, 하나님의 객관적 실재를 나 자신과 결합하는 것이 곧 믿음입니다. 믿는 사람이 주관적인 믿음으로 자신과 하나님의 객관적 실재를 결합할 때 하나님의 말씀은 그에게 구원을 가져다 줍니다.

이스라엘 광야 세대의 문제점은 바로 이처럼 중요한 믿음이 없었다는 것입니다. 그들은 자신들 앞에 놓여 있는 어려움이 어떤 것이든 하나님께서 반드시 극복할 수 있게 하신다는 믿음이 없었기 때문에 결국 허락된 약속의 땅으로 들어가지 못했던 것입니다.

  하나님의 말씀과 이에 대한 믿음은 수레의 두 바퀴와 같습니다. 즉, 그 하나가 없으면 수레가 제대로 굴러가지 못하듯, 믿음 없이 하나님의 말씀을 듣는 것은 무익하게 됩니다. 하나님 말씀의 능력은 그것을 믿음으로 받아들이는 사람에게만 유효함을 명심하여 우리도 광야 세대의 이스라엘이 걸었던 전철을 밟지 않도록 주의해야 합니다. 성도로서 우리가 그들과 같이 되지 않으려면, 하나님의 말씀과 약속들을 믿음으로 받아 순종해야 합니다.

3. 듣는 자, 믿는 자

> [히 4:3] 이미 믿는 우리들은 저 안식에 들어가는도다 그가 말씀하신 바와 같으니 내가 노하여 맹세한 바와 같이 그들이 내 안식에 들어오지 못하리라 하셨다 하였으나 세상을 창조할 때부터 그 일이 이루어졌느니라.

오늘 본문은 광야 시대의 이스라엘 백성이 얻을 수 있었던 안식을 놓쳤음을 보여 주지만, 신약 시대의 믿음을 지닌 성도들은 안식에 들어갈 수 있다는 사실을 제시합니다.

여기서 '들어가는도다'라는 동사는 직설법 현재 시제로서 변할 수 없는 사실을 나타냅니다. 즉, 믿음을 지닌 자들이 하나님의 안식에 들어간다는 사실은 변할 수 없는 진리라는 것을 보여 주기 위하여 직설법 현재 시제가 사용된 것입니다. 그러므로 광야 시대의 이스라엘은 믿음이 없어서 실패하였으나 믿는 사람들은 누구든지 이 약속에 참여할 수 있습니다.

> 그들과 같이 우리도 복음 전함을 받은 자이나 들은바 그 말씀이 그들에게 유익하지 못한 것은 듣는 자가 믿음과 결부시키지 아니함이라(히 4:2).

이어서 오늘 본문에서는 다음과 같이 말씀합니다.

> "이미 믿는 우리들은 저 안식에 들어가도다."

안식에 들어갈 수 있는 자는 말씀을 단순히 들은 자들이 아니라, 들은 말씀을 믿는 자들입니다. 예수님 당시의 수많은 사람은 예수님으로부터 직접 말씀을 들었습니다. 즉, 사람의 설교가 아니라, 하나님의 아들이시며 메시아이신 예수님으로부터 직접 말씀을 들은 것입니다. 그런데 놀라운 것은 예수님으로부터 직접 말씀을 들었음에도 예수님을 믿지 않기에 예수님을 거부하고 결국 십자가에 못 박아 죽이고 말았다는 사실입니다.

말씀을 듣는다는 것은 '교회 안에 있는 사람'이라는 뜻이기도 합니다. 애초에 교회 밖에 있는 사람들은 말씀을 듣지 못합니다. 하지만, 오늘 말씀은 교회 안에서 말씀을 듣는다고 해서 다 천국에 들어가는 것은 아니라는 것입니다.

이것은 마태복음 7장 21절에서 주님이 하셨던 말씀과도 일맥상통합니다.

> 나더러 주여 주여 하는 자마다 다 천국에 들어갈 것이 아니요. 다만 하늘에 계신 내 아버지의 뜻대로 행하는 자라야 들어가리라(마 7:21).

예수님을 거부하던 자들은 예수님을 향하여 "주여"라고 부르지도 않습니다. 겨우 예의를 차려서 부르는 호칭은 "선생님"이 전부입니다. 그러므로 예수님을 향하여 "주여"라고 부른다는 것은 예수님에 대하여 호의를 가지고 따라다니는 사람이라고 할 수 있습니다. 그런데 이렇게 예수님을 따라다니면서 "주여"라고 부른다고 해서 천국에 들어가는 것이 아니라고 말씀하십니다. 이것은 솔직히 충격이기도 하고 두려운 말씀이기도 합니다. 비슷한 예로 열 명의 처녀 모두가 신랑을 기다리고 있었지만, 이 열 명이 모두 잔치에 들어간 것이 아님을 우리는 또한 잘 알고 있습니다.

말씀을 듣는다는 것은 큰 은혜입니다. 하지만, 듣는 것에 그친다면, 그 들음이 아무런 유익이 없습니다. 들은 말씀에 대하여 내가 믿음으로 반응해야 합니다.

4. 내 안식에 들어오지 못하리라

> [히 4:5-6] 또 다시 거기에 그들이 내 안식에 들어오지 못하리라 하였으니 그러면 거기에 들어갈 자들이 남아 있거니와 복음 전함을 먼저 받은 자들은 순종하지 아니함으로 말미암아 들어가지 못하였으므로.

오늘 본문 5절의 말씀은 이미 앞에서도 두 번이나 똑같이 나왔던 말씀입니다.

> 내가 노하여 맹세한 바와 같이 그들은 내 안식에 들어오지 못하리라 하였다 하였느니라(히 3:11).

> 이미 믿는 우리들은 저 안식에 들어가는도다 그가 말씀하신 바와 같으니 내가 노하여 맹세한 바와 같이 그들이 내 안식에 들어오지 못하리라 하셨다 하였으나(히 4:3).

"내 안식에 들어오지 못하리라"라는 말씀은 한 번만 들어도 어쩌면 불쾌하게 느껴질 수도 있습니다. 그런데 히브리서 기자는 듣는 사람에 따라 기분 나쁠 수도 있는 이 말씀을 무려 세 번씩이나 반복하고 있습니다. 이렇게 반복함으로써 강조하고 있는 것은 단지 출애굽 1세대가 하나님의 안식에 들어가지 못했음을 부각시키려는 것이 아니라 히브리서의 일차 수신자를 포함하여 이 말씀을 읽고 있는 오늘 우리에게 경계심을 주기 위함입니다.

즉, 출애굽 1세대는 하나님께서 약속의 땅 가나안으로 인도해 주신다는 말씀을 모두가 들었습니다. 하지만, 말씀을 들었다고 해서 모두가 다 가나안 땅으로 들어간 것이 아니었습니다. 오직 들은 말씀을 믿었던 여호수아와 갈렙 이 두 사람만이 들어가게 되고, 나머지 모든 사람은 약속의 말씀을 듣기만 하였을 뿐 실제로 들어가지는 못하였습니다. 이것을 거울로 삼아 예수 그리스도의 복음을 듣기만 해서는 천국에 들어갈 수 없으니 믿음으로 순종해야 한다는 사실을 지금 히브리서 기자는 강조하고 있습니다.

광야 시대의 이스라엘이 하나님의 안식에 들어가지 못하고 실패한 것은 복음을 듣지 못해서가 아니며, 또한 약속을 받지 못해서도 아니었습니다. 하나님께서는 그들을 애굽에서 끌어내실 때 분명하게 가나안 땅을 기업으로 주시겠다고 약속하셨습니다.

> 내가 아브라함과 이삭과 야곱에게 주기로 맹세한 땅으로 너희를 인도하고 그 땅을 너희에게 주어 기업으로 삼게 하리라 나는 여호와라 하셨다 하라(출 6:8).

하나님의 이 말씀을 들은 이스라엘 백성은 누구나 이 약속에 참여할 기회를 받은 것입니다. 그런데 이들 중의 절대다수가 이 약속에 참여하지 못합니다. 그 이유는 그들의 불순종 때문이었습니다. 불순종은 믿음과 대립하는 것으로서 하나님께 대한 불신앙을 나타냅니다. 약속을 받았다는 것이 반드시 그 약속에 참여한다는 보증이 될 수는 없습니다. 그러므로 우리는 더욱 깨어 있는 신앙인이 되어야 합니다.

5. 아직 남아 있는 안식

> [히 4:8-9] 만일 여호수아가 그들에게 안식을 주었더라면 그 후에 다른 날을 말씀하지 아니하셨으리라 그런즉 안식할 때가 하나님의 백성에게 남아 있도다.

'만일'이라는 것은 조건절입니다. 여기에서 조건절은 사실과 반대되는 조건을 나타냅니다. 즉, 8절의 말씀은 '여호수아가 사실은 저희에게 안식을 주지 않았기 때문에 그 후에 다른 날을 말씀하셨다'라는 뜻입니다. 이처럼 8절은 여호수아가 과거 이스라엘 백성에게 참된 안식을 주지 못했다는 사실을 전제합니다. 물론, 여호수아는 이스라엘을 그들의 기업인 가나안 땅으로 인도했습니다.

그러나 그들에게 영원한 영적 안식을 주지는 못했습니다. 다만, 장차 그리스도 안에서 성취될 참된 안식의 예표와 그림자만을 맛보게 했을 뿐입니다. 지금 히브리서 기자는 여호수아를 통해 성취된 가나안 땅에서의 안식과 예수 그리스도 안에서 성취될 참된 안식을 서로 대비시키고 있습니다.

그리스도 안에서의 안식은 모든 사람에게 열려 있지만, 이에 참여하는 이들은 적습니다. 그리스도께 나아가는 사람만이 그 안식에 참여할 수 있는데, 많은 사람은 그에게 오기를 거부하기 때문입니다.

수고하고 무거운 짐 진 자들아 다 내게로 오라 내가 너희를 쉬게 하리라(마 11:28).

그러나 너희가 영생을 얻기 위하여 내게 오기를 원하지 아니하는도다(요 5:40).

이어지는 9절에서 말하고 있는 '안식할 때'라는 말은 두 가지 의미가 있습니다. 하나는 천국의 축복인 완전한 안식을 가리킵니다. 장차 다가올 천국의 완전한 안식은 이 세상에서 경험하는 그 어떤 즐거움이나 평안과 비교할 수 없을 정도로 무한한 안식입니다. 또한, 안식이라는 것은 그리스도 안에서 경험하는 완전한 평강과 행복을 가리키기도 합니다.

이러한 참된 안식은 하나님의 백성들을 위해 존재합니다. 기독교 공동체는 완전한 안식을 향해 나아가는 자들이므로 히브리서 기자는 독자들이 하나님께서 예비하신 안식을 불순종으로 인해 놓치지 않기를 바라고 있습니다.

광야 시대의 이스라엘은 약속된 안식에 들어가지 못하였고 그 후의 세대가 여호수아의 인도 아래 가나안 안식에 들어갔으나 이것 역시 참된 안식의 예표요 그림자에 불과합니다. 따라서 그 안식은 오늘도 여전히 하나님의 백성들에게 남아 있습니다.

이에 대해 11절에서는 다음과 같이 말씀합니다.

> 그러므로 우리가 저 안식에 들어가기를 힘쓸지니 이는 누구든지 저 순종하지 아니하는 본에 빠지지 않게 하려 함이라(히 4:11).

6. 안식에 들어가기를 힘쓸지니

> [히 4:10-11] 이미 그의 안식에 들어간 자는 하나님이 자기의 일을 쉬심과 같이 그도 자기의 일을 쉬느니라 그러므로 우리가 저 안식에 들어가기를 힘쓸지니 이는 누구든지 저 순종하지 아니하는 본에 빠지지 않게 하려 함이라.

본문에서 말하고 있는 "그의 안식"이란, 하나님의 안식을 말합니다. 여기서 말하는 안식은 아무것도 하지 않는 무노동을 말하는 것이 아니라, 예수 그리스도를 통한 구원을 가리킵니다. 이는 죄와 사망으로부터의 구원이며, 이 구원에는 영혼의 참된 만족 및 하나님과의 평화가 깃들어 있습니다. 저자는 그리스도를 통해 얻어지는 이 구원을 인간이 하나님의 안식에 참여하는 것으로 설명하고 있는 것입니다. 예수를 믿는 자들은 이미 이 안식을 맛보고 있으나, 이 안식의 완전한 성취는 예수 그리스도의 재림 이후에 이루어집니다.

"그러므로 우리가 저 안식에 들어가기를 힘쓸지니."

'힘쓰다'라는 원어의 뜻은 '열심을 내다', '노력하다'라는 뜻입니다. 참된 안식에 들어가기 위해서는 수고와 노력, 땀과 정성이 투자되어야 합니다. 이 안식은 아무런 노력도 없이 그냥 들어갈 수 있는 것이 아닙니다.

구원을 얻은 성도로서 하나님의 약속에 참여하려면 반드시 순종하는 노력과 수고가 뒤따라야 합니다. 예수님께서는 이것을 생각하여 우리에게 좁은 길로 가라고 말씀하셨습니다. 물론, 사람이 자신의 노력으로 하나님의 의를 얻는 것은 불가능합니다. 하지만, 그분이 준비해 두신 안식에 들어가기 위해서는 애쓰고 수고함이 반드시 필요합니다. 게으름과 무관심, 방탕함, 불신앙 그리고 원수들의 반대까지도 이길 수 있도록 힘을 다하여 수고하고 애쓰며 열심을 내지 않으면 안 됩니다.

11절 하반절에서는 우리가 안식에 들어가기를 위해 힘써야 하는 이유를 설명합니다.

"이는 누구든지 저 순종하지 아니하는 본에 빠지지 않게 하려 함이라."

광야 시대의 이스라엘 백성은 부끄럽게도 불순종 혹은 불신앙의 본보기로 제시되고 있습니다. 누구든지 그들의 불순종과 불신앙의 전철을 밟는 자들은 하나님의 안식에 참여하지 못합니다. 그리스도를 보고서도 믿지 않는 자들과 주의 이름을 부르면서도 하나님의 뜻대로 행하지 않는 자들은 단 한 사람도 하나님의 약속에 참여할 수 없습니다.

성경에는 좋은 믿음의 본을 보이는 사람이 있는가 하면, 본받아서는 안 되는 사람들의 이야기도 나옵니다. 오늘 본문에 나오는 광야 시대의 이스라엘 백성은 본받지 말아야 할 나쁜 본보기로 제시되고 있습니다. 가룟 유다도 마찬가지입니다. 우리는 돈에 눈이 어두워 예수님마저 배신한 그런 가룟 유다가 되어서는 안 된다는 것을 말씀하고 있습니다.

이 시간에 나는 다른 사람들에게 어떤 본보기가 되는지 되돌아봅니다. 본받고 싶어할 만한 좋은 본보기가 되고 있는지, 아니면 본받지 말아야 할 나쁜 본보기가 되고 있지는 않는지 돌아봅니다.

이 시간에 사도 바울의 권면의 말씀을 떠올리게 됩니다.

내가 그리스도를 본받는 자가 된 것 같이 너희는 나를 본받는 자가 되라 (고전 11:1).

7. 살아 있는 하나님의 말씀

> [히 4:12] 하나님의 말씀은 살아 있고 활력이 있어 좌우에 날 선 어떤 검보다도 예리하여 혼과 영과 및 관절과 골수를 찔러 쪼개기까지 하며 또 마음의 생각과 뜻을 판단하나니.

히브리서 기자는 하나님의 말씀은 항상 살아 있다는 표현을 사용하여 하나님의 말씀이 인간에게 주어진 이상 그 누구도 이를 무시할 수 없음을 강조합니다. 이것은 유대인들이 '말'에 대해 가지고 있던 특별한 생각과도 관련이 있습니다. 그들은 한 번 말을 하고 나면 그 말은 독립하여 존재한다고 여겼습니다. 즉, 말이란 의사소통을 하기 위한 단순한 음성이 아니라, 그 자체에 생명력이 있어서 여러 가지 작용을 일으키는 것으로 생각한 것입니다. 인간의 말이 이와 같다면, 하나님의 말씀은 더 말할 필요가 없습니다.

이사야서에서 하나님께서 이렇게 말씀하십니다.

> 내 입에서 나가는 말도 이와같이 헛되이 내게로 되돌아오지 아니하고 나의 기뻐하는 뜻을 이루며 내가 보낸 일에 형통함이니라(사 55:11).

하나님의 말씀은 살아 있을 뿐만 아니라 활동적이고 힘이 있습니다. 그래서 하나님의 말씀을 들을 때 마음이 감동되기도 하고 때로는 회개가 일어나기도 하는 것입니다. 그리고 하나님의 말씀은 좌우에 날 선 어떤 검보다도 예리하여 우리의 혼과 영과 및 관절과 골수를 찔러 쪼개기까지 합니다. 제사장들은 희생 제물을 절단하기 위해서 좌우에 날 선 검을 사용했습니다. 히브리서 기자는 유대인에게 있어서 매우 익숙한 이러한 사실을 염두에 두고, 하나님의 말씀은 그들이 사용하는 검과는 비교할 수 없을 만큼 예리한 것이라고 말합니다.

이 세상의 칼은 살을 벨 수는 있어도 마음은 베지 못합니다. 즉, 육적 생명을 죽일 수는 있어도 영적 생명은 죽일 수 없습니다. 그러나 하나님의 말씀은 육적 생명은 물론이고 영적 생명까지 멸망에 이르게 할 수 있습니다. 또한, 하나님의 말씀은 사람 마음의 생각과 뜻을 판단하십니다. 그래서 하나님 앞에서 인간은 자기 생각을 숨길 수 없습니다.

> 여호와께서는 모든 마음을 감찰하사 모든 의도를 아시나니(대상 28:9).

사람은 눈으로 보이는 것만 볼 수 있고, 또 귀로 들리는 것만 들을 수 있습니다. 하지만, 하나님은 그렇지 않습니다. 내가 입술로 말하지 않고 단지 마음속으로 품고 있는 생각조차도 아십니다. 그러기에 내가 무슨 의도로 그렇게 말하고 행동하는지를 정확히 아시고 판단하십니다. 이 사실을 기억하고 우리는 말하고 행동하는 것만이 아니라 생각하는 것조차도 조심해야 합니다.

> 내게 주신 은혜로 말미암아 너희 각 사람에게 말하노니 마땅히 생각할 그 이상의 생각을 품지 말고 오직 하나님께서 각 사람에게 나누어 주신 믿음의 분량대로 지혜롭게 생각하라(롬 12:3).

8. 우리의 결산을 받으실 이

> [히 4:13] 지으신 것이 하나도 그 앞에 나타나지 않음이 없고 우리의 결산을 받으실 이의 눈앞에 만물이 벌거벗은 것 같이 드러나느니라.

오늘 본문은 어떤 피조물도 하나님의 목전에서 숨을 수 없음을 선언합니다. '지으신 것이 하나도'라는 말은 피조물 전체를 의미합니다. 이 세상에 존재하는 모든 피조물은 자기를 지으신 하나님 앞에서 그 실체를 드러내게 됩니다. 사람들의 내면에 존재하는 의식과 아주 작은 죄까지도 하나님의 눈앞에 훤히 다 드러나기 때문에 우리는 아무것도 숨길 수가 없습니다. 즉, 인간은 자신이 속으로 품고 있는 생각이나 계획을 아무도 모를 것으로 생각할지 모르지만, 하나님은 인간의 속마음까지도 다 아십니다.

이에 대해 오늘 본문 바로 앞절에서는 이렇게 말씀합니다.

> 하나님의 말씀은 살아 있고 활력이 있어 좌우에 날 선 어떤 검보다도 예리하여 혼과 영과 및 관절과 골수를 찔러 쪼개기까지 하며 또 마음의 생각과 뜻을 판단하나니 (히 4:12).

하나님은 인간의 마음과 생각과 뜻을 아시고 판단하십니다. 우리가 마음속으로 품는 생각 하나까지도 조심해야 하는 이유는, 하나님께서 우리의 심령 깊은 곳까지 살피시는 분이시기 때문입니다.

또한, 오늘 본문에서는 하나님을 '우리의 결산을 받으실 이'라고 표현합니다. 이와 관련하여 예수님께서 들려 주신 달란트 비유를 떠올릴 수 있습니다. 주인은 종들의 능력에 따라 다섯 달란트, 두 달란트, 한 달란트를 나누어 주고 먼 길을 떠납니다. 그 이후 종들은 각자 받은 달란트를 어떻게 사용할지 자유롭게 선택할 수 있었습니다. 그러나 시간이 지나 주인이 돌아와 종들과 결산할 때가 되었습니다. 그 결과, 맡은 것을 성실히 사용한 종들은 칭찬과 상을 받았지만, 아무것도 하지 않은 한 달란트 받은 종은 그마저 빼앗기고 어두운 데로 내쫓기게 됩니다.

오늘 본문에서 하나님을 우리의 인생을 결산하시는 분으로 기록하고 있음을 우리는 기억해야 합니다. 나에게 주어진 시간을 어떻게 활용할지는 개인의 자유입니다. 하지만, 반드시 내가 살아온 삶에 대하여 하나님 앞에 서서 결산할 때가 있음을 잊어서는 안 됩니다.

하나님 앞에서 결산할 때에는 벌거벗은 것 같이 다 드러나게 됩니다. 상처 자국이나 점, 흉터 등 감추고 싶은 것들을 옷으로 가릴 수는 있습니다. 하지만, 벌거벗게 되면 감추었던 모든 것이 다 드러나는 것처럼, 하나님 앞에서 우리는 영육 간에 모든 것이 다 밝히 드러나게 됩니다.

> 감추인 것이 드러나지 않을 것이 없고 숨긴 것이 알려지지 않을 것이 없나니 이러므로 너희가 어두운 데서 말한 모든 것이 광명한 데서 들리고 너희가 골방에서 귀에 대고 말한 것이 지붕 위에서 전파되리라(눅 12:2-3).

벌거벗은 것처럼 하나님 앞에 서서 내가 살아온 모든 삶에 대하여 결산할 때가 있음을 알고, 그 결산할 날을 대비하는 자세로 살아야 부끄러움 없이 설 수 있을 것입니다.

9. 은혜의 보좌로 나아갈 것이니라

[히 4:15-16] 우리에게 있는 대제사장은 우리의 연약함을 동정하지 못하실 이가 아니요. 모든 일에 우리와 똑같이 시험을 받으신 이로되 죄는 없으시니라 그러므로 우리는 긍휼하심을 받고 때를 따라 돕는 은혜를 얻기 위하여 은혜의 보좌 앞에 담대히 나아갈 것이니라.

오늘 본문 15절에서, 우리의 대제사장이신 예수님은 우리의 연약함을 동정하지 못하실 이가 아니라고 말씀합니다. 이중 부정은 강한 긍정의 의미입니다. 즉, 예수님은 우리의 연약함에 대해서 너무나 잘 아신다는 뜻입니다. 이때 '연약함'이란, 신체적·정신적 연약함을 모두 포함합니다. 예컨대 피곤함, 배고픔, 목마름과 같은 신체적 연약함뿐만 아니라 다른 육체적 고통이나 정신적 고통까지 모든 연약함을 의미합니다. 우리가 겪는 이런 모든 연약함을 인간의 몸을 입으신 예수님께서 친히 경험하셔서 아신다는 것입니다.

실제로 예수님은 가난하게 사셨기에 가난한 자의 심정을 아시고, 또 손과 발에 못이 박히셨기에 육신의 질병이나 고통으로 인해 아파하는 자들의 마음도 아십니다. 또한, 가장 친한 제자로부터 배신을 당하셨기에 가까운 사람들로부터 배신당한 자들의 마음도 아십니다. 이렇게 우리와 똑같이 시험이나 아픔을 받으셨지만, 예수님께서 우리와 다른 점은 죄가 없으시다는 점입니다.

이처럼 예수님께서 우리의 연약함을 아시기에 우리는 은혜의 보좌 앞에 담대히 나아가야 합니다. 은혜의 보좌라는 것은 하나님의 보좌를 가리킵니다. 예수님으로 말미암아 우리는 하나님의 보좌 앞으로 가까이 나아갈 수 있는 특권을 받게 되었습니다.

이와 관련해서 에베소서에서는 다음과 같이 말씀합니다.

> 우리가 그 안에서 그를 믿음으로 말미암아 담대함과 확신을 가지고 하나님께 나아감을 얻느니라(엡 3:12).

시내 광야에 진을 치고 있던 이스라엘 백성은 시내산 위에 임하신 하나님의 영광을 보고 죽음의 공포로 떨었습니다. 또 선지자 이사야는 이상 중에 본 하나님의 영광으로 인해 죽을 것 같은 두려움을 느꼈습니다. 하지만, 성도인 우리는 매일 매 순간 하나님의 보좌 앞에 나아갈 수 있으며, 거룩하신 하나님과 교통할 수 있게 되었습니다. 왜냐하면, 예수님으로 말미암아 하나님은 우리의 아버지가 되셨고, 우리는 하나님의 사랑받는 자녀가 되었기 때문입니다.

따라서 과거 광야 시대의 이스라엘 백성에게는 심판의 보좌요 두려움과 공포의 대상으로 여겨졌던 주의 보좌가 성도들에게는 은혜를 베푸시는 은혜의 보좌로 바뀌었습니다. 그렇기에 우리는 은혜의 보좌에 멀리 떨어져 있는 것이 아니라, 날마다 주님의 보좌 앞으로 더 가까이 나아가야 합니다.

제5장
대제사장이신
예수 그리스도

1. 대제사장이신 예수 그리스도

2. 하나님의 부르심으로 세워진 대제사장

3. 심한 통곡과 눈물의 기도

4. 단단한 음식은 못 먹고 젖이나 먹어야 할 자

5. 어린아이와 장성한 자

1. 대제사장이신 예수 그리스도

[히 5:1-3] 대제사장마다 사람 가운데서 택한 자이므로 하나님께 속한 일에 사람을 위하여 예물과 속죄하는 제사를 드리게 하나니 그가 무식하고 미혹된 자를 능히 용납할 수 있는 것은 자기도 연약에 휩싸여 있음이라 그러므로 백성을 위하여 속죄제를 드림과 같이 또한 자신을 위하여도 드리는 것이 마땅하니라.

히브리서 5장 1절에서는 대제사장의 두 가지 조건이 나옵니다.

첫째, 대제사장은 본질에서 인간이어야 한다는 것입니다.

대제사장은 인간을 대신하여 하나님 앞에 나아가 제사를 드리고, 인간의 죄를 속죄하는 역할을 감당하기 위해 하나님께 택함을 받았습니다. 그래서 구약의 대제사장은 모두 인간이었습니다. 히브리서 기자는 이러한 사실을 밝힘으로써 우리의 대제사장이신 그리스도께서도 기본적으로 완전한 인간이 되셨음을 암시합니다. 즉, 주님은 우리 인간의 대제사장이 되셔서 우리를 위한 속죄의 제사를 지내기 위해 하늘의 모든 영광을 뒤로하고 인간의 몸을 입고 이 땅에 오신 것입니다.

둘째, 대제사장의 조건은 하나님의 부르심이 있어야 한다는 것입니다.

이것을 '택한 자'라고 표현합니다. 이때 택한 주체는 하나님이십니다. 즉, 대제사장은 하나님께서 선택하신 자입니다. 제사 드리는 일은 하나님께서 택하사 이 직책을 수행하게 하신 레위 계통 아론의 자손들만이 할 수 있었습니다.

아론 후손들의 경우와 마찬가지로 그리스도의 대제사장직도 역시 하나님께서 맡기셨습니다. 그러나 이 둘 사이에는 현격한 차이가 있습니다. 아론 후손의 제사장들은 자신을 위해서도 속죄제를 드려야 하는 한계가 있는 인간일 뿐이었지만, 예수님은 하나님의 아들이자 무흠, 무죄하신 분으로서 자신을 위해 속죄제를 드릴 필요가 없는 분이십니다. 그리스도의 제사는 오로지 죄인들을 위한 제사일 뿐입니다.

대제사장의 역할은 하나님과 인간 사이에 다리를 놓는 것입니다. 최후의 대제사장 예수 그리스도는 인간을 위해 하나님께 나아가셨고, 하나님께 속한 일을 이루기 위해서 그분의 뜻을 사람들에게 전달했으며, 사람을 위해서 하나님께 흠 없는 자기 몸을 제물로 드렸습니다. 예수님은 우리를 위한 대제사장으로서 이러한 역할을 완벽하게 수행하신 것입니다.

구약 시대에는 다양한 제물로 제사장을 통해서 하나님께 나아갔으나 오늘날 성도들은 단번에 속죄 제물이 되어 주신 대제사장 예수 그리스도를 통해 하나님 앞에 나아갈 수 있습니다. 따라서 이제 우리는 자기 자신을 거룩한 산제물로 드릴 뿐입니다.

> 그러므로 형제들아 내가 하나님의 모든 자비하심으로 너희를 권하노니 너희 몸을 하나님이 기뻐하시는 거룩한 산 제물로 드리라 이는 너희가 드릴 영적 예배니라 (롬 12:1).

2. 하나님의 부르심으로 세워진 대제사장

> [히 5:4] 이 존귀는 아무도 스스로 취하지 못하고 오직 아론과 같이 하나님의 부르심을 받은 자라야 할 것이니라.

오늘 본문은 대제사장직과 관련된 중요한 요건 가운데 하나에 대한 언급으로서 대제사장직은 아론과 같이 오직 하나님의 부르심을 받아야만 얻을 수 있음을 말씀하는 내용입니다. 대제사장이라는 직위는 아무 사람이나 사적인 이익을 위해 임의로 취할 수 있는 자리가 아닙니다. 존귀한 자리요, 존경할 만한 자리인 이 직분은 하나님의 부르심을 입은 사람만이 감당할 수 있습니다.

대제사장직은 사람이 선출하고 임명하는 것이 아니라 하나님께서 소명하여 임명하시기 때문에 실로 존귀한 자리이며 존경할 만한 직위입니다. 그러나 이것은 자신의 개인적인 이익을 추구하는 자리가 아니라 자기를 세우신 하나님의 뜻을 이루어야 할 직책이므로 그 자리에 세움을 받은 이들은 무슨 일을 하든지 하나님께서 명하신 규례와 법도를 따라야만 합니다.

대제사장직이라는 존귀한 직임은 오직 하나님에 의해 부르심을 받은 자에게만 주어집니다. 즉, 대제사장 아론은 하나님의 주권 아래 하나님의 소명으로 대제사장직을 받았습니다. 이렇게 하나님의 부르심으로 세움을 받은 아론과 모세를 다단과 아비람 그리고 고라 일당이 대적합니다.

> 레위의 증손 고핫의 손자 이스할의 아들 고라와 르우벤 자손 엘리압의 아들 다단과 아비람과 벨렛의 아들 온이 당을 짓고 이스라엘 자손 총회에서 택함을 받은 자 곧 회중 가운데에서 이름 있는 지휘관 이백오십 명과 함께 일어나서 모세를 거스르니라 그들이 모여서 모세와 아론을 거슬러 그들에게 이르되 너희가 분수에 지나도다 회중이 다 각각 거룩하고 여호와께서도 그들 중에 계시거늘 너희가 어찌하여 여호와의 총회 위에 스스로 높이느냐(민 16:1-3).

이때 하나님은 아론만이 존귀한 직으로 부르셨다는 징표로서 아론의 지팡이에만 싹이 나게 하셨습니다. 그리고 그 대적자들은 모두 여호와의 심판으로 땅속에 산 채로 매몰되어 죽게 됩니다. 이 사건은 하나님께서 허락하신 존귀한 자리를 여호와께로부터 부름을 받지 않은 자는 결코 취할 수 없음을 보여 준 사건이라 할 수 있습니다.

신약 시대 예수 그리스도 공생애 당시의 대제사장이었던 안나스와 가야바는 하나님께서 세우신 자들이 아니라 헤롯 가문에 의해 자의적으로 임명받은 자들이었습니다. 하지만, 예수 그리스도는 아론의 후손과 마찬가지로 스스로 대제사장이 되신 것이 아니라, 하나님 아버지에 의해 임명받으셨습니다.

3. 심한 통곡과 눈물의 기도

> [히 5:7] 그는 육체에 계실 때에 자기를 죽음에서 능히 구원하실 이에게 심한 통곡과 눈물로 간구와 소원을 올렸고 그의 경건하심으로 말미암아 들으심을 얻었느니라.

오늘 본문은 대제사장은 사람이어야 한다는 대제사장의 첫째 조건에 부합하는 진술로써 그리스도의 대제사장직의 합당함을 증거하고 있습니다. 여기서 '육체'라는 말은 인간 그 자체를 의미합니다. 즉, 성육신하신 예수님의 지상 존재, 곧 인격적인 본성을 가리킵니다. 예수님은 우리와 마찬가지로 혈육을 가진 인간이셨던 동안 그분은 우리가 느끼는 모든 것을 동일하게 느끼셨습니다. 특히, 예수님은 십자가의 고통이 얼마나 큰지를 아셨기에, 겟세마네 동산에서 간절하게 기도하셨습니다.

히브리서 기자는 이 기도를 본문에서 이렇게 표현합니다.

"심한 통곡과 눈물로 간구와 소원을 올렸고."

이와 관련하여 누가복음에서는 이렇게 기록하고 있습니다.

예수께서 힘쓰고 애써 더욱 간절히 기도하시니 땀이 땅에 떨어지는 핏방울 같이 되더라(눅 22:44).

간절한 마음으로 간구하시는 예수님의 얼굴에서 떨어진 땀방울이 핏방

울같이 되었다는 누가복음의 기록은 얼굴에 있는 모세 혈관이 터져서 피부 밖으로 나온 피가 땀방울에 섞여 땅에 떨어진 것으로 보입니다. 그 정도로 예수님은 간절하게 기도하셨던 것입니다. 겟세마네 동산에서의 이 기도를 오늘 본문에서는 '심한 통곡과 눈물의 기도'라고 표현하고 있습니다. 이때 '통곡'이라는 것은 고함이나 큰 부르짖음을 가리킵니다.

그런데 통곡도 그냥 통곡이 아니라, '심한 통곡'이었습니다. 이것은 예수님께서 얼마나 큰 고통 가운데 있었는지를 생생하게 보여 줍니다. 참을 수 없는 긴장과 고통 가운데에서 예수님은 단순히 앓는 소리만 내신 것이 아니라, 실제로 울기까지 하셨습니다. 즉, 예수님은 울면서 통곡하며 기도하신 것입니다.

예수님께서 이렇게 기도하시는 모습을 머릿속에서 떠올려 봅니다. 그리고 예수님의 이 기도의 모습과 오늘 나의 기도의 모습을 비교해 보니, 참으로 부끄럽다는 생각이 듭니다. 정말 간절함으로 울면서 부르짖는 기도를 한 지가 언제인지도 기억나지 않을 정도로 옛날 이야기가 되어버린 것 같습니다. 주님이 주신 부요함으로 인해 간절함이 사라져 버린 채 통곡으로 기도하지 않고서도 우리는 스스로 신앙생활을 잘하고 있다고 생각하는 것 같습니다.

4. 단단한 음식은 못 먹고 젖이나 먹어야 할 자

> [히 5:12] 때가 오래되었으므로 너희가 마땅히 선생이 되었을 터인데 너희가 다시 하나님의 말씀 초보에 대하여 누구에게서 가르침을 받아야 할 처지이니 단단한 음식은 못 먹고 젖이나 먹어야 할 자가 되었도다.

'때가 오래되었다'라는 말은 히브리 그리스도인들이 예수님을 믿은 지 오래되었고, 교육을 받은 지 상당한 시간이 지났음을 의미합니다. 그래서 이들은 능히 다른 사람을 가르칠 정도에 이르러야 했음에도 실제 그들의 영적 상태는 이에 미치지 못했던 것입니다. 이것을 통해서 우리는 오래 믿었다고 해서 반드시 신앙이 좋은 것은 아님을 알 수 있습니다.

신앙의 연수가 구원을 보장해 주지는 못합니다. 예수님 당시에 하나님에 대해 잘 안다고 자부하던 서기관들과 바리새인들을 향하여 주님이 이렇게 말씀하셨습니다.

> 화 있을진저 외식하는 서기관들과 바리새인들이여 너희는 천국 문을 사람들 앞에서 닫고 너희도 들어가지 않고 들어가려 하는 자도 들어가지 못하게 하는도다 (마 23:13).

오늘 본문에 보면, 히브리서를 쓰고 있는 기자의 안타까운 심정을 우리는 알 수 있습니다. 예수를 믿은 지 오래되어서 마땅히 남을 가르칠 선생이 되어야 할 자들이, 하나님 말씀의 초보가 무엇인지 다시 처음부터 가르침을 받아야 할 정도로 신앙이 초보 상태로 퇴보해 있었던 것입니다. 이때

'초보'라는 것은 A, B, C와 같은 알파벳 문자를 의미하는 것으로서 신앙의 기본 원리를 가리킵니다. 히브리 성도들은 하나님의 계시와 관련하여 가장 기본이 되는 원리를 과거에 이미 배웠음에도 다시 배워야만 하는 퇴보된 상태에 있었던 것입니다.

신앙생활을 오래 하고서도 초보적인 진리조차 알지 못하는 이들이 예나 지금이나 교회 안에 의외로 많습니다. 성도의 영적 성숙을 위해서 계시된 말씀 안에서 한 걸음 한 걸음 자라가는 일은 대단히 중요합니다. 성장하지 않는 자는 침체하고, 침체에 빠진 자는 퇴보하게 됩니다.

따라서 모든 성도는 항상 자신의 영적 상태를 살피며 혹시 자신이 어린아이와 같은 상태에 있지는 않은지 늘 점검해야 합니다. 수십 년 동안 신앙생활을 했음에도 여전히 같은 자리에서 머물러 있다면, 그것은 심각한 문제입니다. 신앙은 끊임없이 성장하고 발전해야 합니다. 성장하지 않으면 결국 퇴보하게 됩니다.

사람이 장성하여 청년이 되고 어른이 되면 어린아이의 일을 관두게 마련이듯이 성숙한 그리스도인이라면 옛 생활의 습관을 버리고, 영적 양식과 생활 태도가 달라지는 것이 마땅합니다.

5. 어린아이와 장성한 자

> [히 5:13-14] 이는 젖을 먹는 자마다 어린아이니 의의 말씀을 경험하지 못한 자요 단단한 음식은 장성한 자의 것이니 그들은 지각을 사용함으로 연단을 받아 선악을 분별하는 자들이니라.

오늘 본문에서는 '어린아이'와 '장성한 자'의 특징을 잘 보여 줍니다. 먼저 어린아이는 젖을 먹습니다. 왜냐하면, 단단한 음식을 소화하지 못하기 때문입니다. 또한, 어린아이의 가장 큰 특징은 하나님의 말씀을 경험하지 못한다는 것입니다. 하나님의 말씀이 어떤 것인지 이미 앞에서 설명한 바가 있습니다.

> 하나님의 말씀은 살아 있고 활력이 있어 좌우에 날 선 어떤 검보다도 예리하여 혼과 영과 및 관절과 골수를 찔러 쪼개기까지 하며 또 마음의 생각과 뜻을 판단하나니 (히 4:12).

어린아이는 살아 있는 하나님의 말씀을 삶으로 경험해 보지 못한 자입니다. 그래서 말하는 것이나 행동하는 것이 여전히 어린아이처럼 유치한 것입니다. 이런 어린아이와는 대조적으로 장성한 자는 젖이 아니라 단단한 음식을 먹습니다. 그리고 무엇보다 선악을 분별할 줄 압니다. 선악을 분별할 줄 안다는 것은 이것이 과연 성경적인지 아니면 비성경적인지를 판단할 줄 안다는 이야기입니다.

또한, 이것이 하나님의 마음을 아프게 하는 것인지 아니면 하나님의 마음을 기쁘시게 하는 것인지를 분별할 줄 아는 것을 말합니다. 즉, 장성한 자는 직접 경험하지 않아도 무엇이 옳고 그른지 알 수 있는 능력을 가진 사람입니다.

그런데 우리는 오늘, 이 말씀과 관련하여 기억해야 할 중요한 사실이 있습니다. 바로 어린아이가 시간만 지난다고 해서 저절로 장성한 자가 되지 않는다는 것입니다. 군대에서는 시간만 지나면 이병이 일병이 되고, 또 일병이 상병이 됩니다. 하지만, 우리의 믿음은 교회에 오래 다녔다고 해서 저절로 성장하지 않습니다.

오늘 본문 바로 앞에는 이러한 사실을 일깨워 주는 말씀이 있습니다.

> 때가 오래되었으므로 너희가 마땅히 선생이 되었을 터인데 너희가 다시 하나님의 말씀 초보에 대하여 누구에게서 가르침을 받아야 할 처지이니 단단한 음식은 못 먹고 젖이나 먹어야 할 자가 되었도다 (히 5:12).

히브리 성도들은 신앙생활 한 지 오래되었기 때문에 시간상으로 보면 마땅히 누군가를 가르칠 수 있는 선생이 되어야 했습니다. 하지만, 히브리 성도들은 여전히 하나님의 말씀 초보에 대하여 가르침을 받아야 할 정도의 어린아이 수준에 머물러 있었습니다.

그러면 어떤 과정을 거쳐야 어린아이의 수준을 벗어나 장성한 자가 될 수 있을까요?

이와 관련하여 오늘 본문에서는 다음과 같이 말씀합니다.

> "단단한 음식은 장성한 자의 것이니
> 그들은 지각을 사용함으로 연단을 받아."

연단을 받는다는 것은 운동선수가 신체나 정신 등을 강하게 단련하는 것을 말합니다. 우리의 믿음도 부단히 연단되어야 합니다. 영적 지각을 그대로 내버려두면 둔하여지고 어두워져서 하나님의 말씀을 듣기는 들어도 깨닫지 못하며 타락한 상태에 빠지게 됩니다.

아무리 뛰어난 운동선수라도 훈련을 게을리한다면 그가 정상적인 컨디션을 유지하기가 어렵듯이 성도들의 영적 감각 기관도 마찬가지입니다. 성도는 이 영적 감각 기관을 부단히 활용하고 연단받음으로써 선악 및 유익한 것과 해로운 것, 취해야 할 것과 버려야 할 것을 분별할 줄 알아야 합니다.

> 내가 어렸을 때는 말하는 것이 어린아이와 같고 깨닫는 것이 어린아이와 같고 생각하는 것이 어린아이와 같다가 장성한 사람이 되어서는 어린아이의 일을 버렸노라 (고전 13:11).

제6장
거짓말하지 않으시는 하나님

1. 초보를 버리고, 완전한 데로 나아갈지니라

2. 성령에 참여한 바 되고

3. 회개하게 할 수 없는 죄

4. 합당한 채소, 가시와 엉겅퀴

5. 잊어버리지 아니하시느니라

6. 믿음과 오래 참음

7. 오래 참아 약속을 받았느니라

8. 거짓말을 하지 않으시는 하나님

9. 영혼의 닻과 같은 소망

10. 우리를 위하여 들어 가셨느니라

1. 초보를 버리고, 완전한 데로 나아갈지니라

> [히 6:1-3] 그러므로 우리가 그리스도의 도의 초보를 버리고 죽은 행실을 회개함과 하나님께 대한 신앙과 세례들과 안수와 죽은 자의 부활과 영원한 심판에 관한 교훈의 터를 다시 닦지 말고 완전한 데로 나아갈지니라 하나님께서 허락하시면 우리가 이것을 하리라.

"그리스도의 도의 초보"란, 기독교의 바탕을 이루는 기본적인 교훈을 말합니다.

이에 관하여 구체적으로 1-2절에서 다음과 같이 여섯 가지를 언급합니다.

첫째, 죽은 행실을 회개하는 것입니다.

죽은 행실이란, 죄악된 행실을 말합니다. 성숙한 그리스도인이 되기 위해서 가장 먼저 밟아야 할 단계는 바로 죄악된 행실에 대한 회개입니다. 회개의 중요성과 필요성은 예수님께서 공생애를 시작하시면서 가장 먼저 외치신 메시지가 '회개하고 복음을 믿으라'라는 것이었다는 사실을 통해서도 충분히 알 수 있습니다. 어느 사람도 회개하기를 거부하고서는 참된 그리스도인이 될 수 없습니다. 사람이 망하는 것은 죄를 지어서가 아닙니다. 죄를 짓고도 회개하지 않기 때문에 망하는 것입니다.

> 너희에게 이르노니 아니라 너희도 만일 회개하지 아니하면 다 이와 같이 망하리라 (눅 13:3).

둘째, 하나님께 대한 신앙입니다.

참된 회개와 하나님께 대한 믿음은 불가분의 관계에 있습니다. 즉, 신앙의 기초이자 출발점인 회개 후에는 반드시 신앙이 따르게 되어 있습니다.

셋째, 세례입니다.

세례란 물로 깨끗이 씻는다는 의미입니다. 초대 교회 때 세례는 죄 사함과 그리스도인이 되기 위해 반드시 필요한 절차로 여겨졌습니다. 즉, 세례는 죄를 씻고 하나님의 자녀가 되는 표시이며, 초대 교회가 새신자를 받아들이는 의식이었으므로 기독교의 기본 교리 가운데 포함되는 것은 당연합니다.

넷째, 안수입니다.

본래 안수는 구약 시대부터 행해졌으며, 안수에는 세 가지 의미가 있습니다.

① 죄악을 전가하는 표시로서, 제물이 되는 짐승의 머리 위에 희생 제물을 바치는 사람이 손을 얹었습니다.
② 축복을 건네준다는 표시로서, 아버지가 그 자식의 머리 위에 손을 얹고 축복하였습니다.
③ 특별한 직분 수여를 표시하는 것으로, 이러한 직분을 받는 사람의 머리 위에 손을 얹었습니다. 이러한 구약의 관습을 초대 교회가 그대로 받아들여서 병을 치료할 때라든지, 축복할 때, 교회 사역자와 선교사들을 임직할 때, 성령의 임재를 원할 때 등 다양한 경우에 안수하였습니다.

다섯째, 죽은 자의 부활입니다.

이는 세상 끝날에 가서 있게 될 의인과 악인의 부활을 가리킵니다. 이 부활 교리는 기독교 교리의 가장 기초적이며 중요한 교리라고 할 수 있습니다.

여섯째, 영원한 심판입니다.

이것은 세상 끝날에 있게 될 최후의 심판을 가리킵니다. 이 심판을 통해서 영원한 심판, 최후의 심판, 영생으로 들어갈 자와 영벌에 처해질 자로 갈라집니다. 당시 히브리 성도들은 이미 이러한 교리적 기초를 놓은 사람들이므로 이 일을 다시 할 필요가 없었습니다. 이제 그들이 해야 할 일은 이 기초 위에 건물을 세워 완전을 향해 나아가는 것이었습니다.

그런데도 당시 히브리 성도들은 불행하게도 그 신앙의 기초를 다시 닦고 있을 정도로 신앙이 퇴보해 있었습니다. 신앙생활에는 정지가 있어서는 안 됩니다. 왜냐하면, 정지는 곧 퇴보를 의미하기 때문입니다. 칭의는 인간이 스스로 노력해서 얻을 수 있는 것이 아니지만, 그에 비해 영적 성장은 노력이 따라야만 가능합니다.

농부가 왜 묵은 땅을 기경합니까?

그것은 씨를 뿌리기 위해서입니다. 봄, 여름, 가을, 겨울 계속해서 땅을 일구기만 하는 농부는 없습니다. 땅을 일군 후에는 그곳에 씨를 뿌리고 수확을 기대하면서 부지런히 가꾸어야 합니다. 한 단계를 마친 사람은 그다음 단계를 향해 나아가야 합니다. 지금 히브리 성도들은 기초만 닦아 놓은 상태에서 더 이상 진전이 없기에 안타까운 심정으로 다음과 같이 말씀합니다.

> "신앙의 기초에 관한 교훈의 터를 다시 닦지 말고
> 완전한 데로 나아갈지니라."

나의 신앙의 상태는 어떨까요?

혹시 히브리 성도들처럼 아직 기초적인 단계에 머물러 있는 것은 아닐까요?

우리의 믿음은 어린아이의 유치한 수준을 벗어나 예수 그리스도의 장성한 분량에 이르기까지 자라야 합니다.

2. 성령에 참여한 바 되고

> [히 6:4-6] 한 번 빛을 받고 하늘의 은사를 맛보고 성령에 참여한 바 되고 하나님의 선한 말씀과 내세의 능력을 맛보고도 타락한 자들은 다시 새롭게 하여 회개하게 할 수 없나니 이는 그들이 하나님의 아들을 다시 십자가에 못 박아 드러내 놓고 욕되게 함이라.

오늘 본문에서는 회개가 불가능한 배교의 심각한 죄악성에 대해서 경고하고 있습니다. 우리 한글 성경에서는 어순 상 '회개하게 할 수 없다'라는 표현이 6절에서 번역되어 있습니다. 그러나 원어로 보면 4절 맨 앞에 나와 있습니다.

예수님께서 들려 주신 씨 뿌리는 자의 비유에 보면, 네 종류의 밭이 나옵니다. 즉, 복음에 대한 네 가지 반응으로, 먼저 길가로 표현된 반응은 아예 그리스도의 진리에 대해 무관심한 자들입니다. 그렇다면 이 사람들은 오늘 본문 4절 논의와는 관계가 없는 사람들입니다. 그렇다면 돌짝 밭과 가시덤불로 표현된 반응이 바로 오늘 본문과 관련하여 유의해야 할 대상입니다. 이들의 공통점은 복음을 들을 때에 기쁨으로 받아들였고 구원 얻은 증거도 나타났다는 것입니다. 분명 외견상으로 볼 때 그들은 구원을 얻은 것처럼 보입니다. 하지만, 한 부류의 사람들은 시험과 환난이 올 때 믿음을 버렸고, 또 다른 부류의 사람들은 세상의 것에 연연하는 바람에 믿음을 등한시하고 맙니다.

이들이 바로 4절에 나오는 "한 번 빛을 받고 하늘의 은사를 맛보고 성령에 참여한 바 된 사람들"입니다. 결국, 교회 안에는 알곡과 가라지가 함께 자라고 있는데, 겉으로는 알곡처럼 보이는 가라지들이 적지 않다는 사실을 우리에게 일깨워 줍니다. 히브리서 저자는 이러한 사실을 염두에 두고 시험과 핍박에 직면하여 배교의 위협 속에 살아가고 있는 독자들에게 경종을 울리기 위해 오늘 본문에서 경고하고 있습니다.

특별히 오늘 본문에서 우리는 '성령이 임하였던 사람들도 타락할 수 있는가'라는 문제에 대해 심각하게 고민해 보아야 합니다.

성령의 임재는 두 가지 가시적 현상을 나타냅니다.

첫째, 중생입니다. 베드로의 설교를 듣고서 삼천 명이나 되는 사람이 일시에 회심한 사건이 여기에 포함됩니다.

둘째, 인격적 변화입니다. 성경은 이것을 '성령의 열매'라고 말합니다.

이 두 가지가 성령을 받은 사람들의 특징인데, 이 사람들조차 자칫 멸망에 떨어질 위험이 있다는 사실입니다. 그렇지만 우리는 이들이 성령의 임재를 체험한 사실을 인정할 수밖에 없습니다.

그렇다면 타락한 자들의 문제가 무엇일까요?

성령의 임재를 체험하기는 했지만, 성령을 거스르고 소멸하여 성령을 속인다는 것입니다. 초대 교회 당시 성령의 역사가 활발할 때 아나니아와 삽비라 부부는 성령을 속인 대가로 즉사하게 됩니다. 성령의 임재를 체험한 것과 성령의 인도를 받는 것은 다른 문제입니다. 신비한 체험이나 기적에만 관심이 있을 뿐 성령을 따를 생각이 없는 자들에게 돌아갈 것은 멸망뿐입니다.

한국 교회사에서 이단의 한 페이지를 장식한 박태선의 경우, 처음에는 교회의 신실한 성도로서 성령의 능력을 받아 기사와 이적을 행하였으나 이후 스스로 그리스도를 욕되게 하고 자칭 자신을 가리켜 '참 감람나무'

라고 칭하며 이단의 수괴가 되었습니다. 그는 자신도 멸망의 길로 갔을 뿐만 아니라 수많은 영혼을 멸망으로 인도한 자였습니다.

3. 회개하게 할 수 없는 죄

> [히 6:4-6] 한 번 빛을 받고 하늘의 은사를 맛보고 성령에 참여한 바 되고 하나님의 선한 말씀과 내세의 능력을 맛보고도 타락한 자들은 다시 새롭게 하여 회개하게 할 수 없나니 이는 그들이 하나님의 아들을 다시 십자가에 못 박아 드러내 놓고 욕되게 함이라.

5절에서는 '하나님의 선한 말씀과 내세의 능력을 맛보았다'라고 말합니다. 이때 '맛보다'라는 말은 체험적인 경험을 가리킵니다. 즉, 이들은 선포된 하나님의 복음 또는 그리스도의 선하심을 경험을 통해 알았다는 것입니다. 하지만, 여기에서 우리가 간과하지 말아야 할 것은 이렇게 하나님의 선한 말씀과 내세의 능력을 경험했다 하더라도 그것이 그의 구원을 보장해 주지는 않는다는 사실입니다.

차라리 이 사람들이 하나님의 말씀과 내세의 능력을 경험해 보지 못해서 망했다면 차라리 위안이 될지도 모릅니다. 그런데 오늘 본문은 그렇지 않습니다. 분명 하나님의 말씀이 능력이 있고 그 말씀이 자신의 삶 속에서 이루어지는 경험을 하였음에도 망했다는 것입니다.

가룟 유다를 보십시오. 가룟 유다 역시 다른 제자들과 마찬가지로 자신의 모든 것을 버리고 3년간 주님을 따랐던 제자였습니다. 주님 곁에서 주님이 하시는 온갖 말씀들을 직접 두 귀로 들었고, 또 그 선포하신 말씀이 그대로 이루어지는 것을 두 눈으로 목격했던 인물입니다.

예를 들어, 오병이어의 기적을 베푸실 때, 가룟 유다가 그 기적의 떡과 물고기를 직접 사람들에게 나누어 주었으며, 또 무덤 속에 있던 나사로에게 '나오라'고 하신 주님의 말씀에 따라 죽었던 나사로가 살아서 나오는 것을 자신의 눈으로 목격하기도 했습니다. 즉, 가룟 유다가 주님의 말씀 능력을 경험해 보지 못해서 망한 것이 아니라, 직접 경험하였음에도 망하였다는 사실이 우리에게 경각심을 일깨워 줍니다.

이렇게 성령을 체험하고 또 하나님의 말씀과 내세의 능력을 맛보고서도 타락한 자들은 다시 새롭게 하여 회개하게 할 수 없다고 선언합니다. 즉, 이 사람들의 경우 회개에 이르도록 다시 회복시킨다는 것이 어려운 정도가 아니라 불가능하다는 것입니다.

말하자면 그들의 행위는 사하심을 얻지 못하는 죄에 해당합니다. 성경에는 이러한 사하심을 얻지 못하는 죄가 몇 가지 언급되어 있습니다. 곧, 성령을 훼방하는 죄(마 12:31)와 죽음에 이르는 죄(요일 5:16) 그리고 오늘 본문에 나오는 죄로서 성령을 경험하고도 고의로 배교하는 죄입니다.

> 그러므로 내가 너희에게 이르노니 사람에 대한 모든 죄와 모독은 사하심을 얻되 성령을 모독하는 것은 사하심을 얻지 못하겠고(마 12:31).

> 누구든지 형제가 사망에 이르지 아니하는 죄 범하는 것을 보거든 구하라 그리하면 사망에 이르지 아니하는 범죄자들을 위하여 그에게 생명을 주시리라 사망에 이르는 죄가 있으니 이에 관하여 나는 구하라 하지 않노라(요일 5:16).

히브리서 기자는 배교 행위에 대해 그리스도를 다시 십자가에 못 박는 것이라고 말합니다. 예수님을 십자가에 못 박은 사람들은 예수님을 미워하고 예수님의 구세주 되심을 부인한 자들이었습니다. 주께서는 이들을 가리켜 '마귀의 자식들'이라고 말씀하셨습니다.

따라서 배교자가 된다는 것은 곧 예수님을 십자가에 못 박았던 유대 종교 지도자들의 무리에 속하는 일이며, 동시에 자신이 마귀에게 속해 있음을 스스로 드러내는 일이라 할 수 있습니다. 따라서 성도에게 있어서 무슨 일이 있어도 끝까지 신앙을 지키는 일은 생명을 위해서 꼭 필요하고도 중요한 일입니다.

4. 합당한 채소, 가시와 엉경퀴

> [히 6:7-8] 땅이 그 위에 자주 내리는 비를 흡수하여 밭 가는 자들이 쓰기에 합당한 채소를 내면 하나님께 복을 받고 만일 가시와 엉경퀴를 내면 버림을 당하고 저주함에 가까워 그 마지막은 불사름이 되리라.

오늘 본문의 말씀은 배교자들이 받게 될 심판을 비유적으로 경고하신 말씀입니다. 땅이 비를 흡수하고 농부의 수고로운 경작을 받게 되면 아름다운 열매를 산출하는 것이 당연합니다. 농경지의 존재 이유는 농부의 마음을 뿌듯하게 해 주는 농작물을 생산해 내는 데에 있습니다. 이것은 태초에 하나님께서 창조 원리로 정해 놓으신 창조 법칙이기도 합니다.

하나님께서는 친히 만드신 땅을 향하여 이렇게 말씀하셨습니다.

> 하나님이 이르시되 땅은 풀과 씨 맺는 채소와 각기 종류대로 씨 가진 열매 맺는 나무를 내라 하시니 그대로 되어 땅이 풀과 각기 종류대로 씨 맺는 채소와 각기 종류대로 씨 가진 열매 맺는 나무를 내니 하나님이 보시기에 좋았더라 (창 1:11-12).

자주 내리는 비와 같은 하나님의 말씀과 은혜를 계속 흡수하는 자 모두가 하나님께 복을 받는 것이 아니라, 경작자에게 합당한 채소를 내는 땅처럼 하나님께서 기대하시는 열매를 내는 사람만이 하나님께 복을 받게 됩니다. 하지만, 땅이 비를 흡수하고서도 좋은 열매를 맺지 못하고 가시와 엉경퀴를 내게 되면 이것은 불살라지게 됩니다. 똑같은 비를 맞고서도 좋은 열매를 맺는 땅이 있는가 하면, 가시와 엉경퀴를 내는 땅도 있습니다.

오늘의 이 말씀은 예수님께서 하신 씨 뿌리는 자의 비유와도 동일합니다. 똑같은 씨를 뿌렸지만, 옥토 밭에 떨어진 씨는 열매를 맺지만, 옥토 밭이 아닌 다른 땅에 떨어진 씨는 아무런 열매를 맺지 못합니다. 씨가 문제가 아니라 씨를 받아들이는 밭이 문제입니다. 이 땅에 사는 동안에는 마치 알곡과 가라지가 함께 자라듯이, 좋은 열매를 맺든지 아니면 가시와 엉겅퀴를 맺든지 크게 개의치 않을 수도 있습니다.

하지만, 추수 때가 되면 알곡은 모아서 곳간에 들이고 가라지는 모아서 불사르듯이, 좋은 열매를 맺는 사람과 가시와 엉겅퀴를 맺는 사람이 맞이하게 되는 마지막은 다릅니다. 즉, 좋은 열매를 맺는 자들은 하나님께 복을 받게 되지만, 가시와 엉겅퀴를 맺는 자들의 마지막은 불사름입니다.

여기서 불사름이란, 죄에 대한 하나님의 최후 심판을 상징합니다. 따라서 이 말씀은 가시와 엉겅퀴를 내는 자들의 결국이 최후 불 심판에서 심판받는 것임을 보여 줍니다. 그들은 그 심판의 자리에서 슬피 울며 이를 갈게 될 것입니다. 그러나 그때는 돌이키고 싶어도 결코 돌이킬 수 없습니다.

5. 잊어버리지 아니하시느니라

> [히 6:10] 하나님은 불의하지 아니하사 너희 행위와 그의 이름을 위하여 나타낸 사랑으로 이미 성도를 섬긴 것과 이제도 섬기고 있는 것을 잊어버리지 아니하시느니라.

먼저 하나님은 불의하지 않으신 분이심을 선언하고 있습니다. 하나님은 실언하는 법이 없으시며, 변함도 없으시고 회전하는 그림자도 없으신 분이십니다. 또한, 하나님은 모든 것을 공평의 잣대로 판단하시며 어느 한편으로도 기울지 않으십니다. 그리고 한번 입에서 내신 말씀은 그것이 아무리 오래 전의 약속일지라도 잊지 않으시고 반드시 행하시는 분이십니다. 심은 대로 거두게 하시고 행한 대로 받게 하시는 불변하는 그분의 법칙은 하나님이 신실하시며 공정하신 분임을 알게 하는 가장 구체적인 증거가 됩니다.

이렇게 불의하지 않으신 하나님은 두 가지 일을 잊지 않으신다고 말씀합니다.

첫째, 우리가 한 행위를 잊지 않으십니다.

미쁘시고 의로우신 하나님은 우리의 섬김과 사랑의 행위 일체를 잊으시는 법이 없습니다. 우리 자신이 잊어버리고 있는 것까지도 하나님은 모두 기억하시며, 이에 대해 성실하게 갚아주십니다. 입법자와 재판장이 되시는 하나님께서 각 사람에게 그 행한 대로 보응하실 수 있는 것은 그 모든 것을 세밀한 부분까지 모두 아시며 기억하시기 때문입니다. 그래서 참고 선을 행하며 영광과 존귀와 썩지 아니함을 구하는 자에게는 영생으로 갚아 주십니다.

> 하나님께서 각 사람에게 그 행한 대로 보응하시되 참고 선을 행하여 영광과 존귀와 썩지 아니함을 구하는 자에게는 영생으로 하시고 오직 당을 지어 진리를 따르지 아니하고 불의를 따르는 자에게는 진노와 분노로 하시리라(롬 2:6-8).

둘째, 우리가 이미 성도를 섬긴 것과 이제도 섬기고 있는 것입니다.

이미 성도를 섬긴 것이란, 지나간 날에 섬긴 것을 말하고, 이제도 섬기는 것이란, 지금도 계속해서 성도들을 섬기고 있는 것을 말합니다. 즉, 하나님은 내가 과거에 섬긴 것도 기억하시고 현재에도 섬기고 있는 것을 기억하신다는 말씀입니다.

우리는 이 말씀을 통해서, 주님이 부르시는 그날까지 전진하는 신앙생활을 해야 함을 알 수 있습니다. 즉, 신앙생활은 과거에 머물러 있거나 후퇴해서는 안 됩니다. 신앙생활은 바울의 고백처럼 푯대를 향하여 부름의 상을 위하여 달려가는 것이 되어야 합니다.

> 내가 이미 얻었다 함도 아니요 온전히 이루었다 함도 아니라 오직 내가 그리스도 예수께 잡힌 바 된 그것을 잡으려고 달려가노라 형제들아 나는 아직 내가 잡은 줄로 여기지 아니하고 오직 한 일 즉 뒤에 있는 것은 잊어버리고 앞에 있는 것을 잡으려고 푯대를 향하여 그리스도 예수 안에서 하나님이 위에서 부르신 부름의 상을 위하여 달려가노라(빌 3:12-14).

6. 믿음과 오래 참음

> [히 6:11-12] 우리가 간절히 원하는 것은 너희 각 사람이 동일한 부지런함을 나타내어 끝까지 소망의 풍성함에 이르러 게으르지 아니하고 믿음과 오래 참음으로 말미암아 약속들을 기업으로 받는 자들을 본받는 자 되게 하려는 것이니라.

바울이 히브리 성도들을 향하여 간절히 원하는 것은 히브리 성도 각자가 동일한 부지런함을 나타내어 끝까지 소망의 확신에 이르는 것이었습니다. 이때 '부지런함'이란, 게으름에 대조되는 것으로서 '근면', '노력', '수고'라는 의미뿐만 아니라 '열심'이나 '열정'이라는 뜻도 있습니다.

히브리서 기자는 신앙의 성장이 정체되어 있어서 배교의 유혹에 빠지기 쉬운 성도들의 영적 진보를 위해서 그들이 느긋하게 지내기보다는 믿음 안에서 열심히 뜨거운 신앙생활 할 것을 권면하고 있는 것입니다.

그렇다면 언제까지 열심히 신앙생활을 해야 할까요?

바로 '끝까지'입니다. 여기서 '끝'이란, 개인적 종말과 우주적 종말을 모두 포함하는 개념입니다. 즉, 내가 죽는 날까지 또는 주님이 다시 오실 때까지 열심과 열정을 가지고 신앙생활을 해야 한다는 것입니다.

이 말씀은 요한계시록의 말씀과도 이어집니다.

> 내가 네 행위를 아노니 네가 차지도 아니하고 뜨겁지도 아니하도다. 네가 차든지 뜨겁든지 하기를 원하노라 네가 이같이 미지근하여 뜨겁지도 아니하고 차지도 아니하니 내 입에서 너를 토하여 버리리라 (계 3:15-16).

12절에서도 신앙생활을 부지런히 해야 함을 말하고 있습니다.

"게으르지 아니하고 믿음과 오래 참음으로 말미암아
약속들을 기업으로 받는 자들을 본받는 자 되게 하려는 것이니라."

영적으로 게을러지면 배교의 위험에 빠질 가능성이 그만큼 높아집니다. 그러므로 우리는 게으르지 않도록 항상 주의해야 합니다. 또한, 하나님의 약속을 기업으로 받기 위해서 필요한 두 가지 요소를 제시합니다. 그것은 바로 '믿음'과 '오래 참음'입니다.

먼저 믿음이란, 선포된 하나님의 말씀을 순수하게 그대로 받아들이는 것입니다. 예를 들어, 자식이 한 명도 없는 아브라함에게 하나님께서 '너의 자손이 하늘의 별과 같이 번성하게 되리라'라고 말씀하셨을 때, 아브라함은 하나님의 이 말씀을 계산하거나 판단하지 않고 그대로 믿었습니다. 이것이 바로 믿음의 올바른 자세입니다.

다음으로 하나님의 약속을 받기 위해서는 오래 참음이 있어야 합니다. 역시나 아브라함은 오래 참음으로써 하나님의 약속을 받았습니다.

이르시되 내가 반드시 너에게 복 주고 복 주며 너를 번성하게 하고 번성하게 하리라 하셨더니 그가 이같이 오래 참아 약속을 받았느니라(히 6:14-15).

믿음은 인내를 가능하게 하고, 인내는 믿음이 있음을 증거합니다. 즉, 아브라함은 하나님에 대한 믿음이 있었기에 오래 참을 수 있었습니다. 또한, 아브라함이 오래 참는다는 것은 아브라함에게 믿음이 있다는 증거였습니다. 오늘 우리도 하나님의 약속을 기업으로 받기 위해서는 아브라함처럼 믿음과 오래 참음이 있어야 합니다.

7. 오래 참아 약속을 받았느니라

> [히 6:13-15] 하나님이 아브라함에게 약속하실 때에 가리켜 맹세할 자가 자기보다 더 큰 이가 없으므로 자기를 가리켜 맹세하여 이르시되 내가 반드시 너에게 복 주고 복 주며 너를 번성하게 하고 번성하게 하리라 하셨더니 그가 이같이 오래 참아 약속을 받았느니라.

하나님께서 아브라함에게 주신 약속들이 여러 가지가 있는데, 오늘 본문에서 언급하고 있는 약속은 창세기 22장에 나오는 약속을 가리킵니다.

> 이르시되 여호와께서 이르시기를 내가 나를 가리켜 맹세하노니 네가 이같이 행하여 네 아들 네 독자도 아끼지 아니하였은즉 내가 네게 큰 복을 주고 네 씨가 크게 번성하여 하늘의 별과 같고 바닷가의 모래와 같게 하리니 네 씨가 그 대적의 성문을 차지하리라 또 네 씨로 말미암아 천하 만민이 복을 받으리니 이는 네가 나의 말을 준행하였음이니라 하셨다 하니라 (창 22:16-18).

하나님은 아브라함에게 이 약속을 주실 때에 자신을 가리켜 맹세하심으로써 이것이 확실하고 영원히 변치 않을 것을 보증해 주셨습니다. 하나님께서 당신 자신을 가리켜 맹세하셨다는 것은 자기 자신을 담보로 하여 맹세의 언약을 했다는 것을 의미합니다. 하나님께서 담보로 제출하신 자기 자신은 가장 확실히 믿을 만한 담보입니다.

하나님은 인생이 아니므로 식언치 않으시고 거짓말하지 않으시며 변함이 없으실 정도로 믿을 만합니다. 이보다 더 믿을 만한 맹세의 담보는 없습니다. 따라서 하나님께서 바로 자기 자신을 담보로 하여 아브라함에게 약속하셨다는 것은 그 약속이 천지가 진동할지라도 반드시 지켜질 것을 말해 줍니다. 이어지는 14절은 하나님께서 아브라함에게 맹세로 약속하신 것의 구체적인 내용입니다.

"내가 반드시 너에게 복 주고 복 주며
너를 번성하게 하고 번성하게 하리라."

하나님의 이 약속에 대한 아브라함의 반응이 15절에 나옵니다.

"그가 이같이 오래 참아 약속을 받았느니라."

아브라함은 하나님의 말씀이 더디게 이루어지는 것 같아도 체념하지 않고 믿음으로 오래 참고 기다렸으므로 하나님의 약속을 받을 수 있었습니다. 우리 역시 아브라함처럼 믿음과 오래 참음으로 약속을 기다려야 합니다.

8. 거짓말을 하지 않으시는 하나님

> [히 6:17-18] 하나님은 약속을 기업으로 받는 자들에게 그 뜻이 변하지 아니함을 충분히 나타내시려고 그 일을 맹세로 보증하셨나니 이는 하나님이 거짓말을 하실 수 없는 이 두 가지 변하지 못할 사실로 말미암아 앞에 있는 소망을 얻으려고 피난처를 찾은 우리에게 큰 안위를 받게 하려 하심이라.

'약속을 기업으로 받는 자들'이란, 하나님의 약속을 상속받는 사람들을 의미입니다. 이 상속자들은 다름아닌 아브라함의 영적 후손으로서 예수 그리스도를 통해 하나님의 자녀가 된 성도들을 가리킵니다. 이들을 향한 하나님의 뜻은 변함이 없습니다. 이때 '뜻'이라는 말은 계획 또는 목적이라는 의미입니다.

하나님께서 세우신 계획과 목적은 변하지 않습니다. 그 계획을 세우신 분이 전지전능하신 분이기 때문입니다. 사람이 세우는 계획을 보십시오. 계획을 세울 당시에는 완벽한 것처럼 보이지만, 일을 진행하다 보면 처음 세웠던 계획이 자꾸만 수정되기도 합니다. 왜냐하면, 계획을 세울 때의 상황과 일을 진행해 가는 과정에서의 상황이 자꾸만 변하기 때문입니다. 이것은 내일을 알 수 없는 인간의 한계이기도 합니다. 그러나 시공간을 초월하시고 모든 것을 아시는 하나님은 완전하시기에 하나님께서 세우신 계획은 변하지 않습니다.

사람의 마음에는 많은 계획이 있어도 오직 여호와의 뜻만이 완전히 서리라 (잠 19:21).

이어지는 18절에서 하나님은 거짓말을 하실 수 없는 분이시기에 그가 하신 약속과 맹세는 변하지 않는다는 사실을 말해 주고 있습니다. 하나님은 진실하신 분으로서 스스로 하신 말씀을 결코 뒤집지 않으시며, 상황이 변하는 동안에도 언제나 변함없는 모습으로 자신을 나타내십니다.

> 온갖 좋은 은사와 온전한 선물이 다 위로부터 빛들의 아버지께로부터 내려오나니 그는 변함도 없으시고 회전하는 그림자도 없으시니라 (약 1:17).

우리가 살아가는 이 세상에서는 거짓말을 했다고 해서 형사 처벌을 받는 일은 거의 없습니다. 그래서인지 사람들은 거짓말을 하는 것에 대해 그리 심각하게 여기지 않는 것 같습니다. 하지만, 우리가 꼭 기억해야 할 것이 있습니다. 바로 사탄이 거짓의 아비라는 사실입니다. 사탄의 가장 큰 특징은 거짓말을 진실처럼 꾸며 사람을 속이는 것입니다.

에덴동산에서의 모습을 보십시오. 하나님은 분명 '선악과를 먹으면 죽는다'라고 말씀하셨는데, 사탄은 죽지 않는다고 뻔뻔스럽게 거짓말을 합니다. 이 사실을 기억하고 하나님의 사람이라고 한다면 무엇보다 진실해야 합니다.

9. 영혼의 닻과 같은 소망

> [히 6:19] 우리가 이 소망을 가지고 있는 것은 영혼의 닻 같아서 튼튼하고 견고하여 휘장 안에 들어 가나니.

오늘 본문에서 히브리서 기자는 소망을 '영혼의 닻'이라는 비유를 통해 표현합니다. 닻은 배를 항구에 정박시켜 놓을 때 배가 바닷 물결에 휩쓸려 떠내려가지 않도록 배를 견고하게 고정해 주는 기능을 합니다. 출항하기 전에 갑판 위로 끌어올리지 않으면 배가 바다로 나아갈 수 없을 정도로 닻은 배를 단단하게 고정합니다.

우리가 가지고 있는 소망이 영혼의 닻과 같다는 말은 그 소망이 상황에 따라 흔들리지 않는다는 것을 의미합니다. 영혼의 닻과 같은 소망은 우리 그리스도인이 이 세상에서 가장 신뢰할 만한 것입니다. 왜냐하면, 변치 않으시는 전능자 하나님께서 붙들고 계시기 때문입니다.

이 소망과 관련하여 성경은 다음과 같이 말씀합니다.

> 다만 이뿐 아니라 우리가 환난 중에도 즐거워하나니 이는 환난은 인내를, 인내는 연단을, 연단은 소망을 이루는 줄 앎이로다 소망이 우리를 부끄럽게 하지 아니함은 우리에게 주신 성령으로 말미암아 하나님의 사랑이 우리 마음에 부은 바 됨이니
> (롬 5:3-5).

오늘 본문에는 소망의 세 가지 특징이 제시되고 있습니다.

첫째, 튼튼하다는 것입니다.

이때 '튼튼하다'라는 원어의 뜻은 '확고부동한'이라는 의미입니다. 즉, 성도가 가지고 있는 소망은 전지전능하신 하나님의 계시를 통해 주어진 모든 증거에 근거하기 때문에 확고부동합니다.

둘째, 견고하다는 것입니다.

이 소망의 닻은 우리를 그리스도 안에 굳게 붙들어 주기 때문에 우리의 소망은 견고합니다.

셋째, 견고하고 튼튼하다는 특징을 근거로, 휘장 안에 들어갑니다.

여기서 '휘장 안'이란, 성막의 지성소, 곧 하나님의 임재가 머무는 가장 깊은 곳을 가리킵니다.

바다를 항해하는 배의 닻은 바다 밑으로 내려가지만, 천국을 향해 나아가는 우리 영혼의 닻, 곧 소망은 하늘나라의 지성소에 견고하게 내려져 있습니다. 그 지성소는 십자가에서 구속 사역을 담당하신 예수 그리스도께서 이미 들어가셔서 활짝 열어 놓으신 곳입니다. 이 땅을 살아가는 동안, 수많은 환난의 파도가 우리를 덮칠 것입니다. 그러기에 우리에게는 더욱 영혼의 닻과 같은 소망을 붙들어야 합니다. 소망이 있는 한, 어떤 파도도 이겨낼 수 있습니다.

10. 우리를 위하여 들어가셨느니라

> [히 6:19-20] 우리가 이 소망을 가지고 있는 것은 영혼의 닻 같아서 튼튼하고 견고하여 휘장 안에 들어가나니 그리로 앞서가신 예수께서 멜기세덱의 반차를 따라 영원히 대제사장이 되어 우리를 위하여 들어가셨느니라.

20절에 나오는 "그리로"라는 것은 바로 앞 19절에 나오는 휘장 안, 곧 지성소를 가리킵니다. 바로 이곳 지성소에 예수님께서 우리보다 먼저 들어가셨습니다. 구약 시대에는 오직 대제사장만이 생명의 위협을 무릅쓰고 일 년에 한 번 들어갈 수 있었던 지성소에 예수님께서 우리의 선구자로 당당히 들어가심으로 그를 믿는 모든 성도에게 길을 활짝 열어 주셨습니다. 이처럼 성도는 언제든지 거룩하신 보좌 앞에 나아갈 수 있도록 허락받은 매우 특별한 존재입니다.

> 그러므로 우리는 긍휼하심을 받고 때를 따라 돕는 은혜를 얻기 위하여 은혜의 보좌 앞에 담대히 나아갈 것이니라(히 4:16).

예수 그리스도는 죽음에서 부활 승천하신 후 하나님의 은혜 보좌에 들어가셨습니다. 그리고 예수님은 거기에서 구약 시대의 대제사장들이 중보의 제사를 지냈던 것과 유사하게 성도들을 위해 중보 기도 사역을 수행하십니다. 즉, 그리스도는 자기 자신의 명예와 영광을 위해 지성소에 들어가신 것이 아니라 그를 믿는 성도들을 위해서 들어가신 것입니다.

예수님의 삶은 철저하게 타인을 위한 삶이었습니다. 처음에 하늘 영광을 버리시고 이 땅에 오신 것도 우리를 위해 오신 것이었고, 이 땅을 살아가시는 공생애의 모든 삶도 타인을 위한 삶이었습니다. 심지어 십자가에서 죽으신 것도 죄인을 살리기 위한 대속의 죽음이었습니다. 그리고 마지막으로 부활 승천하셔서 은혜의 보좌 안으로 들어가신 것도 자신을 위한 것이 아닌, 우리를 위한 것이었습니다.

이처럼 주님의 삶은 철저하게 우리를 위한 삶이었습니다. 단편적인 예를 들면, 예수님은 40일 금식기도 하신 후 많이 배고프셨습니다. 그리고 원하신다면 돌을 떡으로 만드셔서 드실 수 있었지만, 그러지 않으셨습니다. 이것은 쉬운 일입니다. 그런데도 주님은 당신의 능력을 자신을 위해 사용하시지 않으셨습니다. 실제로 예수님은 배고픈 무리들을 위해 오병이어의 기적을 베푸셔서 배불리 먹이셨습니다.

모든 율법 중에 가장 큰 계명은 하나님을 사랑하고 이웃을 사랑하는 것입니다. 그런데 마지막 때가 되면 사람들은 하나님과 이웃을 사랑하는 대신에 돈을 사랑하고 또 자기 자신을 사랑하게 된다고 성경은 말씀합니다.

> 너는 이것을 알라 말세에 고통하는 때가 이르러 사람들이 자기를 사랑하며 돈을 사랑하며 (딤후 3:1-2).

비록 세상 사람들은 자기 자신을 사랑하고 돈을 사랑할지라도, 예수 그리스도를 믿고 따르는 우리는 달라야 합니다. 주님이 우리를 사랑하시고 철저하게 우리를 위한 삶을 사셨던 것을 기억하고 우리도 주님을 닮아야 합니다. 그래야 그리스도인이라고 불리기에 부끄럽지 않을 것입니다.

제7장
우월하신 예수 그리스도

1. 의의 왕이요 평강의 왕이요

2. 아브라함을 축복한 멜기세덱

3. 레위 지파의 제사장들보다 뛰어나신 그리스도

4. 왕 같은 제사장이 된 성도

5. 영원한 대제사장, 예수 그리스도

6. 하나님께 가까이 가느니라

7. 영원한 대제사장 예수 그리스도

8. 예수를 힘입어 하나님께 나아가는 자들

9. 우월하신 예수 그리스도

10. 단번에 자기를 드려 이루신 예수 그리스도

1. 의의 왕이요 평강의 왕이요

> [히 7:1-2] 이 멜기세덱은 살렘 왕이요 지극히 높으신 하나님의 제사장이라 여러 왕을 쳐서 죽이고 돌아오는 아브라함을 만나 복을 빈 자라 아브라함이 모든 것의 십분의 일을 그에게 나누어 주니라 그 이름을 해석하면 먼저는 의의 왕이요 그 다음은 살렘 왕이니 곧 평강의 왕이요.

오늘 본문에서는 멜기세덱의 약력이 기록되어 있습니다. 먼저 1절에서 "멜기세덱은 살렘 왕이요, 지극히 높으신 하나님의 제사장"이라고 소개합니다. 멜기세덱이 세상에 알려지게 된 것은 아브라함의 조카 롯이 엘람 왕 그돌라오멜을 비롯한 메소포타미아 북부 연합군의 네 왕에게 사로잡혔을 때, 아브라함이 가신(집에서 길러진 훈련된 사람들) 318명을 거느리고 가서 그들을 쳐서 물리치고 돌아오는 길에 멜기세덱을 만나게 되었고 그때 멜기세덱이 떡과 포도주를 가지고 나와 아브라함을 축복한 것을 통해서입니다.

멜기세덱이 하나님께 기도함으로써 아브라함을 축복했다는 사실은 매우 의미심장합니다. 믿음의 조상이요 또 하나님의 약속을 받은 아브라함이 멜기세덱의 축복을 받았다면 이는 그가 아브라함보다 높은 위치에 있는 인물이라는 것과 아브라함을 위한 중보자라는 것을 나타냅니다.

히브리서 기자는 멜기세덱의 반차를 따른 그리스도의 대제사장직이 아브라함의 자손 중에서 난 레위 계통의 제사장직보다 월등하다는 것을 증명하고자 이 논리를 전개하고 있는 것입니다.

이어지는 2절에서는 아브라함이 전리품으로 얻은 모든 것에서 십일조를 멜기세덱에게 준 것에 관한 내용입니다. 이를 통해서도 멜기세덱이 아브라함은 물론이고 그의 자손들인 레위 계통 제사장들보다 큰 자임을 알 수 있습니다. 야곱이 하나님께 '모든 것에서 십 분의 일을 드리겠다'라고 서원했던 것처럼, 아브라함이 멜기세덱에게 십 분의 일을 드렸는데, 이는 자신의 소유가 곧 멜기세덱에게 속한 것임을 고백한 것입니다. 왜냐하면, 십일조는 '나의 모든 소유가 당신의 것입니다'라는 표시로 소산의 일부를 드리는 것이기 때문입니다.

이처럼 아브라함이 자신의 소유 가운데 십 분의 일을 드렸던 멜기세덱은 의의 왕이며 또한 평강의 왕입니다. 예수 그리스도의 모형이며 예표인 멜기세덱의 이름이 가진 뜻은 시사하는 바가 큽니다. 그리스도는 우리의 의를 위해 이 세상에 오신 왕이십니다. 성경은 예수님께서 하나님께로 나와서 우리에게 의로움이 되셨다고 증거합니다. 누구든지 예수님을 믿으면 하나님의 의를 얻게 됩니다. 진정 예수님은 자신을 믿는 모든 이를 의롭게 하시는 의의 왕이십니다.

또한, 멜기세덱은 평강의 왕입니다. 멜기세덱을 평강의 왕이라고 말하고 있는 것은 이 땅에 평화를 주기 위해 오신 예수 그리스도를 소개하기 위함입니다. 예수님은 실로 평화의 왕이십니다. 예수님은 이 땅에 오셔서 자신을 믿는 모든 이에게 의와 평강이라는 귀한 선물을 주셨습니다. 의는 평강의 전제 조건이며, 평강은 의의 결과입니다.

하나님과 평화를 누리지 못하던 자들이 그리스도의 대속 사역으로 말미암아 의를 얻었고, 그로 말미암아 하나님의 칭의를 얻으며 그분과 평강의 관계로 들어갈 수 있게 된 것입니다. 이 두 가지는 예수님을 통해서만 하나님께로부터 받을 수 있는 고귀한 선물입니다.

2. 아브라함을 축복한 멜기세덱

> [히 7:6-7] 레위 족보에 들지 아니한 멜기세덱은 아브라함에게서 십분의 일을 취하고 약속을 받은 그를 위하여 복을 빌었나니 논란의 여지 없이 낮은 자가 높은 자에게서 축복을 받느니라.

멜기세덱은 레위 지파의 족보에 들지 않을 뿐만 아니라, 그가 어느 계통의 사람인지도 알 수 없습니다. 레위 자손들은 법적 권리 아래 십일조를 받았지만, 멜기세덱은 법적 권리가 부여된 족보에 들지 않았음에도 아브라함에게서 십일조를 받은 것입니다. 즉, 아브라함은 어떤 특정한 율법에 따라 그에게 전리품 중에서 제일 좋은 것으로 십 분의 일을 바친 것이 아니라 자발적으로 그렇게 한 것입니다.

또한, 멜기세덱에게 축복을 받은 아브라함은 평범한 사람이 아니라 하나님의 약속을 받은 자였습니다. 이처럼 히브리서 기자는 멜기세덱이 하나님의 약속을 받은 자인 아브라함을 축복한 사실을 들어 그의 위대성을 거듭 강조하고 있습니다. 하나님의 약속을 받은 아브라함을 위해 축복할 수 있는 사람이라면 그는 확실히 아브라함보다 우월한 위치에 있는 자임이 분명합니다.

아브라함이 전부터 멜기세덱을 알고 있었는지는 의문이지만, 그가 자신보다 크며 자신이 섬기는 하나님과 관련이 있음을 알았기에 십일조를 그에게 드린 것입니다. 그렇다면 멜기세덱의 반차를 따르는 예수 그리스도 역시 당연히 레위 계통의 제사장들은 말할 것도 없고 하나님의 약속을 가진 아브라함보다 훨씬 더 크고 위대하신 분이심을 잘 알 수 있습니다.

"논란의 여지 없이 낮은 자가 높은 자에게서 축복을 받느니라."

멜기세덱이 아브라함을 축복한 사실은 그가 아브라함보다 더 높은 위치에 있다는 것을 증명해 주며, 이에 대해서는 논쟁의 여지가 없습니다. 히브리서 기자는 이러한 역사적 사실을 들어 멜기세덱으로 예표된 예수 그리스도의 대제사장직이 레위 계통의 제사장직보다 우월함을 계속해서 증거하고 있습니다.

히브리서 기자가 이렇게 이야기하고 있는 데에는 이유가 있습니다. 당시 성도 중에는 유대교에서 기독교로 개종한 뒤, 예수님을 믿는다는 이유만으로 여러 가지 많은 어려움을 겪게 된 이들이 있었습니다. 그들은 믿음을 지키느냐, 아니면 다시 옛 신앙으로 돌아가느냐를 놓고 망설이고 있었습니다.

이러한 상황에서 히브리서 기자는 예수 그리스도가 그들이 최고의 조상이라고 생각하는 아브라함보다도 더 우월하신 분임을 강조합니다. 즉, 어떤 어려움이 닥친다 하더라도 예수님을 믿는 믿음을 결코 버려서는 안 된다는 것을 강조하고 있는 것입니다.

3. 레위 지파의 제사장들보다 뛰어나신 그리스도

> [히 7:8-10] 또 여기는 죽을 자들이 십 분의 일을 받으나 저기는 산다고 증거를 얻은 자가 받았느니라 또한 십 분의 일을 받는 레위도 아브라함으로 말미암아 십 분의 일을 바쳤다고 할 수 있나니 이는 멜기세덱이 아브라함을 만날 때에 레위는 이미 자기 조상의 허리에 있었음이라.

히브리서 기자는 8절에서 레위 계통의 제사장들과 멜기세덱의 가장 큰 차이점 중 하나가 그들이 죽음에 종속되느냐 그렇지 않느냐에 달려 있음을 여부임을 말하고 있습니다. 여기에서 '죽을'이라는 말은 반드시 죽을 수밖에 없다는 뜻입니다.

레위 계통의 제사장들은 어느 한 사람도 예외 없이 모두 죄의 삯인 '사망'이라는 굴레에 얽매여 있습니다. 이러한 점에서 레위 계통의 제사장들은 일반 백성들과 조금도 다를 바 없는 연약한 인간에 불과합니다.

이에 비해 멜기세덱은 '살아 있다고 증거를 얻은 자'입니다. 성경 어디에도 멜기세덱의 죽음에 대해서는 기록하고 있지 않습니다.

오히려 이렇게 말씀하고 있습니다.

> 이 멜기세덱은 살렘 왕이요 지극히 높으신 하나님의 제사장이라 여러 왕을 쳐서 죽이고 돌아오는 아브라함을 만나 복을 빈 자라 아버지도 없고 어머니도 없고 족보도 없고 시작한 날도 없고 생명의 끝도 없어 하나님의 아들과 닮아서 항상 제사장으로 있느니라 (히 7:1, 3).

그리스도의 예표인 멜기세덱이 계속해서 살고 있다고 증거를 받고 있듯이 예수 그리스도는 죽음을 이기고 살아나신바, 이제는 더 이상 죽음과 관계가 없는 분이십니다.

> "또한 십 분의 일을 받는 레위도 아브라함으로 말미암아
> 십분의 일을 바쳤다고 할 수 있나니."

아브라함의 직계 후손인 레위 및 그의 지파의 제사장들은 아브라함이 멜기세덱에게 십일조를 바쳤을 때 '아브라함을 통해서 그 멜기세덱에게 역시 십일조를 바쳤다'라고 논리적으로 말할 수 있으며, 이러한 사실은 멜기세덱이 그들보다 훨씬 우월하고 높은 자라는 것을 말해 줍니다. 이러한 논증을 통하여 히브리서 기자가 내린 결론은 멜기세덱이야말로 제사장 중의 제사장이라는 것이며, 이는 곧 그 멜기세덱의 반차를 따르는 그리스도의 제사장직이 레위의 그것과는 비교도 할 수 없을 정도로 뛰어나다는 것입니다.

10절에서는 왜 레위 지파가 멜기세덱에게 십일조를 바친 셈이 되는지에 대한 이유를 설명합니다.

> "이는 멜기세덱이 아브라함을 만날 때에
> 레위는 이미 자기 조상의 허리에 있었음이라."

4. 왕 같은 제사장이 된 성도

> [히 7:11-12] 레위 계통의 제사 직분으로 말미암아 온전함을 얻을 수 있었으면(백성이 그 아래에서 율법을 받았으니) 어찌하여 아론의 반차를 따르지 않고 멜기세덱의 반차를 따르는 다른 한 제사장을 세울 필요가 있느냐 제사 직분이 바꾸어졌은즉 율법도 반드시 바꾸어지리니.

가정법은 사실과 반대되는 것을 나타냅니다. 따라서 '온전함을 얻을 수 있었으면'이라는 말은 '온전함이 없었다'는 의미가 됩니다. 따라서 상반절의 말씀은 이렇습니다.

'레위 계통의 제사 직분으로는 온전함을 얻을 수 없었다.'

레위 계통의 제사장직은 멜기세덱으로 예표된 그리고 율법의 완성자로 이 세상에 오신 그리스도 안에서 비로소 완전해질 수 있습니다. 그러므로 레위 계통의 제사장직은 일시적이고 한시적이며 불완전한 것이었습니다. 사람을 하나님의 의에 이르게 하고 거룩함으로 인도할 수 있는 완전한 제사장직을 수행하실 예수 그리스도뿐입니다. 즉, 그리스도 안에서만 모든 사람은 완전에 이를 수 있습니다.

이어지는 하반절의 말씀은 이렇게 기록되어 있습니다.

"어찌하여 아론의 반차를 따르지 않고 멜기세덱의 반차를 따르는 다른 한 제사장을 세울 필요가 있느냐."

본문은 반어적 의미를 나타내는 수사 의문문인데, 본절 상반절과 연결해서 번역하면 이런 의미가 됩니다.

'레위 계통의 제사 직분으로 말미암아 온전함이 없기 때문에 멜기세덱의 반차를 따르는 다른 한 제사장을 세워야만 했다.'

즉, 레위 계통의 제사장직은 일시적이고 불완전하므로 영원하고 완전한 제사장을 세워야 한다는 것입니다. 그 다른 한 제사장은 두말할 필요 없이 예수 그리스도이십니다. 멜기세덱으로 예표된 그리스도의 제사장직은 영원하고 완전하며, 그 아래에 머무는 모든 사람을 의롭고 거룩하게 할 수 있습니다.

"제사 직분이 바꾸어졌은즉 율법도 반드시 바꾸어지리니."

본문은 율법이 제사 직분과 밀접하게 연관되어 주어진 것이므로 제사 직분이 바뀌게 되면 율법 역시 바뀌게 된다는 사실을 말해 줍니다. 완전한 것이 오면, 불완전한 것은 자연스럽게 존재 가치를 잃게 마련입니다. 멜기세덱의 반차를 따르는 영원한 대제사장이신 그리스도의 오심으로 레위 계통의 제사장직은 폐지되었습니다.

그 실례로 예루살렘 성전의 휘장이 찢어졌고, 성전 자체도 완전히 붕괴하였으며, 레위 계통 제사장인 사독 계열의 제사장들은 자취를 감추었습니다. 율법의 완성자인 예수님의 등장과 함께 더 이상 율법에 근거를 둔 레위 계통의 제사장직은 필요가 없게 된 것입니다. 이제 예수님을 믿는 모든 사람은 왕 같은 제사장이라는 새로운 지위를 얻게 되었습니다.

5. 영원한 대제사장, 예수 그리스도

> [히 7:13-17] 이것은 한 사람도 제단 일을 받들지 않는 다른 지파에 속한 자를 가리켜 말한 것이라 우리 주께서는 유다로부터 나신 것이 분명하도다 이 지파에는 모세가 제사장들에 관하여 말한 것이 하나도 없고 멜기세덱과 같은 별다른 한 제사장이 일어난 것을 보니 더욱 분명하도다 그는 육신에 속한 한 계명의 법을 따르지 아니하고 오직 불멸의 생명의 능력을 따라 되었으니 증언하기를 네가 영원히 멜기세덱의 반차를 따르는 제사장이라 하였도다.

오늘 본문은 레위 지파가 아닌 유다 지파로서 멜기세덱의 반차를 따른 대제사장 예수 그리스도의 등장에 대한 설명입니다. 원래 제단 일은 이스라엘 열두 지파 가운데 오직 레위 지파만이 담당했습니다. 히브리서 기자가 지금 말하려고 하는 유다 지파는 어느 한 사람도 제단 일에 전념하기는 커녕 전혀 종사하지도 않았습니다. 그런데 바로 그 유다 지파에서 나온 예수 그리스도께서 완전한 대제사장이 되신 것입니다.

모세가 유다 지파의 제사장직과 관련하여 말한 것은 하나도 없습니다. 그런데 완전한 새로운 대제사장이 바로 이 유다 지파에서 나온 것입니다. 여기서 히브리서 기자는, 예수 그리스도의 대제사장직이 인간적인 계통과 무관하게 하나님으로부터 직접 왔다는 사실을 말하고 있습니다.

15절은 예수 그리스도께서 멜기세덱과 마찬가지로 별다른 제사장으로 오신 것을 감안할 때, 그가 레위 지파의 제사장들과는 분명히 근본적으로 다르다는 것을 밝힙니다. 히브리서 기자가 계속해서 비교 강조하고 있는 것은 레위 계통의 제사장직의 불완전성과 예수 그리스도의 제사장직의 완전성입니다. 이 사실을 강조함으로써 당시 히브리 성도들에게 핍박이 온 다고 해서 다시 유대교로 돌아간다는 것은 참으로 어리석고 무익한 일임을 일깨워 주고 있습니다.

이어지는 16절에서는 예수 그리스도가 하나님의 아들이라는 신적 자격으로 대제사장이 된 사실을 밝힙니다. 이는 율법의 규례에 따른 혈통적 자격으로 제사장이 되었던 구약 시대의 레위 계통의 제사장들보다 그리스도가 훨씬 우월함을 나타냅니다.

즉, 구약 시대의 제사장들은 아론의 자손이라는 육적 조건에 의해서 이 직무를 수행할 수 있었습니다. 제사장으로 임명을 받을 때 그들의 인격, 생활 태도 등은 문제시되지 않았으며, 오로지 아론의 가계에 속하였다는 조건만으로 이 직무를 수행할 특권이 부여된 것이었습니다. 따라서 그들에게 있어서 중요한 것은 육신적 자격뿐이었습니다.

하지만, 예수 그리스도의 제사장 되심은 육신적인 조건에 의해서가 아니라 하나님의 직접적인 임명과 그분 자신의 본질을 포함하여 인격, 성품 등에 근거를 두고 있습니다. 즉, 대제사장으로서의 예수 그리스도는 바로 생명 자체이시며 하나님의 아들이라는 자격으로 대제사장이 되신 것입니다.

6. 하나님께 가까이 가느니라

> [히 7:18-19] 전에 있던 계명은 연약하고 무익하므로 폐하고 (율법은 아무 것도 온전하게 못 할지라) 이에 더 좋은 소망이 생기니 이것으로 우리가 하나님께 가까이 가느니라.

18절은 육신에 속한 계명을 따라 된 구약의 제사장직과 제사 제도는 완전한 속죄를 이루지 못하고 또 사람이 하나님께 온전히 나아가도록 하지도 못하므로 폐지되었다는 사실을 말해 줍니다. 여기에서 "전에 있던 계명"은 모세 율법을 가리킵니다. 모세 율법은 유대인들에게 절대적인 권위를 가진 신성한 법이었지만, 히브리서 기자는 이 율법이 폐지되었다고 말합니다.

물론, 이것은 율법 전체가 파기되었다는 뜻은 아닙니다. 그리스도는 율법을 폐하려고 오신 분이 아니라 완성하기 위해서 오셨습니다. 따라서 여기에서 말하고 있는 것은 제사장직의 세습을 비롯하여 이와 관련된 세부 규정과 조항들이 무효가 되었다는 뜻입니다.

예수 그리스도는 율법의 완성자로 오셨기 때문에 율법 중 의식법에 속한 제사장직이나 제사 제도가 더 이상 필요치 않은 것입니다. 제사장직의 존속 필요성과 그 궁극적인 목표는 하나님과의 화목을 위한 것인데, 율법에 속한 제사장들은 이 일을 성취하지 못하였고, 예수 그리스도께서 이것을 이루셨습니다.

> 곧 우리가 원수 되었을 때에 그의 아들의 죽으심으로 말미암아 하나님과 화목하게 되었은즉 화목하게 된 자로서는 더욱 그의 살아나심으로 말미암아 구원을 받을 것이니라(롬 5:10).

히브리서 기자는 전에 있던 계명이 왜 폐지되었는지에 대해 다음과 같이 두 가지 이유를 들고 있습니다.

첫째, 율법의 연약함 때문입니다.
바울은 율법이나 계명이 거룩하고 의로우며 선하다는 것을 인정하면서도 이 율법의 무능함을 동시에 지적하고 있습니다. 왜냐하면, 율법으로는 단 한 사람도 하나님의 의를 얻을 수 없기 때문입니다. 율법의 역할은 죄를 깨닫게 하는 것과 사람들을 그리스도께로 인도하는 몽학 선생이 되는 것이기에 예수 그리스도의 오심으로서 이러한 율법의 역할은 끝이 난 셈입니다.

둘째, 율법의 무익함 때문입니다.
예수님께서 오사 율법의 마침이 되셨으므로 그것이 더 이상 소용이 없게 된 것입니다. 즉, 사람들을 구원하는 일에 율법은 아무것도 할 수가 없습니다.

이어지는 19절에서는 율법의 한계성과 그로 인해 용도 폐기될 수밖에 없는 이유를 설명합니다. 율법은 단 한 사람도 완전하게 만들지 못합니다. 사람은 율법을 통해 온전한 속죄도, 성화도, 양심의 자유와 평화도 얻을 수 없습니다. 단지 율법을 통해서 사람들은 자신이 죄인이라는 사실을 자각할 뿐입니다. 그렇다고 해서 율법이 불필요하다는 것은 아닙니다. 바울이 증거한 것처럼 율법으로 말미암지 않고서는 우리가 죄를 죄로 깨달을 수조차 없습니다.

그렇다면 히브리서 기자는 왜 율법이 폐지되었다고 말하는 것일까요?

우리는 이것을 제사장직의 관점에서 이해해야 합니다. 하나님과의 화목이라는 제사의 궁극적인 본질과 목적에서 율법의 역할은 끝이 났습니다. 그리스도께서 오셔서 완전한 제사를 지내심으로 율법이 이루지 못한 구속 사역을 성취하셨기 때문입니다.

이제 모든 사람은 양이나 소 등 불완전한 제물인 짐승의 피가 아니라 완전한 제물이신 예수 그리스도를 통해서 거룩하신 하나님께 나아갈 수 있게 되었습니다. 사람으로 하나님의 의를 얻게 하는 것은 율법의 행위가 아니라 오직 예수 그리스도께 대한 믿음으로만 가능합니다. 그러므로 어떤 어려운 일을 만나더라도 이 믿음만은 끝까지 굳게 붙들어야 합니다.

7. 영원한 대제사장 예수 그리스도

> [히 7:20-22] 또 예수께서 제사장이 되신 것은 맹세 없이 된 것이 아니니 그들은 맹세 없이 제사장이 되었으되 오직 예수는 자기에게 말씀하신 이로 말미암아 맹세로 되신 것이라 주께서 맹세하시고 뉘우치지 아니하시리니 네가 영원히 제사장이라 하셨도다 이와 같이 예수는 더 좋은 언약의 보증이 되셨느니라.

오늘 본문은 하나님의 맹세로 된 대제사장이신 예수 그리스도의 영원성에 대한 언급입니다. 예수님의 제사장직이 하나님의 맹세로 된 것임을 강조하는 이유는 그 내용이 확실하고 변함이 없음을 알리기 위함입니다. 맹세를 동전 뒤집듯이 아무렇지도 않게 어길 수 있는 인간과 달리 하나님은 한 번 맹세하신 것에 대해서는 절대로 변치 않으시는 분이므로 예수님의 제사장직은 영원토록 불변하며 레위 계통의 제사장직과는 대조됩니다. 맹세가 없어도 하나님의 말씀은 반드시 이루어집니다. 하물며 하나님께서 맹세하셨다면, 그것은 두말할 필요도 없습니다.

모세를 통해서 아론과 그 아들들을 제사장으로 세우실 때는 맹세는 없었고 단지 계시의 말씀만 있었습니다. 즉, 하나님의 맹세 없이 모세를 통한 임명만으로 제사장직을 수행한 레위 제사장들의 직무는 영원하지 않고 임시적이었습니다.

> 너는 이스라엘 자손 중 네 형 아론과 그의 아들들 곧 아론과 아론의 아들들 나답과 아비후와 엘르아살과 이다말을 그와 함께 네게로 나아오게 하여 나를 섬기는 제사장 직분을 행하게 하되(출 28:1).

하지만, 여호와께서는 그리스도가 항상 제사장으로 계실 것에 대해서는 맹세로 확정하셨습니다.

> 여호와는 맹세하고 변하지 아니하시리라 이르시기를 너는 멜기세덱의 서열을 따라 영원한 제사장이라 하셨도다 (시 110:4).

하나님께서는 자신이 맹세한 것에 대하여 결코 마음을 바꾸는 일이 없으십니다. 따라서 하나님의 변치 않는 효력을 발휘하는 맹세로 된 것이기에 예수 그리스도의 제사장직은 변경되거나 폐지되지 않을 것입니다. 이처럼 예수 그리스도의 제사장적 지위는 레위 계통의 제사장직보다 훨씬 뛰어납니다. 그런데 고난이 온다고 해서 예수 그리스도를 버리고 다시 옛 생활로 돌아간다면 그것은 참으로 어리석은 일임을 히브리서 기자는 강조하고 있습니다.

초대 교회 때에도 예수님을 믿는다는 이유로 고난은 있었고, 지금도 마찬가지입니다. 즉, 시대를 막론하고 예수님을 믿는다는 이유로 고난은 늘 있었고 이것은 앞으로도 매한가지일 것입니다. 하지만, 고난이 있다고 해서 예수 그리스도를 떠나서는 안 됩니다. 왜냐하면, 예수 그리스도만이 우리의 죄를 사해 주시는 영원한 대제사장이시기 때문입니다.

8. 예수를 힘입어 하나님께 나아가는 자들

> [히 7:23-25] 제사장 된 그들의 수효가 많은 것은 죽음으로 말미암아 항상 있지 못함이로되 예수는 영원히 계시므로 그 제사장 직분도 갈리지 아니하느니라 그러므로 자기를 힘입어 하나님께 나아가는 자들을 온전히 구원하실 수 있으니 이는 그가 항상 살아 계셔서 그들을 위하여 간구하심이라.

23절은 레위 계통의 제사장의 수효가 많은 이유에 대한 설명입니다. 그것은 죽음 때문입니다. 레위 계통의 제사장의 수효는 헤아릴 수 없을 만큼 많았습니다. 최초의 대제사장 아론을 비롯한 그 후손들이 계속 제사장직에 올랐습니다. 만약 한 사람이 영원토록 제사장직을 수행할 수 있다면 상황은 달랐을 것입니다. 그러나 그들은 죽음이라는 한계에 부딪혀 자기 직분을 내려놓고, 다음 사람에게 그 자리를 넘겨주어야 했습니다. 따라서 그들의 제사장직은 일시적이며 유동적일 수밖에 없었습니다.

하지만, 멜기세덱의 반차를 따른 대제사장이신 예수님은 영원히 살아 계시므로 그의 제사장직도 영원합니다. 즉, 레위 계통의 제사장들은 죽어서 흙으로 돌아갔으나 그리스도는 언제까지나 생명을 지니고 계십니다. 또한, 예수님께서 드린 제사는 사람이 다시 드릴 수도 없으며, 또한 다시 되풀이할 필요도 없습니다.

왜냐하면, 예수님께서 자신을 제물 삼아 드린 제사의 효력은 영원하므로 속죄를 위해 다시 제사 드릴 필요가 없는 것입니다. 그런데도 이 당시 많은 유대인은 예수를 믿으면서도 다시 구약의 제사 제도로 돌아가려고 하는 유혹에 직면해 있었습니다. 이런 상황에서 히브리서 저자는 이와 같은 사실을 강조하지 않을 수 없었던 것입니다.

이어지는 25절에서는, 하나님께 나아가려면 반드시 예수 그리스도를 통해야만 한다는 사실을 말하고 있습니다. 이것은 예수 그리스도만이 사람들이 하나님께 나아가는 유일한 통로가 되신다는 것을 말해 줍니다.

이와 관련하여 예수님께서 직접 이렇게 말씀하신 바가 있습니다.

> 예수께서 이르시되 내가 곧 길이요 진리요 생명이니 나로 말미암지 않고는 아버지께로 올 자가 없느니라(요 14:6).

그렇다면 왜 예수님을 통해서만 하나님께 나아갈 수 있을까요?

왜냐하면, 예수님께서 하나님께 나아가는 길을 열어 주셨기 때문이며, 그분 자신이 하나님께로 가는 유일한 길 자체이기 때문이며, 그분만이 하나님께로부터 와서 하나님께로 가는 길을 알고 계시기 때문입니다. 예수 그리스도는 진노의 잔을 마심으로써 인간이 하나님께로 가는 데 장애물이었던 막힌 담을 허무셨습니다. 즉, 그의 대속 희생은 하나님의 원수였고 진노의 대상이었던 인간이 하나님께로 나아가도록 만든 통로였습니다.

예수님만이 우리가 하나님께로 나아갈 수 있는 유일한 길입니다. 그렇기 때문에 히브리서 기자는 아무리 힘든 상황일지라도 예수님을 믿는 이 믿음을 놓쳐서는 안 된다는 것을 강조하고 있는 것입니다.

9. 우월하신 예수 그리스도

> [히 7:26] 이러한 대제사장은 우리에게 합당하니 거룩하고 악이 없고 더러움이 없고 죄인에게서 떠나 계시고 하늘보다 높이 되신 이라.

영원한 대제사장이신 예수 그리스도께서 우리에게 합당하신 이유가 오늘 본문에 다섯 가지로 나옵니다. 이러한 특징은 레위 계통의 제사장들에게서는 결코 찾아볼 수 없는 특징입니다.

첫째, 예수님은 거룩하십니다.
여기에서 말하는 예수님의 거룩하심은 신적인 거룩함을 나타냅니다. 즉, 예수님께서 가지신 거룩함은 인간이 아닌 하나님으로서의 거룩함이라는 것입니다. 예수님께서 우리와 똑같은 완전한 인간이 되신 것은 사실입니다. 하지만, 예수님은 인간이시면서 동시에 완전한 하나님이시기도 합니다. 따라서 예수님은 레위 계통 제사장들이 가지고 있는 경건과는 근본적으로 구별되는 거룩함을 가지고 계셨던 것입니다.

둘째, 예수님은 악이 전혀 없으십니다.
인간은 누구나 악에 의해 영향을 받을 수 있지만 예수 그리스도는 그렇지 않습니다. 그분은 모든 악으로부터 자유하십니다. 예수 그리스도의 이와 같은 점은 레위 계통의 제사장들이 악의 영향을 받아 타락하고 그릇되게 행하였던 것과는 대조를 이룹니다. 만약 예수 그리스도 역시 악에 영향을 받는 분이라면 절대 구원자가 될 수 없습니다.

셋째, 대제사장 예수 그리스도는 더러움이 전혀 없는 분이십니다.

이는 거룩하신 하나님께로 가까이 가는 것을 방해하는 흠이라든지 혹은 더러움이 전혀 없는 상태를 말합니다. 레위 계통의 제사장들은 정결 의식을 치르지 않고서는 하나님께로 나아가는 것이 불가능한 흠이 있는 자들이었으나 그리스도는 한 점의 흠도 티도 없는 순결하신 분이십니다.

넷째, 예수 그리스도는 죄인에게서 떠나 계시는 분이십니다.

예수님께서 지상에서 비록 죄인들과 함께하시고 교제하셨지만, 그들과는 본질에서 구별되는 분이셨습니다. 즉, 예수님께서는 우리와 똑같은 인간이심에도 죄는 없으셨으며, 또한 이 세상에 오셨지만, 결코 이 세상에 속하지 않으셨습니다. 예수님은 마치 연어가 흐르는 물을 거슬러 올라가는 것처럼 이 세상에 계실 때 세속을 거슬러 사신 분이십니다. 속죄제의 직무를 행하면서도 여전히 죄가 있고 이 세상에 속하였던 구약의 제사장들과는 확연히 구별되는 분이십니다.

다섯째, 예수 그리스도는 하늘보다 높이 되신 분이십니다.

이는 예수님께서 승천하사 최고의 지위에 오르신 것을 의미합니다. 예수님은 제자들이 보는 가운데 승천하셨으며, 하나님 아버지의 보좌 우편에 앉으셨습니다. 하늘은 지상의 모든 피조물보다 높은 곳에 있습니다. 따라서 예수님께서 그 하늘보다도 더 높아지셨다는 것은 그분이 천사들과 레위 계통의 제사장들과는 비교할 수 없는 분임을 잘 알게 합니다.

즉, 하늘보다 높으신 예수님은 하늘 아래에서 난 레위 계통의 제사장들과는 비교할 수 없을 만큼 탁월하고 우월하신 분이십니다. 그래서 환난이 온다고 해서 이러한 예수님을 버리거나 떠나서는 안 된다는 것을 강조하고 있는 것입니다.

10. 단번에 자기를 드려 이루신 예수 그리스도

> [히 7:27] 그는 저 대제사장들이 먼저 자기 죄를 위하고 다음에 백성의 죄를 위하여 날마다 제사 드리는 것과 같이할 필요가 없으니 이는 그가 단번에 자기를 드려 이루셨음이라.

오늘 본문에서 히브리서 저자는 레위 계통, 그중에서도 특히 아론의 자손인 대제사장들을 예수 그리스도와 대조시킵니다. 그들은 백성의 죄를 위해 제사 드리기 전에 먼저 자신들의 죄를 위해 제사 드리지 않으면 안 되었습니다.

하지만, 예수 그리스도는 백성을 위한 속죄제를 드리시면서 자기를 위한 속죄제를 드릴 필요가 없는 분이십니다. 또한, 레위 대제사장들은 속죄제를 해마다 반복적으로 드려야 했지만, 예수 그리스도는 단번에 영원한 제사를 지내셨기에 더 제사를 되풀이해서 드릴 필요도 없습니다.

대속죄일에 제사 지낼 때의 모습은 이렇습니다. 레위 계통의 대제사장은 산 제물인 황소가 운반되면 화려한 제사장 의복 대신에 점 하나 없는 순백의 아마포를 몸에 걸친 후 자신의 죄를 이 동물에게 옮기기 위해 그 머리에 손을 얹고는 이렇게 기도합니다.

"오, 주 되시는 하나님이시여!

나와 내 가족은 부정을 행하고 율법을 어겼으며 죄를 지었나이다."

자신도 흠이 있는 레위 계통의 제사장들은 흠 없는 짐승을 대속 제물로 바쳤으나, 그것은 결코 죄를 속할 수 없어 계속 되풀이해서 제사를 지내야 할 불완전한 제물이었습니다. 반면 흠이 전혀 없는 예수 그리스도께서는 자신을 제물로 하여 십자가 위에서 속죄제를 드리심으로써 모든 사람의 죄를 지워 없애셨습니다. 히브리서 기자는 이처럼 예수님께서 완전한 대제사장이심과 동시에 완전한 제물이심을 증거합니다.

예수님은 아론 자손의 대제사장들과는 달리 자신의 몸을 제물로 한 아주 특별한 제사를 지내셨습니다. 그것은 인류를 모든 죄와 사망, 저주의 속박에서 속량하사 완전한 자유를 주는 제사입니다. 따라서 이제 누구든지 예수님을 믿는 자는 더 이상 속죄제를 드릴 필요가 없습니다. 즉, 예수님께서 우리의 죄를 위해 자신의 몸을 제물로 한 완전한 제사를 지내셨으므로 이제 더 이상 속죄의 제사는 필요치 않게 된 것입니다.

이제 누구든지 하나님께 나아가고자 하면 희생 제사가 아니라 예수님을 믿는 믿음만 가지면 됩니다. 하나님께서 받으시는 사람은 소나 양의 피를 가지고 오는 자들이 아니라 예수 그리스도를 믿는 자들입니다.

> 이 예수는 너희 건축자들의 버린 돌로서 집 모퉁이의 머릿돌이 되었느니라 다른 이로써는 구원을 받을 수 없나니 천하 사람 중에 구원을 받을 만한 다른 이름을 우리에게 주신 일이 없음이라 하였더라 (행 4:11-12).

모든 사람 앞에 하나님께서 열어 두신 길은 오직 예수 그리스도를 믿는 길밖에 없습니다. 예수님께서 아닌 다른 것에 의존하는 이들은 결국 하나님을 불신하는 것이나 다름이 없습니다. 그런데 이 당시 히브리 성도들은 고난으로 인해 예수 그리스도에 대한 믿음을 버리고 다시 유대교로 돌아가려는 유혹에 직면해 있었던 것입니다.

시대를 막론하고 세상은 예수님을 믿는 자들을 미워합니다. 이것은 주님께서 하신 말씀이기도 합니다. 그렇다고 해서 이 믿음을 버려서는 안 됩니다. 왜냐하면, 오직 예수님만이 구원받는 유일한 길이기 때문입니다.

제8장
섬기는 이

1. 섬기는 이시라

2. 예물과 제사 드림을 위하여 세운 자니

3. 원형과 모형

4. 새 언약을 맺으리라

5. 내 언약 안에 머물러 있지 아니하므로

6. 그들은 내게 백성이 되리라

7. 죄를 다시 기억하지 아니하리라

8. 첫 것은 낡아지게 하신 것이니

1. 섬기는 이시라

> [히 8:1-2] 지금 우리가 하는 말의 요점은 이러한 대제사장이 우리에게 있다는 것이라 그는 하늘에서 지극히 크신 이의 보좌 우편에 앉으셨으니 성소와 참 장막에서 섬기는 이시라 이 장막은 주께서 세우신 것이요 사람이 세운 것이 아니니라.

1절에 나오는 "이러한 대제사장"이란, 레위 지파 제사장들보다 뛰어나신 대제사장 예수 그리스도를 가리킵니다. 히브리서 기자는 인간의 필요를 정확하게 아시고 완전하게 채워 주는 이러한 대제사장이 우리에게 있다는 사실을 확신을 가지고 전합니다.

그리고 예수 그리스도는 '하나님의 보좌 우편에 앉으셨다'라고 말합니다. 이때 '앉다'라는 단어는, 대관식 때 새로 취임하는 왕이 보좌에 공식적으로 취임하는 것을 뜻합니다. 고대 사회에서 서는 것과 대조적으로 '앉는다'라는 것은 종종 영예와 권위의 상징이었습니다. 성경에서도 왕이신 하나님을 보좌 위에 앉으신 분으로 묘사하기도 합니다.

따라서 그리스도께서 하나님의 보좌 우편에 앉으셨다는 것은 그 분이 바로 하나님께서 지니신 영광을 얻었다는 것을 나타냅니다. 사실 성부 하나님께서는 하늘과 땅에 있는 모든 권세를 그리스도에게 주셨으며, 심지어 심판하는 권세까지 모두 맡기셨습니다.

우리의 영원한 대제사장이신 예수 그리스도는 구속 사역을 완수하시고 하나님 보좌 우편에 오르셔서 최고의 영예를 누리고 계십니다. 그러나 그리스도께서는 그 자리에 머무르며 자기 영광에 만족하지 않으시고, 중보 사역자로서 택함 받은 성도들을 섬기는 일을 하십니다. 즉, 예수님은 하늘의 영광스러운 자리에서 그의 백성을 통치하실 뿐만 아니라 그들을 위해 대제사장적 중보 사역까지 감당하시는 것입니다. 그래서 2절에서는 예수 그리스도를 '섬기는 자'로 묘사합니다.

예수님은 육신을 입고 이 땅에 계실 때에도 섬기는 삶을 사셨고 또한 부활 승천하셔서 하늘 보좌에 앉아 계시는 지금도 역시나 섬기고 계십니다.

이에 대해 예수님께서 친히 말씀하신 바가 있습니다.

> 인자가 온 것은 섬김을 받으려 함이 아니라 도리어 섬기려 하고 자기 목숨을 많은 사람의 대속물로 주려 함이니라 (마 20:28).

우리는 그리스도인, 곧 그리스도의 삶을 따르는 사람입니다. 그리스도께서 섬김의 본을 보이셨듯, 우리 역시 그분을 본받아 섬기는 삶을 살아야 합니다. 그리스도인이라면 섬김을 받기보다 섬기며 사는 것이 마땅합니다.

2. 예물과 제사 드림을 위하여 세운 자니

> [히 8:3] 대제사장마다 예물과 제사 드림을 위하여 세운 자니 그러므로 그도 무엇인가 드릴 것이 있어야 할지니라.

여기에서 말하고 있는 '예물과 제사'는 구약의 제사 제도하에서 하나님께 드리는 모든 것을 망라합니다.
이와 관련하여 클라크는 이렇게 말했습니다.

> 예물을 통해서는 하나님께서 우주를 다스리시며 피조물들에게 먹을 것을 공급하시는 은혜를 깨닫게 되었고, 제사를 통해서는 죄의 파괴적인 본질 및 대속의 필요성을 고백하게 되었다.

아론의 후손 대제사장은 이런 의미를 지니는 예물과 제사를 하나님께 드림으로써 하나님의 주권과 섭리 그리고 인간의 절망적인 상황 및 구세주를 향한 갈망을 백성들에게 일깨워 주었습니다.
여기에서 우리가 주의해서 보아야 할 단어가 있는데, 바로 "드림"이라는 단어입니다. "드림"이라는 것은 '가까이'라는 부사와 '가져오다'라는 동사의 합성어로서, 문자적인 의미는 '가까이 가져오다'라는 뜻입니다. 즉, '예물과 희생 제사'는 하나님께로 가까이 나아가기 위한 것임을 알 수 있습니다.
하나님께서 대제사장을 세우신 목적은 인간으로 하여금 거룩하신 하나님께로의 접근을 가능하게 하는 역할을 감당하게 하기 위해서입니다. 즉,

하나님께로 가까이 나아가 그분과 교제할 수 있도록 길을 열어 주는 것이야말로 대제사장에게 맡겨진 사역 중에서 가장 중요한 사역이었던 것입니다.

하지만, 아론 계열의 대제사장들은 단지 이러한 일을 예표하는 일만 행하였을 뿐, 그 역할을 완전하게 감당하지는 못했습니다. 왜냐하면, 아론의 후손인 대제사장들도 죄인이란 치명적인 약점이 있기에 거룩하신 하나님 앞에 나아가기 부적절한 인간인 그들로서는 불가능한 일이었습니다. 그래서 영원한 대제사장이신 예수 그리스도가 이 땅에 오신 것입니다. 주님은 십자가에서 죄인들을 대신하여 자기 몸을 제물로 드림으로서 영원한 속죄를 단번에 이루셨습니다.

> 염소와 송아지의 피로 하지 아니하고 오직 자기의 피로 영원한 속죄를 이루사 단번에 성소에 들어가셨느니라(히 9:12).

예수님께서 십자가에서 죽으실 때 여러 가지 현상이 일어났는데, 그중 하나가 지성소를 막고 있던 휘장이 위로부터 아래로 찢어진 것입니다. 이는 이제 누구든지 예수님을 믿는 믿음으로 하나님 앞에 나아갈 수 있게 되었음을 알려 줍니다.

> 그러므로 우리에게 큰 대제사장이 계시니 승천하신 이 곧 하나님의 아들 예수시라 우리가 믿는 도리를 굳게 잡을지어다 우리에게 있는 대제사장은 우리의 연약함을 동정하지 못하실 이가 아니요. 모든 일에 우리와 똑같이 시험을 받으신 이로되 죄는 없으시니라 그러므로 우리는 긍휼하심을 받고 때를 따라 돕는 은혜를 얻기 위하여 은혜의 보좌 앞에 담대히 나아갈 것이니라(히 4:14-16).

예수님은 우리가 하나님께 나아갈 수 있는 길을 열어 주셨습니다. 그러므로 어려운 일을 당한다고 해서 예수님을 믿는 이 믿음을 저버려서는 결코 안 됩니다.

> 예수께서 이르시되 내가 곧 길이요 진리요 생명이니 나로 말미암지 않고는 아버지께로 올 자가 없느니라(요 14:6).

3. 원형과 모형

> [히 8:5] 그들이 섬기는 것은 하늘에 있는 것의 모형과 그림자라 모세가 장막을 지으려 할 때에 지시하심을 얻음과 같으니 이르시되 삼가 모든 것을 산에서 네게 보이던 본을 따라 지으라 하셨느니라.

5절에서 말하는 "그들"은 아론의 후손 대제사장들을 가리킵니다. 이들이 섬기는 것은 하늘에 있는 것의 모형과 그림자라고 말합니다. 즉, 하늘에 있는 참 성소에서의 그리스도의 대제사장직 수행과 비교할 때 레위 계통의 제사장들이 이 땅에 있는 성소에서 수행하는 일체의 사역은 모형과 그림자라는 것입니다.

그리고 모세가 만든 장막은 하나님의 명령에 따라 지은 것임을 말하고 있습니다. 그런데 이 장막은 하늘에 있는 성소의 그림자에 불과합니다. 이 하늘에 있는 성소로서 이 땅에 내려오신 분이 바로 예수 그리스도이십니다. 즉, 예수 그리스도야말로 하나님께서 만드신 참 장막입니다. 모세 시대의 장막은 바로 그 참 장막이신 예수 그리스도를 지향하고 반영하는 그림자에 지나지 않는 것이었습니다.

또 모세는 장막과 그곳에 비치될 성물들을 제조하면서 자기 생각대로 해서는 안 되고, 하나님께서 산에서 보여 주신 본을 따라야 했습니다. 즉, 하나님께서 지시하신 장막, 언약궤, 진설병상 등의 설계도에는 규모를 비롯하여 재료라든지 도안은 물론이고 색상에 관한 것까지도 세밀하게 포함되어 있었습니다.

그리고 이 '본'이라는 단어가 원형과 사본이라는 두 가지 의미를 다 포함하고 있다는 사실은 중요합니다. 이 가운데에서 오늘 본문에 나오는 "본"은 원본을 의미합니다. 즉, 모세는 이 원본에 따라서 성막을 세우고, 성막 설비를 갖추며, 제사 제도를 확립했던 것입니다. 이 원본을 따라서 만들어졌으므로 모세가 만든 장막은 사본이며 모형일 뿐입니다. 히브리서 기자는 바로 이 점을 강조하고 있는 것입니다. 즉, 히브리서 기자는 레위 계통의 제사 제도가 잘못되었다고 지적하는 것이 아니라, 그것은 단지 하늘에 있는 예수 그리스도 대제사장직의 사본에 지나지 않는다는 점을 부각하고 있는 것입니다.

히브리서 기자가 이런 사실을 반복해서 말하고 있는 이유는, 실체이신 예수 그리스도를 버리고 모형과 그림자에 불과한 구약의 제사 제도로 다시 돌아가려는 것은 매우 어리석은 행동임을 깨우쳐 주기 위해서입니다.

만약에 진짜 진주를 버리고 어린아이들이 가지고 노는 가짜 진주를 택하는 사람이 있다면, 얼마나 안타까운 일입니까?

지금 히브리서 기자는 바로 이런 심정으로 말하는 것입니다. 실체를 버리고 그림자를 선택하거나 원본을 버리고 사본을 취하거나, 원형을 버리고 모형을 택해서는 안 된다는 것입니다. 예수 그리스도가 바로 실체이며 원본이고 원형이십니다. 그러므로 우리는 무슨 일을 만나든지 이 예수님을 꼭 붙들어야 합니다.

4. 새 언약을 맺으리라

> [히 8:7-8] 저 첫 언약이 무흠하였더라면 둘째 것을 요구할 일이 없었으려니와 그들의 잘못을 지적하여 말씀하시되 주께서 이르시되 볼지어다 날이 이르리니 내가 이스라엘 집과 유다 집과 더불어 새 언약을 맺으리라.

오늘 본문에서는 옛 언약은 불완전하기에 필연적으로 새 언약이 세워질 수밖에 없음을 밝히고 있습니다.

"저 첫 언약"은 옛 언약을 가리키는데, 이것은 불완전한 것이었습니다. 이러한 사실을 가정법을 사용하여 잘 표현하고 있습니다. 즉, "저 첫 언약이 무흠하였더라면"이라는 말은 옛 언약이 완전했더라면 다른 언약이 필요하지 않았을 것이나 그렇지 못하기 때문에 더 나은 새 언약이 필요하다는 사실을 말하고 있는 것입니다.

그렇다면 옛 언약은 왜 완전하지 못한 것일까요?

옛 언약은 하나님의 명령과 인간의 행위에 기초를 둔 것으로서 순종하면 상급을 받는다는 약속과 거역하면 벌을 받는다는 징벌을 그 내용으로 삼고 있습니다. 언약의 당사자로서 이스라엘은 마땅히 하나님의 말씀을 지키고 순종해야 할 의무가 있었는데 그들은 그 의무를 저버렸습니다. 즉, 타락한 인간은 하나님의 명령을 완전히 순종할 수 없으므로 옛 언약은 완전할 수 없는 것입니다.

이처럼 이스라엘이 자신의 의무를 내팽개치고 우상 숭배와 죄악으로 치닫자 하나님은 옛 언약에 따라 징벌하사 그들을 이방 나라에 넘겨 버리셨습니다.

한편, 인간을 심판으로 이끌고 간 옛 언약이 하나님의 명령과 인간의 행위에 기초를 둔 것과 달리 새 언약은 하나님의 은혜와 인간의 믿음에 기초를 두고 있습니다. 이것은 대단히 중요한 문제입니다. 옛 언약은 사람들을 법에 따라 두었으므로 그들이 의를 얻으려고 하면 법을 다 지켜야만 했습니다. 하지만, 이것은 불가능한 일이었습니다. 이에 바울은 의인은 하나도 없으며, 율법의 행위로 하나님 앞에서 의롭다 하심을 얻을 육체가 하나도 없다고 증거하였습니다.

결국, 율법 아래 있는 사람들은 단 한 사람도 하나님의 의를 얻지 못합니다. 이에 반해서 새 언약은 사람들을 은혜 아래 두었으므로 누구든지 의를 얻으려고 하면 예수님을 믿기만 하면 됩니다. 예수님을 믿는 사람들은 영원한 의를 얻으며, 하나님의 자녀가 되어 일체의 하나님 약속에 참여할 수 있는 특권을 누릴 수 있게 됩니다.

5. 내 언약 안에 머물러 있지 아니하므로

> [히 8:9] 또 주께서 이르시기를 이 언약은 내가 그들의 열조의 손을 잡고 애굽 땅에서 인도하여 내던 날에 그들과 맺은 언약과 같지 아니하도다 그들은 내 언약 안에 머물러 있지 아니하므로 내가 그들을 돌보지 아니하였노라.

하나님께서는 이스라엘 백성을 구원하시되 그 어느 사람도 범접하지 못할 정도로 확실하고도 안전하게 구원해 내셨습니다. 마치 아버지의 손에 붙들린 아이처럼 이스라엘 백성은 하나님의 안전한 보호와 인도를 받았던 것입니다. 이처럼 하나님의 안전한 인도를 받았음에도 구약 이스라엘 백성이 실패하게 된 결정적인 이유가 있습니다. 바로 그들이 하나님의 언약 안에 머물기를 거부하였기 때문입니다. 예수님께서도 우리가 많은 열매를 맺을 수 있는 비결을 이렇게 말씀하셨습니다.

> 내 안에 거하라 나도 너희 안에 거하리라 가지가 포도나무에 붙어 있지 아니하면 스스로 열매를 맺을 수 없음 같이 너희도 내 안에 있지 아니하면 그러하리라 나는 포도나무요 너희는 가지라 그가 내 안에, 내가 그 안에 거하면 사람이 열매를 많이 맺나니 나를 떠나서는 너희가 아무 것도 할 수 없음이라 사람이 내 안에 거하지 아니하면 가지처럼 밖에 버려져 마르나니 사람들이 그것을 모아다가 불에 던져 사르느니라(요 15:4-6).

이스라엘 백성은 무슨 일이 있어도 하나님의 언약 안에서 소망을 품고 그 언약 안에 머물러 있어야 했는데, 그렇게 하지 못한 것이 실패하게 된 근본 원인이었습니다. 그들은 끊임없이 하나님의 언약을 파기하였습니다. 즉, 그들은 어쩌다가 한두 번 언약을 파기한 것이 아니라 아예 하나님의 언약을 무시해 버렸습니다. 따라서 이 언약은 자동으로 폐기될 수밖에 없었던 것입니다.

여기서 히브리서 기자가 짚고 넘어가려는 것은 이스라엘의 불신앙과 불경건입니다. 이것이 계약 파기의 궁극적 원인입니다. 하나님은 한두 번의 실수를 두고 진노하시는 분이 아니십니다. 그들은 의도적으로 하나님의 명령을 거부하였으며, 우상을 섬기는 일에 열중하였습니다. 따라서 언약이 파기된 것은 너무나 당연한 결과입니다.

이스라엘 백성이 하나님의 언약 안에 머물러 있지 않음으로서 먼저 언약을 파기하게 되는데, 그 결과로 하나님께서도 이스라엘 백성을 돌보시지 않게 됩니다. 이처럼 옛 언약의 경우는 인간의 행위가 언약의 효력에 영향을 미쳤습니다. 하나님은 옛 언약의 실패를 통해서 인간의 구원은 행위가 아니라 전적으로 하나님의 은혜에 달려 있다는 것을 보여 주고자 하셨습니다. 단 한 사람의 예외도 없이 구원은 오직 하나님의 은혜로만 가능합니다.

> 너희는 그 은혜에 의하여 믿음으로 말미암아 구원을 받았으니 이것은 너희에게서 난 것이 아니요 하나님의 선물이라 행위에서 난 것이 아니니 이는 누구든지 자랑하지 못하게 함이라 (엡 2:8-9).

6. 그들은 내게 백성이 되리라

> [히 8:10] 또 주께서 이르시되 그 날 후에 내가 이스라엘 집과 맺을 언약은 이것이니 내 법을 그들의 생각에 두고 그들의 마음에 이것을 기록하리라 나는 그들에게 하나님이 되고 그들은 내게 백성이 되리라.

하나님께서는 자신의 법을 새 언약 관계에 들어가게 될 사람들의 생각에 둘 것이라고 말씀하십니다. 이때 '생각'이란 마음을 가리킵니다.
그래서 뒤이어 이렇게 말씀하십니다.

"그들의 마음에 이것을 기록하리라."

마음에 하나님의 법이 기록되어 있다면, 그것을 잊어버리거나 잃어버릴 사람은 없을 것입니다. 하나님께서는 옛 언약은 돌판에 써서 이스라엘 백성 전체가 그것을 읽도록 하셨으나, 새 언약은 각 개인의 마음판에 기록하여 그들과 개인적으로 관계하게 하십니다.

그리고 옛 언약은 외적 명령에 의존하나 새 언약은 내적 변화에 의존한다는 것이 두드러진 차이점 가운데 하나입니다. 이러한 내적 변화는 하나님의 명령에 대하여 자발적인 순종을 하게 하며, 더 차원 높은 영적이고 도덕적인 삶을 살게 합니다. 이는 하나님과의 관계가 상명하복의 수직적 관계가 아니라 사랑의 관계로 인식되기 때문입니다. 즉, 하나님을 사랑하기 때문에 자발적으로 하나님의 말씀에 순종하게 되고, 그렇게 하나님의 말씀에 순종하다 보니 내 삶도 변하게 되는 것입니다.

마음판에 하나님의 말씀이 새겨진 사람과 마음판에 하나님의 말씀이 없는 사람이 같을 수는 없습니다. 왜냐하면, 하나님의 말씀은 능력이 있기 때문입니다. 즉, 능력이 있는 하나님의 말씀을 마음에 새기고 살아간다면, 당연히 세상 사람과는 말하는 것이나 행동하는 것이 달라야 합니다. 그래서 진짜 예수님을 만난 사람들은 모두 한결같이 다 변했습니다. 오히려 예수님을 믿는다고 하면서도 변하지 않는다면, 그것이 이상한 일입니다.

이어서 오늘 본문 마지막 부분에는 마음판에 하나님의 말씀이 새겨진 사람들을 향한 놀라운 축복의 말씀이 기록되어 있습니다.

"나는 그들에게 하나님이 되고 그들은 내게 백성이 되리라."

이 약속은 본래 하나님께서 애굽에서 종살이하던 이스라엘을 애굽에서 건져내실 무렵에 주신 것입니다. 그리고 이 약속은 그 후 율법 수여와 관련하여 그들이 하나님의 계명에 순종할 때 주신다고 말씀하셨습니다. 그러나 이스라엘은 하나님의 말씀에 순종하지 않고, 배교를 반복함으로써 하나님의 백성으로서 누릴 축복을 누리지 못하였습니다. 이스라엘이 얻지 못한 이러한 축복의 언약을 하나님은 다시 맺으십니다. 이러한 성취는 십자가 사역을 통한 신약 시대에 그리고 최종적으로는 예수 그리스도의 재림 후 새 하늘과 새 땅에서 완전하게 이루어지게 될 것입니다.

내가 들으니 보좌에서 큰 음성이 나서 이르되 보라 하나님의 장막이 사람들과 함께 있으매 하나님이 그들과 함께 계시리니 그들은 하나님의 백성이 되고 하나님은 친히 그들과 함께 계셔서 (계 21:3).

인간이 누릴 수 있는 가장 큰 축복은 바로 내가 하나님의 백성이 된다는 것입니다. 내가 하나님의 백성이 된다는 것은 하나님의 보호를 받는 권리가 생긴다는 것을 의미합니다. 전능하신 하나님께서 나를 보호해 주신다는 것만큼 큰 위로가 되는 것이 없을 것입니다.

　세상 사람들과는 구별된 하나님의 백성으로서의 삶을 사는 것이, 나를 하나님의 백성으로 삼아 주신 하나님의 은혜에 보답하는 길입니다.

7. 죄를 다시 기억하지 아니하리라

> [히 8:12] 내가 그들의 불의를 긍휼히 여기고 그들의 죄를 다시 기억하지 아니하리라 하셨느니라.

새 언약의 백성들에게서 발견되는 불의에 대해 하나님께서 나타내시는 반응은 두 가지입니다.

첫째, 긍휼히 여기시는 것입니다.

이때 '긍휼히 여기다'라는 원어의 의미는, '용서하다', '불쌍히 여기다'라는 뜻입니다. 즉, 하나님께서는 새 언약의 백성들에게서 발견되는 불의나 악에 대해 정죄하시는 대신 용서해 주십니다. 성도는 이미 하나님의 의를 얻은 구별된 백성이므로 결코 정죄함을 받지 않습니다.

이와 관련하여 혹자는 이렇게 생각할지도 모릅니다.

'그렇다면 성도는 마음대로 죄를 짓더라도 무방하지 않은가?'

그러나 이것은 어리석은 생각입니다. 성도는 거룩하신 하나님과 인격적인 관계를 유지하는 사람입니다. 즉, 성도는 매일 매순간 하나님과 친밀한 사귐을 가지는 존재이기에 순간순간 인간적인 연약함으로 인해 불의에 빠지기는 해도 의도적으로 죄를 범해서는 안 됩니다.

하나님의 새 언약 안에 거하는 성도는 하나님을 사랑하고 그리스도께 온전히 자기를 굴복시키는 사람들입니다. 하나님께서는 이들을 긍휼히 여기시고, 연약함으로 범한 죄를 회개할 때 그 죄를 용서해 주십니다.

둘째, 더 이상 기억하지 않으시는 것입니다.

사람은 시간이 많이 지나면 좋은 기억이든 나쁜 기억이든 대부분 잊어버리게 되지만, 하나님은 각 사람의 일거수일투족, 심지어 그들의 마음 깊은 곳에 숨겨 둔 생각이나 입을 통해 발설된 작은 말 하나까지 모든 것을 정확하게 기억하십니다. 즉, 단 한 가지도 놓치지 않고 모두 기억하십니다.

하지만, 새 언약 아래에 있는 백성들의 크고 작은 죄만큼은 예외로 하십니다. 우리를 구원하시려 새 언약을 베풀어 주셨기에 하나님께서는 믿음으로 새 언약 아래 거하는 자들의 죄를 기억하지 않으시고 잊어버리십니다.

하나님께서 이렇게 하시는 이유는 예수 그리스도 보혈의 공로 때문입니다. 죄인들을 대신하여 흘리신 그리스도의 보혈이 성도들을 덮고 있기 때문에 하나님은 성도의 잘못이 아닌 그리스도의 보혈을 보시고 죄를 용서해 주십니다. 즉, 하나님은 우리의 죄에 대한 대가를 예수 그리스도의 십자가에서 찾으시기 때문에 우리에게 죄에 대한 책임을 요구하지 않으십니다. 이러한 사실은 우리를 향한 하나님의 사랑이 얼마나 크고 놀라운지를 잘 알게 합니다.

성도인 우리는 하나님의 이와 같은 사랑을 알고 죄와 불의를 멀리하며 날마다 거룩하게 살아야 합니다. 우리의 허물을 덮어주는 것이 하나님의 사랑이라면, 불의에서 떠나 거룩함을 추구하는 것은 하나님을 향한 우리의 사랑일 것입니다. 사랑은 입술의 고백이 아니라 구체적인 행위를 통해 입증되어야 합니다.

자녀들아 우리가 말과 혀로만 사랑하지 말고 행함과 진실함으로 하자 (요일 3:18).

8. 첫 것은 낡아지게 하신 것이니

> [히 8:13] 새 언약이라 말씀하셨으매 첫 것은 낡아지게 하신 것이니 낡아지고 쇠하는 것은 없어져 가는 것이니라.

　오늘 본문에서 말하고 있는 '첫 것'이란, 새 언약과 대조되는 '옛 언약'을 가리킵니다. 이 옛 언약은 낡아지고 쇠하여지며 결국 없어지는 것임을 분명하게 말하고 있습니다. 예수님의 오심과 더불어 율법은 그 시효가 만료되었습니다. 인간을 비롯한 피조물이 쇠퇴하여 결국은 썩어 없어지게 되듯이 첫 언약도 그 수명을 다하고 만 것입니다. 히브리서 기자가 계속해서 강조하듯이 어차피 그것은 실체의 그림자였기에 그 끝이 이미 정해져 있었습니다.

　처음 언약 아래에서는 인간이 하나님과의 관계를 유지하기 위해서 반드시 율법을 지켜야만 했었습니다. 즉, 옛 언약은 하나님의 명령과 인간의 순종적인 행위로 이루어졌던 것입니다. 따라서 하나님은 '하라', '하지 말라'고 명령하시고 인간은 이 하나님의 명령에 순종할 때 복이 임하고, 불순하면 징계가 임하는 것입니다. 즉, 모든 것이 인간 자신의 행위에 달려 있었던 것입니다.

　반면, 새 언약 아래에서는 모든 것이 하나님의 은혜와 사랑과 자비하심에 달려 있습니다. 히브리서 기자는 이런 맥락에서 처음 언약을 실패한 것으로 다룹니다. 하지만, 이것은 어디까지나 인간의 실패이지 하나님의 실패는 아닙니다. 하나님은 이것을 통해서 인간이 스스로 온전케 될 수 없음을 확인시켜 주셨습니다. 즉, 인간은 율법이 요구하는 최소한의 조건도 충족시킬 수 없는 연약한 존재임을 확인시켜 준 것입니다. 이제 주께서는 첫 언약을 폐하시고 우리를 새 언약 아래 두셨습니다. 우리의 노력이나 행위에 의해서가 아닌 전적으로 하나님의 은혜에 의한 새로운 관계의 틀을 마련하신 것입니다. 이 새 언약 아래서 옛 언약은 낡고 쓸모가 없는 것이 되었습니다.

  새로운 법이 제정되고 나면 옛 법은 자동으로 폐기되게 마련입니다. 그리스도 안에서의 새 언약이 체결되자 모세를 통해 주어진 옛 언약도 자연히 폐기되었습니다. 이는 우리가 더 이상 법 아래 있지 않고 은혜 아래 있음을 선언한 말씀이기도 합니다. 만약에 우리가 아직도 법 아래 있다면 우리는 여전히 죄인일 수밖에 없으나, 은혜 아래 있으므로 더 이상 죄인이 아닌 하나님의 자녀요, 천국의 시민인 것입니다.

  이처럼 옛 언약의 한계에 대하여 히브리서 기자가 강조하고 있는 것은 이 당시 적지 않은 히브리 성도들 가운데 유대 율법주의의 유혹과 또는 핍박에 직면하여 새 언약을 내팽개치고 다시 옛 언약의 굴레 속으로 되돌아가려는 자들이 있었기 때문입니다. 오늘 우리들은 어떤 시련이나 어려움이 오더라도 예수님을 믿는 이 믿음을 꼭 붙들어야 합니다.

제9장
우리를 위하시는 예수님

1. 지성소

2. 피 없이는 아니하나니

3. 육체의 예법일 뿐이며

4. 영원한 속죄를 이루사

5. 보혈의 능력

6. 속량하려고 죽으사

7. 모든 계명을 온 백성에게 말한 후에

8. 피흘림이 없은즉 사함이 없느니라

9. 우리를 위하여

10. 죽음과 심판

11. 두 번째 나타나시리라

1. 지성소

> [히 9:3-4] 또 둘째 휘장 뒤에 있는 장막을 지성소라 일컫나니 금 향로와 사면을 금으로 싼 언약궤가 있고 그 안에 만나를 담은 금 항아리와 아론의 싹난 지팡이와 언약의 돌판들이 있고.

성막에는 두 개의 휘장이 있었습니다. 첫째 휘장은 성막 뜰에서 성소로 들어가는 입구에, 둘째 휘장은 성소에서 지성소로 들어가는 입구에 드리워져 있었습니다. 휘장은 청색, 자색, 홍색 실과 가늘게 꼰 베실로 짜서 만들었는데 커튼 형태의 천이었습니다. 이 둘째 휘장은 대제사장만 열고 들어갈 수 있었으며 그것도 일 년에 단 한 번만 허용될 정도로 출입이 매우 엄격하게 통제되었습니다.

바로 이 둘째 휘장 뒤에 있는 장소의 명칭이 '지성소'입니다. 우리 한글 성경이 지성소로 번역하고 있는 히브리어 원어의 문자적인 뜻은 '성소 중의 성소'라는 의미입니다. 대제사장은 일 년에 한 번 지성소에 들어가 자신과 가족 그리고 백성의 죄를 위해 속죄제를 드렸습니다.

대제사장의 옷에는 방울이 달려 있었고, 지성소 안에서 그 방울 소리가 울려야 죽지 않았음을 알 수 있을 정도로 지성소 출입은 엄격히 제한되었고 거룩성이 요구되었습니다. 아론의 아들 나답과 아비후의 경우는 지성소가 아닌 성소에서조차 거룩함을 유지하지 못한 결과 분향하는 중에 죽임을 당하고 말았습니다. 이는 하나님의 거룩함이 인간의 불결을 용납할 수 없다는 것을 잘 보여 주는 사건이었습니다.

지성소에는 언약궤가 있습니다. 이 언약궤는 조각목으로 만들어 사방을 정금으로 입힌 것으로서 '증거궤' 혹은 '법궤'라고 부르기도 합니다. 이 언약궤 안에는 만나를 담은 금 항아리와 아론의 싹난 지팡이 그리고 십계명을 새긴 돌판이 들어 있습니다.

하나님께서 언약궤 안에 만나를 두도록 명하신 목적은 이스라엘 대대 후손들로 하여금 하나님께서 이스라엘을 애굽 땅에서 인도해 내실 때에 광야에서 먹인 양식이 어떤 것인지를 보게 함으로써 하나님의 사랑을 잊지 않도록 하기 위함이었습니다.

그리고 아론의 마른 막대기에 싹이 난 경위는 이렇습니다. 고라와 다단 그리고 아비람 등이 당을 지어 모세와 아론의 지도력을 거스르고 반란을 일으키게 됩니다. 이에 하나님께서 그들을 멸절시키신 후에 이스라엘 열두 지파에 지팡이 하나씩을 회막 안 증거궤 앞에 두라고 명하셨습니다. 그 지팡이에는 열두 지파 대표자의 이름이 새겨져 있었는데, 레위 지파의 지팡이에는 아론의 이름이 새겨져 있었습니다.

하나님께서는 지도자로 택한 자의 지팡이에 하룻밤 사이 싹이 날 것이라고 말씀하셨고, 그 말씀 그대로 하룻밤이 지나 아침에 보니 열두 지팡이 가운데 아론의 지팡이에만 싹이 나고, 꽃이 피어 살구 열매가 맺혀 있었습니다. 그 싹난 아론의 지팡이는 아론만이 하나님의 택한 지도자라는 사실을 증명한 것이었습니다. 이로 인해 이스라엘 자손들이 모세와 아론에 대한 원망을 그치게 되었고, 하나님께서는 그 지팡이를 후손 대대로 패역한 자에 대한 표징으로 삼으시어 증거궤 안에 넣어서 간직하게 하셨습니다.

2. 피 없이는 아니하나니

> [히 9:6-7] 이 모든 것을 이같이 예비하였으니 제사장들이 항상 첫 장막에 들어가 섬기는 예식을 행하고 오직 둘째 장막은 대제사장이 홀로 일 년에 한 번 들어가되 자기와 백성의 허물을 위하여 드리는 피 없이는 아니하나니.

오늘 본문은 성소에서 행해졌던 제사 예법에 대한 언급입니다. 우선 제사장이 아닌 사람들은 성소에 출입할 수 없었고, 제사장이라도 지성소에 출입하는 것은 금지되었습니다. 지성소는 오직 대제사장만이 일 년에 한 번밖에 들어갈 수 없는 곳이었습니다. 일반 제사장들이 들어가서 봉사의 직무를 행하던 곳은 첫 장막, 곧 성소였습니다. 제사장들은 날마다 아침과 저녁으로 이곳에 들어가서 분향하고 등불을 밝혔으며 매 안식일에 진설병을 새것으로 교체했습니다.

반면, 지성소에는 대제사장조차 일 년에 한 번밖에 들어갈 수 없었습니다. 이는 구약의 제사 제도가 완전하지 못했음을 잘 알게 합니다. 대제사장은 다른 사람들을 하나님께로 인도하기는커녕 자신도 그 앞에 제대로 나아갈 수 없었던 것입니다.

이에 비해 그리스도께서는 자신의 피로써 성소와 지성소를 가로막고 있던 휘장을 찢고 모든 죄인을 하나님과 화목하게 하셨습니다. 즉, 오직 그리스도만이 자기에게로 오는 사람들을 하나님께로 인도하실 수 있습니다. 이제 모든 사람은 그리스도를 통해서 거룩하신 하나님 앞에 담대히 나아갈 수 있습니다. 새 언약에 속한 '왕 같은 제사장들'인 우리에게는 옛 언약에 속한 제사장들도 감히 나아가지 못했던 은혜의 보좌 앞에 나아가는 것이 허락된 것입니다. 이는 율법이 아무도 온전케 하지 못하는 것과 대조적으로 그리스도는 자기를 믿는 모든 이를 온전케 하심을 증명해 줍니다.

7절은 둘째 장막, 즉 지성소 출입에 관한 규례입니다. 이곳에는 대제사장만 출입이 허용되었는데 그것도 일 년에 한 번, 대속죄일(유대력으로 7월 10일)로 한정되었습니다. 대제사장이라도 지성소에는 지정된 날에 혼자서만 들어갈 수 있었으니, 그 제도가 사람들을 하나님께로 인도하기에 충분치 못하다는 것은 너무도 분명합니다.

아론 계열의 대제사장은 일 년에 한 번 지성소에 들어갈 때 먼저 자신의 죄를 속하기 위해 그리고 다음으로 백성의 죄를 속하기 위해 제물의 피를 가지고 들어갔습니다. 이러한 사실은 대제사장이 백성뿐만 아니라 자신의 죄를 속하기 위해서도 짐승의 피를 필요로 하는 연약한 인간이었음을 보여 줍니다.

율법은 죄가 있는 인간을 대제사장으로 세웠기에 그 속죄 사역이 불완전했습니다. 그러나 은혜는 죄 없으신 하나님의 아들을 대제사장으로 세움으로써 불완전한 것을 완전한 것으로 바꾸셨습니다. 따라서 이제는 누구든지 예수님의 피를 의지하여 하나님 앞에 언제든지 나아갈 수 있으며, 그분의 은혜와 약속에 참예하게 됩니다.

3. 육체의 예법일 뿐이며

> [히 9:8-10] 성령이 이로써 보이신 것은 첫 장막이 서 있을 동안에는 성소에 들어가는 길이 아직 나타나지 아니한 것이라 이 장막은 현재까지의 비유니 이에 따라 드리는 예물과 제사는 섬기는 자를 그 양심상 온전하게 할 수 없나니 이런 것은 먹고 마시는 것과 여러 가지 씻는 것과 함께 육체의 예법일 뿐이며 개혁할 때까지 맡겨 둔 것이니라.

오늘 본문의 내용은 불완전한 그림자에 불과한 지상 성소의 한시적 기능에 대한 언급입니다. 이 가운데 8절은 구약 성막인 첫 장막이 서 있는 동안에는 하늘의 참 지성소에 들어가는 길이 아직 열리지 않았다는 말씀입니다. 즉, 참 지성소인 하늘의 지성소로 나아가는 길은 그리스도께서 오셔서 완전한 제사를 드리신 순간에 비로소 열린 것입니다.

따라서 율법의 제도 아래에서는 아무도 이 길을 발견할 수가 없습니다. 그림자에 불과했던 구약의 제사 제도는 실체이신 예수 그리스도께서 오시기 전에는 그 길을 보여줄 수가 없었던 것입니다.

이어지는 9절의 말씀은 옛 언약 아래에서 드려진 동물 희생 제사의 근본적인 불완전함을 지적하고 있습니다. 그것은 예배자, 곧 제사 드리는 자들을 양심에 관해서 온전한 사람으로 만들 수가 없다는 것입니다. 양심은 의로우신 하나님 앞에서 옳고 그름을 판단하게 해 줍니다. 제사장은 내면의 죄책감을 가진 채 성막으로 들어가야 했습니다. 또한, 제사장을 통하여 드리는 예물과 제물은 의식적 정결만을 줄 뿐 마음의 양심을 정결하게 하지는 못합니다.

이러한 사실을 통하여 히브리서 기자가 말하고자 하는 것은 옛 언약 아래에서 유대교가 계속해서 제사를 지냈지만, 인간을 죄의식에서 해방하지는 못했다는 것입니다. 이것은 오직 완전한 대제사장이신 예수 그리스도만이 이루실 수 있는 일입니다. 그러므로 우리는 장막 그 자체에 머물러서는 안 되며, 장막을 통해서 그것의 실체인 예수 그리스도께로 나아가야 합니다.

10절은 구약의 예물과 제사법, 즉 의식법은 모두 육체와 관련한 외적인 규칙으로서 새로운 것이 오기까지만 제한적으로 효력을 갖는 임시적 제도였다는 사실을 말해 줍니다. 사실 희생 제사에 관한 규례는 그것의 실체이신 그리스도께서 오실 때까지 한시적으로만 유효한 것이었습니다. 인간의 문제는 외적 육신에 있지 않고 내적 마음에 있습니다. 그래서 아무리 몸을 깨끗하게 하고 음식을 구별해 먹더라도, 그것만으로는 완전함에 이를 수 없습니다.

> 무엇이든지 밖에서 사람에게로 들어가는 것은 능히 사람을 더럽게 하지 못하되 사람 안에서 나오는 것이 사람을 더럽게 하는 것이니라 하시고 (막 7:15-16).

육체의 외적 정결로는 완전함에 이를 수 없는데 구약의 의식법은 육신에 관한 사항만 제한적으로 다루고 있었던 것입니다. 율법이 거룩하게 할 수 있는 것은 겉 사람뿐입니다. 반면, 예수 그리스도는 인간의 내면, 즉 속사람을 거룩하게 하시고 완전하게 하십니다.

4. 영원한 속죄를 이루사

> [히 9:11-12] 그리스도께서는 장래 좋은 일의 대제사장으로 오사 손으로 짓지 아니한 것 곧 이 창조에 속하지 아니한 더 크고 온전한 장막으로 말미암아 염소와 송아지의 피로 하지 아니하고 오직 자기의 피로 영원한 속죄를 이루사 단번에 성소에 들어가셨느니라.

오늘 본문에서 히브리서 기자는 아론 계열의 제사장들 사역과 예수 그리스도의 사역을 대조하고 있습니다. 이러한 대조를 통해서 새 언약의 대제사장이신 그리스도와 그가 들어가신 온전한 하늘 성소를 강조합니다.

11절은 대제사장이신 그리스도께서 사역하신 장막에 대한 언급인데, 그것은 지상에 속한 장막이 아니라 하늘의 장막을 가리킵니다. 레위 계통 제사장들이 들어가서 섬기던 지상 장막은 이것의 모형과 그림자에 불과합니다.

이와 관련해서는 이미 앞에서 언급한 바 있습니다.

> 그들이 섬기는 것은 하늘에 있는 것의 모형과 그림자라 (히 8:5).

히브리서 기자는 오늘 본문에서 하늘의 장막이 지상의 장막보다 더 완전하다고 말하는데, 실체가 그림자보다 완전한 것은 당연한 것입니다. 그림자는 실체의 윤곽만을 보여 주며, 실체 그 자체를 완전히 드러내지는 못하기 때문입니다. 레위 계통 제사장들은 사람의 손으로 지은 장막에서 섬겼으나, 그리스도는 이 피조 세계에 속하지 아니한 하늘의 완전한 장막으로 말미암아 죄를 멸하시고 인간과 하나님 사이에 화평을 이루셨습니다. 만약에 지상 장막과 레위 계통의 제사 제도가 완전한 것이었다면 개혁이 필요하지 않았을 것입니다.

그러나 그것은 불완전했으며, 완전한 것 곧 예수 그리스도께서 오실 때까지만 한시적으로 세워진 것이었습니다. 그리스도께서 드린 제사는 인간의 죄를 속하며 하나님과의 화평을 가능케 하는 더 크고 온전하며 유일한 제사였던 것입니다.

이어지는 12절에서는 그리스도와 아론 계열의 대제사장의 가장 큰 차이점이 언급되고 있습니다. 아론계 대제사장들은 지성소에 들어갈 때 염소와 송아지의 피를 가지고 갔습니다. 송아지 피는 자신을 위한 것이고, 염소 피는 백성을 위한 속죄물이었습니다. 그리고 그 피의 제사는 반복되었습니다. 이는 속죄가 해마다 이루어져야 했다는 사실을 말하며, 그 피가 온전하지 못하다는 것을 시사해 줍니다.

이에 반해 그리스도는 짐승의 피 대신에 자신의 피를 흘리셨습니다. 그리고 그 피의 제사는 단 한 번으로 끝났습니다. 더 이상 그것이 반복되지 않았습니다. 이는 곧 단 한 번의 제사로 속죄가 완전히 이루어졌다는 사실과 더불어 그리스도의 피가 완전했다는 것을 의미합니다.

대제사장은 피가 없이는 지성소에 들어갈 수가 없었고, 피 흘림이 없으면 사함도 없었기에 레위 계통의 대제사장들이나 하늘에 속한 대제사장은 모두 피를 가지고 지성소로 나아간 것입니다. 그러나 하나는 불완전한 피였고, 다른 하나는 완전한 피였습니다. 레위 계열 제사장들은 말 못 하는 짐승들에게 자신과 백성의 죄를 대신 지워 희생시켰습니다.

반면, 그리스도는 우리 모든 사람의 죄를 자신이 친히 짊어지고 희생의 제물이 되셨습니다. 이로써 불완전한 율법 제사 제도에 마침표를 찍으신 것입니다. 따라서 이제는 우리의 죄를 위한 어떤 속죄 제사나 제물이 필요하지 않게 되었습니다. 모든 사람은 예수 그리스도를 통해 완전한 구원에 참여할 수 있게 된 것입니다.

5. 보혈의 능력

> [히 9:13-14] 염소와 황소의 피와 및 암송아지의 재를 부정한 자에게 뿌려 그 육체를 정결하게 하여 거룩하게 하거든 하물며 영원하신 성령으로 말미암아 흠 없는 자기를 하나님께 드린 그리스도의 피가 어찌 너희 양심을 죽은 행실에서 깨끗하게 하고 살아 계신 하나님을 섬기게 하지 못하겠느냐.

오늘 본문에서는 예수 그리스도의 피의 효력이 구약의 희생 제사보다 뛰어나다는 사실을 밝히고 있습니다.

구약의 제사장들이 부정하게 된 자의 육체를 정결케 하는 방법은 염소와 황소의 피 그리고 암송아지의 재를 섞은 물을 부정한 자에게 뿌리는 것이었습니다. 여기서 부정이란 출산, 몸의 유출병, 나병 또는 죽은 자와의 접촉 등을 통하여 초래될 수 있었고, 우상 숭배는 가장 크고 심각한 부정으로 간주하였습니다.

율법은 부정한 사람이 희생 제물을 먹어서는 안 된다고 규정하고 있으므로, 제사와 제물 관리의 책임을 맡은 제사장들과 레위인들에게 있어서 이것은 매우 중요한 관심사였습니다. 따라서 부정한 자를 정결하게 하는 의식이 중요시될 수밖에 없었습니다. 왜냐하면, 어떤 이유에서든지 부정하게 된 자들은 정결함을 받아야만 이스라엘 공동체의 일원으로서 정상적인 생활을 할 수 있기 때문입니다.

제사장은 부정한 자들의 몸에 잿물을 뿌렸는데, 제사장은 온전하여 흠이 없고 아직 멍에 메지 아니한 붉은 암송아지를 잡아 불사른 재를 거두어 물과 섞어 우슬초로 뿌림으로써 그들을 깨끗하게 하였습니다. 그러나 이러한 정결 의식은 사실 의식상의 정결만 주었을 뿐 양심을 깨끗하게 하지는 못하였습니다. 즉, 이는 의식적 부정에 대한 처방이므로 의식적 정화로만 끝났던 것입니다.

구약의 제물이 정결케 할 수 있는 것은 도덕적 부정이나 인간의 본질적 죄가 아니라, 다만 시체를 만짐으로 부정하게 된 것과 같은 의식적이고도 신체적인 부정을 씻는 것에 국한되었던 것입니다. 이처럼 종교적 의식으로 뿌린 동물의 피와 재가 의식적인 정결을 가져다주었다면, 완전한 제물이신 예수 그리스도의 피가 죄인들을 죽은 행실에서 깨끗하게 하지 못할 이유가 없습니다.

단지 의식적 부정으로부터 몸만을 정결하게 하는 짐승의 피와 인간의 영혼까지 정결하게 하는 예수 그리스도의 피는 사실 비교가 될 수 없습니다. 예수 그리스도의 피는 죽은 행실로부터 우리를 깨끗하게 하는 능력이 있습니다. 즉, 흠이 없으신 예수 그리스도의 보혈을 힘입는 자는 결국 죄가 없는 의인으로 간주되어 거룩하신 하나님 앞으로 담대히 나아갈 수 있게 된 것입니다.

6. 속량하려고 죽으사

> [히 9:15-17] 이로 말미암아 그는 새 언약의 중보자시니 이는 첫 언약 때에 범한 죄에서 속량하려고 죽으사 부르심을 입은 자로 하여금 영원한 기업의 약속을 얻게 하려 하심이라 유언은 유언한 자가 죽어야 되나니 유언은 그 사람이 죽은 후에야 유효한즉 유언한 자가 살아 있는 동안에는 효력이 없느니라.

오늘 본문에서는 하나님의 새 언약이 그리스도의 피로써 효력을 발하게 된다는 사실에 대해 말해 주고 있습니다. 여기서 말하는 새 언약은 그리스도께서 자신의 피로 드리신 완전한 제사에 근거합니다. 옛 언약은 모세를 통해서 주어졌습니다. 즉, 하나님께서 모세를 중보로 세우신 것입니다. 반면, 새 언약은 예수 그리스도를 통해서 주어졌습니다.

옛 언약의 중보인 모세와 새 언약의 중보인 예수님의 차이점은 모세는 유한한 인간이나 예수님은 영원하신 하나님이시라는 사실입니다. 즉, 유한하며 제한적인 옛 언약은 연약한 인간을 중보로 세웠으나, 영원하고 완전한 새 언약은 근본 하나님의 본체이신 예수 그리스도를 중보로 세우신 것입니다.

그리스도께서 이 세상에 오셔서 죽으신 목적에 대해 오늘 본문에서는 이렇게 말씀합니다.

"첫 언약 때에 범한 죄에서 속량하려고 죽으사."

예수님은 첫 언약 아래서 범해진 인간의 죄를 속하기 위해서 죽으셨습니다. 여기에서 '첫 언약 때에 범한 죄'라는 것은 모세의 언약 체제하의 속죄 제사로써는 속할 수 없는 죄를 말합니다. 즉, 옛 체제하의 짐승 제사로는 속하지 못한 죄를 예수 그리스도께서 죽으심으로써 속하게 된 것입니다.

법은 이를 지키는 사람들은 보호하지만, 위반하는 사람들에 대해서는 형벌을 가져다주는데, 첫 언약 아래에서 율법을 완전히 지킬 수 없었던 사람들은 모두 이 형벌에서 자유로울 수 없었습니다. 왜냐하면, 모세가 전하여준 율법은 그들의 죄를 지적하여 줄 뿐 한 사람도 완전케 해줄 수는 없었기 때문입니다. 예수 그리스도는 옛 언약하에 속한 행위들로 속할 수 없는 이러한 죄를 속하기 위해서 죽으신 것입니다.

이어지는 16절과 17절에서는 유언이 효력을 발휘하기 위해서는 유언한 자가 죽어야 함을 말하고 있습니다. 즉, 유언이란 유언자가 죽은 뒤의 일을 말한 것이기 때문에 그가 살아 있는 동안에는 효력이 일체 발생하지 않습니다. 따라서 유언이 효력을 가지기 위해서는 유언한 자의 죽음이 반드시 필요합니다. 그러므로 만약에 예수님께서 죽지 않으셨다면 새 언약은 합법적인 것으로 인정을 받지 못했을 것이며, 그 효력 또한 없게 되었을 것입니다.

히브리서 기자는 유언이 유언한 자의 죽음에 의해서 비로소 효력을 발휘한다는 사실을 들어, 새 언약의 중보이신 예수 그리스도께서 죽으심으로써 새 언약이 분명한 효력을 발휘하게 되었다는 점을 강조하는 것입니다.

7. 모든 계명을 온 백성에게 말한 후에

> [히 9:18-20] 이러므로 첫 언약도 피 없이 세운 것이 아니니 모세가 율법대로 모든 계명을 온 백성에게 말한 후에 송아지와 염소의 피 및 물과 붉은 양털과 우슬초를 취하여 그 두루마리와 온 백성에게 뿌리며 이르되 이는 하나님이 너희에게 명하신 언약의 피라 하고.

새 언약이 그리스도의 피로써 효력을 가지게 된 것처럼, 옛 언약 역시 동물의 피로써 효력을 발한다는 사실을 오늘 본문에서 말하고 있습니다.

먼저 18절에서 하나님과 이스라엘 백성 사이에 세워진 첫 언약도 피로 말미암아 신성하게 되었고 그 효력이 개시되었음을 선언합니다. 그리고 19절에서는 출애굽기에 기록된 시내산 언약의 체결 과정을 상기시킵니다.

하나님께서 첫 언약의 중보로 사용하신 인물은 모세입니다. 따라서 비록 계명이 모세의 주관 아래에 선포되었다 할지라도 그가 백성에게 선포한 모든 계명은 모세 자신의 생각이나 희망이 아닌 하나님께 받은 것이었습니다. 즉, 모세는 하나님께서 자기에게 임하셔서 말씀하신 모든 계명을 가감없이 백성에게 전달하였습니다.

이때 '계명'이라는 원어의 뜻은 '명령'이라는 의미입니다. 여기에서 우리는 인간이 하나님과 언약 관계에 들어가는 단계를 엿볼 수 있습니다. 즉, 언약은 하나님의 명령과 인간의 순종으로 이루어집니다. 하나님께서 말씀하신 모든 것을 인간이 순종함으로써 언약이 성립되며, 그 누구도 하나님의 명령에 수정하거나 타협할 수 없습니다.

예를 들어 십계명 중 제사 계명은 "안식일을 기억하여 거룩하게 지키라"

입니다. 여기에는 어떤 수정안도 들어갈 수 없습니다. 즉, 하나님께서 주신 이 명령을 인간이 변경할 수 없습니다. 하나님의 명령에 대한 인간의 반응은 오직 순종만 있을 뿐입니다. 이것은 전도서의 결론이기도 합니다.

> 일의 결국을 다 들었으니 하나님을 경외하고 그의 명령들을 지킬지어다 이것이 모든 사람의 본분이니라(전 12:13).

아무리 과학이 발달하여 인간이 대단해 보일지라도, 인간은 하나님께서 지으신 피조물이라는 사실을 잊어서는 안 됩니다. 즉, 하나님은 우리를 지으신 창조주이시고, 우리는 그분이 지으신 피조물입니다. 창조주와 피조물이 대등한 관계일 수는 없습니다.

피조물인 인간이 자기 신분을 망각한 채 창조주 하나님처럼 높아지려고 한 사건이 바로 바벨탑 사건입니다. 결국, 피조물인 우리가 가장 행복하고 안전하게 살 수 있는 길은 창조주 하나님의 명령에 순종하며 사는 길입니다.

8. 피 흘림이 없은즉 사함이 없느니라

> [히 9:22] 율법을 따라 거의 모든 물건이 피로써 정결하게 되나니 피 흘림이 없은즉 사함이 없느니라.

오늘 본문은 피의 효력에 대해 율법에 따라 히브리서 기자가 내린 결론입니다. 히브리서 기자는 거의 모든 것을 정결하게 하는 수단이 피라는 사실을 선언합니다. 이처럼 피와 정결함이 긴밀하게 연결되는 것은 장차 그리스도께서 피를 흘리심으로 이 보혈의 공로를 믿는 사람을 정결케 하실 것임을 보여 주기 위함입니다.

"피 흘림이 없은즉 사함이 없느니라."

히브리서 기자가 나타내고자 하는 것은 죄 사함에는 반드시 피 흘림의 희생이 따른다는 것, 즉 죄 사함에는 값비싼 대가가 필요하다는 사실입니다. 희생 없는 죄 사함은 있을 수 없습니다.

에덴동산에서 아담과 하와는 하나님의 말씀을 어기고 선악과를 먹음으로써 죄를 짓고 맙니다. 선악과를 먹으면 눈이 밝아져서 하나님처럼 될 줄 알았지만, 오히려 자신들이 벗고 있음을 깨닫고 무화과나무 잎을 엮어 치마를 만들어 입게 됩니다. 하나님은 죄를 범하여 수치를 느끼고 무화과 잎으로 자신의 치부를 가린 아담과 하와에게 그들의 수치를 가려주기 위해서 친히 가죽옷을 지어 입혀주십니다.

> 여호와 하나님이 아담과 그의 아내를 위하여 가죽옷을 지어 입히시니라(창 3:21).

　가죽옷을 만들기 위해서는 동물을 죽여야만 합니다. 즉, 아담과 하와의 허물을 덮어 주기 위해서 동물의 죽음이라는 희생이 따랐던 것입니다. 이와 마찬가지로 인류의 허물을 덮어 가리고 또 죄를 사하기 위해서는 누군가의 희생이 필요합니다.
　사람의 죄에 따르는 형벌을 용서받기 위해서는 반드시 죽음이라는 대가가 지급되어야 합니다. 그래서 구약 시대에는 죄 사함을 얻기 위해서 무죄한 양이 피를 흘려야 했으며, 또한 온 인류의 죄 사함을 위해서는 무죄한 예수 그리스도께서 피를 흘려야만 했습니다. 왜냐하면, 죄 있는 자의 죽음으로는 그 어느 사람의 죄도 사할 수 없기 때문입니다.
　이와 관련하여 히브리서 기자는 이미 이렇게 밝힌 바 있습니다.

> 우리에게 있는 대제사장은 우리의 연약함을 동정하지 못하실 이가 아니요. 모든 일에 우리와 똑같이 시험을 받으신 이로되 죄는 없으시니라(히 4:15).

　우리 관점에서 구원은 공짜로 얻은 것입니다. 즉, 구원 얻기 위해 우리가 치른 대가는 없습니다. 하지만, 나의 구원을 위해서 하나님께서는 아주 값비싼 대가를 지불하셨습니다. 바로 독생자 예수 그리스도께서 피 흘려 죽으신 희생이 있었습니다. 그러므로 구원을 싸구려가 되게 해서는 안 됩니다.

9. 우리를 위하여

> [히 9:24] 그리스도께서는 참 것의 그림자인 손으로 만든 성소에 들어가지 아니하시고 바로 그 하늘에 들어가사 이제 우리를 위하여 하나님 앞에 나타나시고.

"참 것의 그림자인 손으로 만든 성소"라는 것은 지상에 있는 장막을 가리킵니다. 인간이 만든 성소는 실체가 아니라 완전한 하늘 성소의 그림자일 뿐입니다.

그들이 섬기는 것은 하늘에 있는 것의 모형과 그림자라 (히 8:5).

그림자는 어떤 실체에 대한 반영일 뿐, 그 원형은 결코 될 수 없습니다. 즉, 그림자는 실체를 희미하게 나타내 주기 때문에 그것을 통해서 사람들은 실체를 향하여 나아갈 수 있습니다. 그리스도께서 들어가신 곳은 그림자인 지상의 성소가 아니라, 실체인 하늘의 성소, 곧 성부 하나님의 존전입니다.

또한, 예수님께서 자기를 믿는 성도들에게 열어 주시는 것도 하나님 앞으로 나아갈 수 있는 길입니다. 구약의 제사 제도 아래에서는 일반 백성들의 경우 성소에 들어갈 수 없었습니다. 성소에는 제사장들이 들어갈 수 있었습니다. 하지만, 제사장 역시 지성소에는 들어갈 수 없었고, 지성소에는 오직 대제사장만이 일 년에 한 번만 들어갈 수 있었습니다. 하지만, 예수님께서 자기 죽음을 통해 자기를 믿는 모든 사람이 직접 하나님께로 나아갈 수 있도록 길을 열어 주셨습니다.

따라서 예수님을 믿는 사람들은 구약의 이스라엘 백성은 꿈도 꿀 수 없었던 엄청난 특권을 누리고 있는 셈입니다. 이어지는 하반절에서는 그리스도께서 참 하늘에 들어가신 사실에 대해 언급합니다. 그런데 예수님께서 하나님의 면전에 나타나신 목적은 다름이 아니라 바로 '우리를 위해서'였습니다. 즉, 우리가 하나님께 나아갈 수 있도록 그 길을 열어 주시기 위해서 하늘에 있는 참 성소에 들어가셨다는 것입니다.

이와 관련하여 예수님께서 다음과 같이 말씀하셨습니다.

> 내 아버지 집에 거할 곳이 많도다. 그렇지 않으면 너희에게 일렀으리라 내가 너희를 위하여 거처를 예비하러 가노니 가서 너희를 위하여 거처를 예비하면 내가 다시 와서 너희를 내게로 영접하여 나 있는 곳에 너희도 있게 하리라(요 14:2-3).

예수님께서 하늘 보좌를 버리시고 낮고 낮은 이 땅에 오신 것은 나를 위해서였습니다. 또한, 온갖 모욕과 수치를 당하시면서 끝내 십자가를 지신 것도, 부활 승천하셔서 하늘에 들어가신 것도 모두 나를 위해서였습니다. 주님의 모든 삶은 결국 나를 위한 것이었습니다.

이 사실을 깨달았던 바울은 이렇게 고백합니다.

> 우리 중에 누구든지 자기를 위하여 사는 자가 없고 자기를 위하여 죽는 자도 없도다. 우리가 살아도 주를 위하여 살고 죽어도 주를 위하여 죽나니 그러므로 사나 죽으나 우리가 주의 것이로다(롬 14:7-8).

내가 주님을 위하여 살아야 하는 이유는, 주님이 먼저 나를 위하여 사셨기 때문입니다.

10. 죽음과 심판

> [히 9:27] 한번 죽는 것은 사람에게 정해진 것이요 그 후에는 심판이 있으리니.

오늘 본문에서 히브리서 기자는 한 번 죽는 것은 아담 이래 모든 사람이 피할 수 없는 운명임을 밝힙니다. 모든 사람은 지상에서 살아가는 동안 언젠가 맞게 될 육체의 죽음과 항상 마주하고 있는 존재입니다. 즉, 인간에게 죽음은 필연적입니다.

이것은 하나님께서 정하신 불변의 원리입니다. 태초에 하나님은 아담에게 하나님의 말씀을 불순종하면 죽는다고 말씀하셨는데, 아담의 불순종으로 인해 이 세상에 죽음이 들어왔고 그 이후 모든 인류는 출생 후 반드시 죽도록 정해진 것입니다.

이때 '정해진'이라는 원어의 뜻은 누군가를 위해 준비된 것이라는 의미입니다. 즉, 죽음이라는 것은 죄 아래에서 태어난 인간에게 예비된 것입니다.

> 죄의 삯은 사망이요 하나님의 은사는 그리스도 예수 우리 주 안에 있는 영생이니라 (롬 6:23).

그런데 문제는 죽는다고 해서 모든 것이 끝나는 것이 아니라는 것입니다. 죽음 이후에는 하나님의 무섭고도 공정한 심판이 있습니다. 죽음을 피할 수 없듯이, 죽음 이후에 있는 심판 또한 피할 수 없습니다.

죽은 자의 심판에 관한 히브리서 기자의 언급은 우리에게 분명한 두 가지 사실을 일깨워 줍니다. 하나는 내세가 있다는 것이고, 또 하나는 이 내세를 위해서 준비할 기회는 살아 있는 이 순간뿐이라는 점입니다. 하나님께서 누구에게서든지 그 육체의 생명을 취해가시면 그는 그것으로 끝입니다. 그 이후에는 어떤 준비도 할 수가 없고, 두 번 다시 기회도 오지 않습니다. 그리스도께서 다시 오시는 날, 곧 세계 종말의 때에 모든 사람이 하나님의 심판대 앞에 서게 될 것입니다. 그리고 하나님은 각 사람의 행위대로 갚으실 것입니다.

> 또 내가 보니 죽은 자들이 큰 자나 작은 자나 그 보좌 앞에 서 있는데 책들이 펴져 있고 또 다른 책이 펴졌으니 곧 생명책이라 죽은 자들이 자기 행위를 따라 책들에 기록된 대로 심판을 받으니 바다가 그 가운데에서 죽은 자들을 내주고 또 사망과 음부도 그 가운데에서 죽은 자들을 내주매 각 사람이 자기의 행위대로 심판을 받고 사망과 음부도 불 못에 던져지니 이것은 둘째 사망 곧 불 못이라 누구든지 생명책에 기록되지 못한 자는 불 못에 던져지더라 (계 20:12-15).

이때 사람들이 할 수 있는 일은 하나님께서 판결하시는 대로 따르는 것뿐입니다. 하나님의 판결은 아무도 변경시킬 수도, 거부할 수도 없습니다. 그 심판을 통해 일부는 영원한 생명을 얻게 되고, 또 다른 일부는 영원한 형벌에 처하게 됩니다.

> 그들은 영벌에, 의인들은 영생에 들어가리라 하시니라 (마 25:46).

11. 두 번째 나타나시리라

> [히 9:28] 이와 같이 그리스도도 많은 사람의 죄를 담당하시려고 단번에 드리신 바 되셨고 구원에 이르게 하기 위하여 죄와 상관 없이 자기를 바라는 자들에게 두 번째 나타나시리라.

'단번에 드리신 바 되셨다'라는 표현은 히브리서 기자가 계속 논의해 오고 있는 것처럼, 예수님의 제사는 옛 언약하에 드려진 레위 계통 제사장들의 반복적인 제사와 근본적으로 다르다는 사실을 말해 줍니다. 단 한 번의 제사로 하나님의 의를 충족시키기에 충분했던 것입니다.

즉, 인류의 죄를 짊어지신 어린양 예수님은 십자가상에서의 단 한 번의 죽음으로 인류의 죄에 대한 대가를 완전히 치르셨습니다. 예수님께서 자기를 단번에 드리신 목적은 많은 사람의 죄를 담당하시기 위함이었습니다. 이때 "담당하시려고"의 원어는 '짊어지시기 위해서'라는 의미입니다.

예수님께서 자신을 십자가에 내어주신 목적은 우리의 죄를 친히 짊어지심으로 우리를 속량하시기 위해서였습니다. 그리스도께서 많은 사람의 죄를 짊어지셨다는 사실은 예수님을 믿는 이들의 죄를 제거해 주셨다는 것을 의미합니다. 아담 이후 계속해서 인류를 지배하며 무겁게 짓누르던 죄가 한순간에 그 위력을 상실하게 된 것이 바로 예수 그리스도의 십자가 사건입니다.

그렇다고 해서 모든 사람의 죄가 제거된 것은 아닙니다. 이러한 사실을 분명하게 밝히기 위해서 히브리서 기자는 '모든 사람'이 아니라 '많은 사람'의 죄를 담당하셨다고 선언합니다. '예수'라는 이름의 뜻도 바로 이러한 사역을 담고 있습니다.

> 아들을 낳으리니 이름을 예수라 하라 이는 그가 자기 백성을 그들의 죄에서 구원할 자이심이라 하니라 (마 1:21).

예수님은 모든 백성을 구원하시는 것이 아니라, 자기 백성을 구원하십니다.

이어서 오늘 본문 하반절에서는 예수 그리스도께서 재림하시는 목적이 나옵니다. 즉, 그리스도의 초림과 십자가 사건이 죄인의 구원을 위한 것이라면 그리스도의 재림은 구원의 완성을 위함이라는 점에서 성도들에게는 더없이 기다려지는 영광의 날이기도 합니다.

하지만, 예수님의 재림은 불신자들에게는 가공할 심판이 기다리고 있는 두려운 날이 될 것입니다. 그때에는 죄인들이 긍휼히 여김을 받지 못합니다. 즉, 주님이 재림하실 때에 하나님께서는 죄인들을 향한 모든 자비를 거두시고 각 사람이 행한 대로 심판하십니다.

그들은 하나님께서 충분히 많이 주신 기회 동안에 예수님을 거부하고 자신이 원하는 방식으로 살았기에 예수 그리스도께서 재림하실 때에 구원 받을 수 없습니다.

따라서 우리는 이 땅에 살 동안 베드로후서 3장 11-12절 말씀처럼 살아야 합니다.

> 이 모든 것이 이렇게 풀어지리니 너희가 어떠한 사람이 되어야 마땅하냐 거룩한 행실과 경건함으로 하나님의 날이 임하기를 바라보고 간절히 사모하라 그 날에 하늘이 불에 타서 풀어지고 물질이 뜨거운 불에 녹아지려니와 우리는 그의 약속대로 의가 있는 곳인 새 하늘과 새 땅을 바라보도다 (벧후 3:11-13).

제10장
갚으시는 하나님

1. 황소의 피와 예수의 피
2. 하나님이 제사와 예물을 원하지 아니하시고
3. 하나님의 뜻을 행하러 왔나이다
4. 거룩함을 얻었노라
5. 한 영원한 제사를 드리시고
6. 거룩하게 된 자들
7. 내 법을 생각에 기록하리라
8. 예수의 피를 힘입어
9. 참 마음과 온전한 믿음
10. 움직이지 말며 굳게 잡고
11. 그 날이 가까움을 볼수록 더욱 모이자
12. 다시 속죄하는 제사가 없고
13. 얼마나 더 무겁겠느냐
14. 내가 갚으리라
15. 고난의 큰 싸움을 견디어 낸 것
16. 더 낫고 영구한 소유
17. 믿음과 인내
18. 잠시 잠깐 후면 오시리니

1. 황소의 피와 예수의 피

> [히 10:1-4] 율법은 장차 올 좋은 일의 그림자일 뿐이요 참 형상이 아니므로 해마다 늘 드리는 같은 제사로는 나아오는 자들을 언제나 온전하게 할 수 없느니라 그렇지 아니하면 섬기는 자들이 단번에 정결하게 되어 다시 죄를 깨닫는 일이 없으리니 어찌 제사 드리는 일을 그치지 아니하였으리요 그러나 이 제사들에는 해마다 죄를 기억하게 하는 것이 있나니 이는 황소와 염소의 피가 능히 죄를 없이 하지 못함이라.

오늘 본문에서 히브리서 기자는 구약 동물 제사의 불완전한 효력에 대하여 말합니다.

이 가운데 1절은 율법에 속하는 구약의 제사가 신약의 그림자일 뿐이며, 불완전한 것임을 말하고 있습니다. 모세의 율법이 그 유효성에 있어서 절대적인 것으로 간주 될 수 없는 이유는 그것이 실체가 아닌 그림자이기 때문입니다.

따라서 구약의 대제사장들이 해마다 반복해서 제사를 지냈지만, 그것은 아무도 온전하게 만들 수 없는 불완전한 제사였습니다. 그 제사가 매년 반복적으로 드려졌다는 것 자체가 구약의 제사가 불완전하다는 것을 잘 보여 주는 것이기도 합니다. 만약에 완전했다면 단 한 번의 제사로 끝났을 것입니다. 즉, 구약 제사는 아무에게도 죄의식으로부터 완전한 해방이라는 참된 구원을 가져다주지 못하였던 것입니다.

3절에서는 해마다 반복된 이스라엘의 제사가 지닌 성격을 잘 말해 주고 있는데, 그것은 이에 참여하는 자들을 정결케 하는 것이 아니라 그들의 양심으로 죄를 기억하게 할 뿐이라는 것입니다. 즉, 죄의 문제를 영원히 해결하는 단번의 제사가 아니라 제단 위에서 도살되어 피를 흘리는 제물을 볼 때마다 '또 내가 죽을죄를 지었구나'라는 자각을 불러일으키는 반복된 제사였던 것입니다. 이런 제사는 자신을 단번에 드려 우리의 죄를 속하시고 양심을 정결하게 하신 예수 그리스도의 제사와는 결코 비교될 수 없습니다.

환자를 제대로 치료하기 위해서는 먼저 병을 정확하게 진단해야 합니다. 그러나 병에 대한 정확한 진단과 더불어 그에 합당한 처방이 따르지 않는다면 아무 소용이 없습니다. 구약의 제사는 바로 이처럼 처방 없는 진단과 같습니다. 아픈 사람의 병을 찾아내어 근원적으로 치료해 주는 사람이 명의이듯이, 사람으로 죄를 깨닫게 할 뿐 아니라 그것을 제거해 줌으로써 하나님께 나아갈 수 있게 하는 자가 완전한 제사장입니다.

구약 시대의 황소와 염소의 피로 드리는 제사는 죄를 없앨 만한 능력이 없습니다. 그것은 마치 병을 진단만 하고 치료하지 못하는 의사와도 같아서 사람들은 죄의 문제를 해결하기 위해 율법이 아닌 다른 의사를 찾아야 했습니다. 그 의사가 바로 예수 그리스도라는 것이 히브리서 기자가 거듭 강조하는 요점이기도 합니다.

2. 하나님이 제사와 예물을 원하지 아니하시고

> [히 10:5] 그러므로 주께서 세상에 임하실 때에 이르시되 하나님이 제사와 예물을 원하지 아니하시고 오직 나를 위하여 한 몸을 예비하셨도다.

"주께서 세상에 임하실 때"라는 말은 '예수 그리스도께서 이 세상에 들어오실 때'라는 뜻입니다.

그렇다면 예수님은 왜 이 세상에 오셨을까요?

사실 인간의 도덕성 가장 밑바닥까지 파고 들어간 죄의 문제를 해결하기에 구약의 제사는 역부족이었습니다. 그것은 단지 죄를 생각나게 해 줄 뿐 죄를 제거해 주지는 못했으므로 더 나은 제사, 완전한 제물이 요구되었던 것입니다. 즉, 인간의 죄를 제거하고 하나님께로 나아갈 수 있게 하는 제사는 레위 계통의 제사장들이 아닌 오직 하나님의 아들이신 예수 그리스도에 의해서만 가능한 일이었습니다. 그래서 예수님께서 이 일을 감당하기 위해 사람이 되어 이 세상에 오신 것입니다.

오늘 본문 하반절에 보면, 뜻밖의 말씀이 나옵니다.

"하나님이 제사와 예물을 원하지 아니하시고."

제사 제도를 제정하시고 허락하신 분은 바로 하나님이십니다. 그러나 하나님께서 이스라엘에 진정으로 원하시는 것은 제물이 아니었습니다. 그 제사 행위를 통해 자기 백성이 자신의 죄를 깨닫고 범죄치 않는 의로운 삶을 사는 것이었습니다.

무수한 제사를 드리면서도 죄에서 떠나지 않았던 이스라엘 백성에게 하나님은 선지자 이사야의 입을 통해 이렇게 말씀하십니다.

> 여호와께서 말씀하시되 너희의 무수한 제물이 내게 무엇이 유익하뇨 나는 숫양의 번제와 살진 짐승의 기름에 배불렀고 나는 수송아지나 어린 양이나 숫염소의 피를 기뻐하지 아니하노라 너희가 내 앞에 보이러 오니 이것을 누가 너희에게 요구하였느냐 내 마당만 밟을 뿐이니라 헛된 제물을 다시 가져오지 말라 분향은 내가 가증히 여기는 바요 월삭과 안식일과 대회로 모이는 것도 그러하니 성회와 아울러 악을 행하는 것을 내가 견디지 못하겠노라 내 마음이 너희의 월삭과 정한 절기를 싫어하나니 그것이 내게 무거운 짐이라 내가 지기에 곤비하였느니라 너희가 손을 펼 때에 내가 내 눈을 너희에게서 가리고 너희가 많이 기도할지라도 내가 듣지 아니하리니 이는 너희의 손에 피가 가득함이라 (사 1:11-15).

구약 시대의 이스라엘 백성은 제사 자체를 목적으로 착각하고 죄 가운데서 떠나지 않으면서 계속해서 제사 드리는 데에만 전념하였습니다. 이런 제사를 하나님께서 받으실 리가 없습니다.

예배는 내가 드리는 것이 중요하지 않습니다. 정말 중요한 것은 '내가 드리는 예배를 하나님께서 받으셨는가' 하는 것입니다. 월요일부터 토요일까지 세상 사람들처럼 똑같은 방식으로 살다가 주일이 되었다고 해서 교회에 나와 예배드린다면, 그런 예배를 하나님께서 받으시지 않습니다. 하나님께서 받으시는 예배가 되기 위해서는 세상 속에서 구별된 삶이 있어야 합니다. 왜냐하면, 예배는 내 삶 전체로 드리는 것이기 때문입니다.

> 그러므로 형제들아 내가 하나님의 모든 자비하심으로 너희를 권하노니 너희 몸을 하나님이 기뻐하시는 거룩한 산 제물로 드리라 이는 너희가 드릴 영적 예배니라 (롬 12:1).

3. 하나님의 뜻을 행하러 왔나이다

> [히 10:6-7] 번제와 속죄제는 기뻐하지 아니하시나니 이에 내가 말하기를 하나님이여 보시옵소서 두루마리 책에 나를 가리켜 기록된 것과 같이 하나님의 뜻을 행하러 왔나이다 하셨느니라.

하나님께서 구약의 제사 제도에 대해 나타내시는 반응이 6절에 나옵니다. 그것은 바로 "기뻐하지 아니하시나니"라는 것입니다. 이 말은 '만족하지 아니하신다' 또는 '동의하지 아니하신다'라는 뜻입니다. 즉, 구약 제사에 대하여 하나님께서는 동의하지도, 만족하지도 않으신다는 것입니다.

구약의 제사는 모두 동물을 제물로 드렸습니다. 이 제사들로는 인간의 죄를 제거할 수 없었습니다. 종교 혹은 예배의 본질은 인간이 하나님께 나아가게 하는 것인데 구약의 제사들은 단 한 사람도 하나님께로 인도하지 못하였던 것입니다.

이와 관련해서는 이미 히브리서 10장 1절에서 언급한 바 있습니다.

> 율법은 장차 올 좋은 일의 그림자일 뿐이요 참 형상이 아니므로 해마다 늘 드리는 같은 제사로는 나아오는 자들을 언제나 온전하게 할 수 없느니라(히 10:1).

구약의 제사 제도를 제정하신 분은 하나님이십니다. 그런데 바로 그 하나님께서 제사 제도를 기뻐하지 않으신다는 것을 어떻게 이해해야 할까요?

이는 하나님께서 제사를 미워하신다는 의미가 아니라 구약의 제사만으로는 하나님을 온전히 기쁘시게 할 수 없다는 제사의 한계성을 밝히는 표현입니다. 따라서 하나님을 완전하게 만족시키기 위해서는 구약의 제사와는 다른 그 무엇이 필요했습니다. 그것이 바로 예수 그리스도의 대속적 죽음과 그 보혈의 공로를 믿는 믿음입니다. 이것만이 완전한 구원을 가능케 합니다.

이어지는 7절에서는 예수 그리스도께서 이 세상에 오신 목적에 대해 분명하게 밝히고 있습니다.

"하나님의 뜻을 행하러 왔나이다."

예수님은 성부 하나님의 뜻을 이루시기 위해서 이 땅에 오셨습니다. 주님은 그 뜻을 행하시기 위해서 기꺼이 죽기까지 순종하셨습니다. 즉, 예수님은 아버지의 뜻이라면 그것이 무엇이든지, 설령 십자가에서 죽는 것이라 할지라도 온전히 따르셨던 것입니다. 이러한 사실은 겟세마네 동산에서 주님이 하신 기도를 통해서도 확인할 수 있습니다.

> 조금 나아가사 얼굴을 땅에 대시고 엎드려 기도하여 이르시되 내 아버지여 만일 할 만하시거든 이 잔을 내게서 지나가게 하옵소서 그러나 나의 원대로 마시옵고 아버지의 원대로 하옵소서 하시고 (마 26:39).

예수님께 있어서 가장 큰 기쁨은 아버지의 뜻을 행하시는 것이었습니다. 우리는 예수님을 본받아야 하는 그리스도인입니다. 그러므로 우리도 내 뜻을 고집하기보다 예수님처럼 하나님의 뜻을 분별하여 알고, 그 뜻을 행하는 삶을 살아야 마땅합니다.

4. 거룩함을 얻었노라

> [히 10:9-10] 그 후에 말씀하시기를 보시옵소서 내가 하나님의 뜻을 행하러 왔나이다 하셨으니 그 첫째 것을 폐하심은 둘째 것을 세우려 하심이라 이 뜻을 따라 예수 그리스도의 몸을 단번에 드리심으로 말미암아 우리가 거룩함을 얻었노라.

하나님께서 첫 것, 즉 율법의 지배 아래 있는 제사와 율법, 번제와 속죄제 등을 폐하신 목적은 바로 '둘째 것을 세우기 위해서'였습니다. 여기서 말하는 "둘째 것"은 예수 그리스도의 대속 사역을 가리킵니다. 인간의 구원을 위해서 필요한 것은 구약의 율법이 아니라 예수 그리스도의 십자가의 은혜입니다.

이어지는 10절은 하나님의 뜻을 따라 자신의 몸을 단번에 드려 "둘째 것"을 세우신 예수 그리스도의 희생 제사에 대한 진술입니다. 본문 10절에서 히브리서 기자가 강조하는 것은 그리스도의 희생이 성부 하나님의 뜻을 벗어나지 않고 자발적인 순종으로 이루어졌다는 점입니다.

그리스도의 십자가 희생은 아버지의 뜻에 대한 아들의 순종이 극치에 이른 모습을 보여 줍니다. 인간을 구원하기 위한 아버지의 뜻에 순종하여 예수님은 자신의 몸을 아낌없이 바치사 십자가 위에서 완전한 제사를 지내셨습니다. 예수님의 제사가 지닌 특징은 바로 이와 같은 완전한 순종입니다.

예수님은 자신을 하나님께 드리면서 이렇게 기도하셨습니다.

아버지여 만일 아버지의 뜻이거든 이 잔을 내게서 옮기시옵소서 그러나 내 원대로 마시옵고 아버지의 원대로 되기를 원하나이다 (눅 22:42).

또한, 요한복음에서 이렇게 말씀하셨습니다.

예수께서 이르시되 나의 양식은 나를 보내신 이의 뜻을 행하며 그의 일을 온전히 이루는 이것이니라 (요 4:34).

예수님께서 가장 중요시 하신 것은 성부 하나님의 뜻을 이루는 일이었습니다. 이렇게 성부 하나님의 뜻에 순종하여 예수님께서 단번에 자신을 드리심으로서 비로소 우리가 거룩하게 되는 은혜를 얻게 되었습니다. 여기서 '거룩하게 되는'이라는 표현은 우리 자신의 힘으로 이루어진 것이 아니라, 예수님께서 흘리신 보혈의 공로로 인한 결과임을 보여 줍니다. 그러므로 우리의 자랑은 오직 예수 그리스도의 십자가가 되어야 합니다.

그러나 내게는 우리 주 예수 그리스도의 십자가 외에 결코 자랑할 것이 없으니 (갈 6:14).

5. 한 영원한 제사를 지내시고

> [히 10:11-12] 제사장마다 매일 서서 섬기며 자주 같은 제사를 드리되 이 제사는 언제나 죄를 없게 하지 못하거니와 오직 그리스도는 죄를 위하여 한 영원한 제사를 드리시고 하나님 우편에 앉으사.

11절에서 기록하고 있는 '언제나 죄를 없게 하지 못한다'라는 말은 '결코 죄를 제거할 수가 없다'라는 의미입니다. 이것은 레위 계통 제사장들의 매일 반복되는 제사가 가지고 있는 한계성에 대한 지적입니다. 즉, 구약 제사의 문제점은 결코 어떤 죄도 제거하지 못한다는 것입니다.

만약, 구약의 동물 제사가 인간의 죄를 제거할 능력이 있었다면 예수 그리스도의 희생이 요구되지 않았을 것입니다. 그러나 이것이 불가능했으므로 완전한 제사, 곧 예수 그리스도의 제사가 필요했던 것입니다. 죄를 제거하지 못하는 희생 제사는 그것이 어떤 것이든 완전하다고 말할 수 없습니다.

그리스도의 속죄 은혜를 받아들이지 않고 율법에 근거한 제사에 의존하고 있던 사람들의 심각한 문제점은 그들이 여전히 죄 가운데 있다는 것입니다. 즉, 매일 아침저녁으로 반복하여 드리는 많은 제사에도 그들 안에 있는 죄는 절대 씻겨지지 않았던 것입니다. 이런 구약의 제사장들이 드리는 제사와 예수 그리스도의 제사가 명확하게 대조되는 말씀이 12절입니다.

"오직 그리스도는 죄를 위하여 한 영원한 제사를 지내시고 하나님 우편에 앉으사."

11절에서 구약의 제사장들이 드린 제사를 우리 한글 성경에는 '제사'라고 나오지만, 원어로 보면 '제사들'이라는 복수형입니다. 또한, '드리되'라는 동사는 현재 분사로, 반복적·계속적인 행위를 나타냅니다. 이에 반해 예수님께서 드린 '제사'는 단 한 번의 제사였습니다. 이때 '제사'는 단수이고, '드리시고'라는 동사는 과거 분사로서 단회적인 사건을 나타냅니다.

즉, 구약의 제사장들은 매일 반복되는 제사를 지냈음에도 죄의 문제를 해결하지 못하지만, 예수 그리스도는 단 한 번의 제사로 인간의 모든 죄를 제거하시는 완전한 제사를 이룬 것입니다.

그뿐만 아니라 예수님은 완전한 제사를 지내신 후에 하나님 우편에 앉으셨습니다. 이것은 안식과 영광을 나타내는 표현입니다. 반면, 구약의 제사장들은 제사를 다 드리고 나서 '앉았다'라는 표현이 없고 오직 매일 '서서' 섬겼다고 기록하고 있습니다. 이는 구약의 제사장들이 드린 제사는 끝이 보이지 않는 반복된 제사였음을 잘 보여 주고 있습니다.

그리스도는 단 한 번 완전한 제사를 지내신 후에 하늘에 오르셔서 하나님 우편에 앉으심으로써 다시 제사를 지내고자 일어나실 필요가 없습니다. 왜냐하면, 골고다 언덕에서 드린 단 한 번의 제사가 영원한 효력을 지닌 제사였기 때문입니다.

6. 거룩하게 된 자들

> [히 10:14] 그가 거룩하게 된 자들을 한 번의 제사로 영원히 온전하게 하셨느니라.

오늘 본문은 예수 그리스도께서 구약의 희생 제사가 해내지 못한 것을 성취하셨음을 선포하는 말씀입니다.

단 한 번의 제사로 자기 백성을 영원히 온전케 하실 수 있는 분은 오직 예수 그리스도밖에 없습니다. 여기서 "영원히 온전케 하셨느니라"라는 말은 예수 그리스도의 제사가 가져온 영원한 속죄의 효력을 말합니다.

오늘 본문에서 우리가 특별히 주목해야 할 표현이 있습니다. 바로 "거룩하게 된 자들"입니다. 이 표현의 문자적인 뜻은 '성화 되는 자들' 혹은 '계속해서 성결하게 되는 자들'이라는 의미입니다. 그런데 이 명사구는 현재 분사 수동태로 되어 있습니다. 현재 시제라는 것은 성화의 과정이 현재 진행 중에 있다는 것을 나타내며, 수동태는 성화가 하나님에 의해 주도된다는 사실을 나타냅니다.

예수 그리스도의 구속 사역은 단 한 번으로 종결되었습니다. 하지만, 성도의 성화는 단번에 이루어지는 것이 아닙니다. 성화는 천국에 이를 때까지 계속됩니다. 바른 신앙을 가진 성도라면 누구나 하나님의 명령하심에 따라 거룩한 생활을 추구해야 합니다.

> 나는 너희의 하나님이 되려고 너희를 애굽 땅에서 인도하여 낸 여호와라 내가 거룩하니 너희도 거룩할지어다 (레 11:45).

> 너희는 나에게 거룩할지어다 이는 나 여호와가 거룩하고 내가 또 너희를 나의 소유로 삼으려고 너희를 만민 중에서 구별하였음이니라 (레 20:26).

거룩해야 하는 것은 거룩한 하나님의 백성으로서 마땅히 힘써야 할 부분입니다.
그렇다면 어떻게 해야 거룩해질 수 있을까요?
거룩해질 방법에 대해 성경은 우리에게 알려 주고 있습니다.

> 하나님의 말씀과 기도로 거룩하여짐이라 (딤전 4:5).

이 말씀에 의하면, 하나님의 말씀을 듣지 않고 기도하지 않고서는 거룩해질 수 없습니다. 늘 하나님의 말씀을 가까이하고, 또 날마다 기도함으로써 거룩한 하나님의 백성이 되시기 바랍니다.

7. 내 법을 생각에 기록하리라

> [히 10:15-17] 또한 성령이 우리에게 증언하시되 주께서 이르시되 그 날 후로는 그들과 맺을 언약이 이것이라 하시고 내 법을 그들의 마음에 두고 그들의 생각에 기록하리라 하신 후에 또 그들의 죄와 그들의 불법을 내가 다시 기억하지 아니하리라 하셨으니.

히브리서 기자는 예수 그리스도의 대제사장직과 또 예수님께서 드리신 제사가 완전하다는 주장을 결론짓기 위해 예레미야 31장 33-34절의 말씀을 16-17절에서 인용하고 있습니다. 예레미야서의 말씀을 인용하기에 앞서 "성령이 우리에게 증언하시되"라고 말하고 있습니다. 모든 성경은 성령의 감동하심을 입은 사람들이 하나님께 받아 기록한 것이므로, 성경에 기록된 말씀들은 곧 성령의 증거가 되는 것입니다.

16절에서 인용되고 있는 말씀 중에 우리가 주목해야 할 부분이 있습니다. 바로 "내 법을 그들의 마음에 두고 그들의 생각에 기록하리라"라는 말씀입니다. 말씀을 마음에 두고 생각에 기록한다는 것은 말씀을 마음에 새긴다는 의미이기도 합니다.

이와 관련하여 성경 곳곳에서 다음과 같이 말씀합니다.

> 오늘 내가 네게 명하는 이 말씀을 너는 마음에 새기고 (신 6:6).

> 내 아들아 내 말을 지키며 내 계명을 간직하라 (잠 7:1).

내 계명을 지켜 살며 내 법을 네 눈동자처럼 지키라 (잠 7:2).

이것을 네 손가락에 매며 이것을 네 마음판에 새기라 (잠 7:3).

이렇게 마음에 새겨진 하나님의 말씀은 그 사람이 걸어갈 인생길에 등이 되고 빛이 되어 올바른 길로 인도할 것입니다.
이어지는 17절에서는 하나님의 놀라운 은혜가 기록되고 있습니다.

"또 그들의 죄와 그들의 불법을
내가 다시 기억하지 아니하리라 하셨으니."

이 말씀은 예수 그리스도를 믿는 모든 사람의 죄 문제가 완전하게 해결되었음을 선포하는 말씀입니다. 즉, 하나님은 예수 그리스도와 맺은 새 언약의 피로, 그들의 모든 불법과 죄를 사하시고 그것을 두 번 다시 기억하지 않을 것이라고 말씀하셨습니다.
구약의 제사가 이에 참예하는 이들에게 자신의 죄를 생각나게 하는 역할만을 담당했던 것과는 대조적으로 그리스도의 제사는 이에 참여하는 사람들에게 사면장을 주었던 것입니다. 하나님께서 주시는 이 사면장을 받지 못한 이들은 그가 누구이든 자유하지 못합니다. 하나님께서는 이 사면장을 예수 그리스도를 믿는 사람들에게만 주시며 어떠한 대가를 요구하지 않고 거저 주십니다. 그리고 이 사면장을 받은 사람들의 옛 죄에 대해서는 더 이상 기억하지 않으십니다.

8. 예수의 피를 힘입어

> [히 10:19-20] 그러므로 형제들아 우리가 예수의 피를 힘입어 성소에 들어갈 담력을 얻었나니 그 길은 우리를 위하여 휘장 가운데로 열어 놓으신 새로운 살 길이요 휘장은 곧 그의 육체니라.

　예수 그리스도의 영원하고 완전한 속죄 제사가 이루어 놓은 가장 획기적인 사건은 바로 우리가 거룩하신 하나님께로 나아갈 수 있도록 길을 열어 주신 것입니다. 구약의 대제사장들은 일 년에 한 번, 그것도 정해진 날에만 제물을 가지고 지상 장막의 지성소에 겨우 들어가는 것이 허락되었으나, 예수님을 믿는 성도들은 언제든지 살아계신 하나님의 보좌 앞으로 나아가 하나님과 대화할 수 있게 된 것입니다.

　이는 구약 시대의 일반 백성들은 물론이고 심지어 대제사장들조차도 꿈꿀 수 없었던 일입니다. 구약의 대제사장들은 실체가 아닌 모형에조차 자유로이 출입할 수가 없었으나 우리는 모형이 아닌 실체에 언제든지 자유로이 출입할 수 있게 된 것입니다.

> 우리가 그 안에서 그를 믿음으로 말미암아 담대함과 확신을 가지고 하나님께 나아감을 얻느니라(엡 3:12).

　본문 20절에서는 다음과 같이 말씀합니다.

> "그 길은 우리를 위하여 휘장 가운데로 열어 놓으신 새로운 살 길이요 휘장은 곧 그의 육체니라."

이 길은 그리스도께서 자기를 믿는 성도들을 위해 새롭게 열어 놓으신 길입니다. 이 길을 통해 믿는 이들은 언제든지 하나님 아버지께로 나아갈 수 있게 되었습니다. 구약 시대에는 아직 이 길이 열리지 않았으므로 아무도 하나님 보좌 앞에 이를 수 없었으나 예수 그리스도께서 자기 육체로 완전한 제사를 단번에 드린 이후에는 그를 믿는 누구라도 거룩하신 하나님의 보좌 앞으로 나아갈 수 있게 된 것입니다.

성소와 지성소를 분리해 놓은 것이 휘장입니다. 이 휘장은 지성소를 철저히 가려 아무나 들어가지 못하게 막는 역할을 했습니다. 오직 대제사장만이 일 년에 한 차례씩 속죄의 피를 가지고 그 휘장을 열고 지성소로 들어갈 수 있었습니다. 그런 철의 장막과도 같았던 이 휘장이 예수 그리스도께서 십자가에 못박혀 숨을 거둔 직후에 위에서부터 아래로 완전히 찢어지게 됩니다.

이 사건에는 두 가지 의미가 있습니다.

첫째, 히브리서 기자가 본문에서 말하고 있는 것처럼, 성소의 휘장은 예수 그리스도의 육체를 상징하는 그림자였습니다. 즉, 예수님의 육체가 실제로 찢기실 때, 그림자였던 휘장 역시 함께 찢어진 것입니다.

둘째, 찢어진 휘장이 지성소의 접근을 허용한다는 의미가 있는 것처럼 예수 그리스도의 육체적 죽음은 성도로 하여금 하나님께 나아갈 수 있는 길을 열어 주셨음을 의미합니다. 그래서 예수님께서 열어 놓으신 이 길은 전에는 없던 완전히 새로운 길이며 우리를 생명으로 인도하는 길입니다.

9. 참 마음과 온전한 믿음

> [히 10:22] 우리가 마음에 뿌림을 받아 악한 양심으로부터 벗어나고 몸은 맑은 물로 씻음을 받았으니 참 마음과 온전한 믿음으로 하나님께 나아가자.

인간의 양심이 모두 다 같은 것은 아닙니다. 어떤 양심은 화인 맞아서 그 기능이 상실되기도 하였습니다.

> 자기 양심이 화인을 맞아서 외식함으로 거짓말하는 자들이라(딤전 4:2).

또 어떤 양심은 더러워진 상태에 있기도 합니다.

> 깨끗한 자들에게는 모든 것이 깨끗하나 더럽고 믿지 아니하는 자들에게는 아무 것도 깨끗한 것이 없고 오직 그들의 마음과 양심이 더러운지라(딛 1:15).

오늘 본문에서는 "악한 양심"으로부터 벗어나야 한다고 말씀합니다. 예수님을 믿는 모든 성도는 그리스도의 피로 말미암아 그 마음이 "악한 양심"으로부터 정결함을 받았으므로 거룩하신 하나님의 보좌 앞으로 나아갈 수 있게 된 것입니다. 이렇게 마음뿐만이 아니라 몸도 예수님의 피로써 깨끗하게 되었습니다.

구약 시대의 제사장들은 성소에 들어가기 전에 규례에 따라 그 몸을 깨끗이 씻었습니다. 만약 씻지 않고 제사 드리는 자는 죽음을 면치 못하였습니다. 이와 마찬가지로 하나님께 나아가는 자들도 모두 십자가에서 흘리신 예수 그리스도의 피를 힘입어 죄 사함을 받고 세례를 받아야 합니다. 그럴 때 비로소 성도는 그 몸과 마음을 그리스도의 피로 깨끗이 씻기운 자들이라고 할 수 있습니다.

더불어 하나님께 나아가기 위해서는 반드시 두 가지를 갖추어야 합니다.

첫째, 참 마음입니다.

참 마음이란 거짓된 마음과 대조되는 것으로서 참되고 순수한 마음을 가리킵니다. 하나님의 관심은 겉으로 드러나는 몸의 청결이 아니라, 눈에 보이지 않는 마음의 청결에 있습니다. 사람의 마음은 만물보다 거짓되고 심히 부패하다는 것이 성경의 가르침입니다.

예수님께서 유대인들이 집착하던 정결 의식과 관련하여 주신 교훈이 무엇입니까?

사람을 더럽게 만드는 것은 음식이나 씻지 않은 손이 아니라 마음에서 나오는 것이라는 말씀을 주셨습니다. 따라서 그 마음이 새롭게 되지 않은 이들은 결코 하나님께 나아갈 수 없습니다.

둘째, 온전한 믿음입니다.

믿음은 하나님께로 나아가기 위해서 요구되는 것입니다. 그것은 단지 입술로만 "믿습니다"라고 고백하는 형식적인 믿음이 아니라 순수한 마음에서 우러나오는 온전한 믿음이어야 합니다. 그러므로 우리가 날마다 예배 가운데 하나님 앞에 나아가고 있을지라도, 오늘 말씀에 비추어 나 자신을 진지하게 돌아보아야 합니다.

나는 과연 참 마음과 온전한 믿음으로 나아가고 있는가?

하나님은 내 중심을 보시고 아시는 분이시기에 내가 참 마음과 온전한 믿음으로 나아오는지 그렇지 않은지를 아십니다.

10. 움직이지 말며 굳게 잡고

> [히 10:23-24] 또 약속하신 이는 미쁘시니 우리가 믿는 도리의 소망을 움직이지 말며 굳게 잡고 서로 돌아보아 사랑과 선행을 격려하며.

"약속하신 이"는 하나님을 가리킵니다. 히브리서 기자는 하나님을 '미쁘시다'라고 표현합니다. 이때 '미쁘다'라는 말의 의미는 '믿을 만한', '신실한', '신뢰할 만한'이라는 뜻입니다. 즉, 하나님은 진실하시며 신실하신 분으로서 하나님께서 하신 모든 약속은 절대적으로 믿을 수 있다는 사실을 말해 줍니다.

우리는 이러한 하나님을 닮아가야 하는 그리스도인입니다. 기독교의 위상이 점점 떨어지는 이 시대에 그리스도인이라고 하는 우리는 주님을 닮아 주변 사람들에게 믿을 만하고 신실한 사람이 되어야 합니다. 그리스도인이라고 하면서도 다른 사람들에게 신뢰를 주지 못한다면, 하나님의 영광은 가리우게 될 것이고 또한 복음의 문은 더 닫히게 될 것입니다.

히브리서 기자는 '하나님이 미쁘시니 우리는 믿는 도리의 소망을 움직이지 말며 굳게 붙잡아야 한다'고 말합니다. "움직이지 말며"라는 말은 '흔들리지 않고'라는 뜻입니다.

이 세상에는 우리의 믿음을 흔들 만한 상황이나 여건이 많습니다. 예를 들면, 사람들의 조소나 비아냥거림이 우리의 믿음을 흔들 수도 있고, 부에 대한 집착이나 돈을 숭배하는 맘모니즘이 하나님을 잃어버리게 할 수도 있습니다. 또는 현재 진행되고 있는 많은 일이 우리의 신앙을 동요시킬 수도 있습니다. 그럼에도 우리는 예수 그리스도에 대한 믿음과 소망을 흔들림 없이 단단하게 붙잡아야 합니다.

이어지는 24절에서는 이렇게 권면합니다.

"서로 돌아보아 사랑과 선행을 격려하며."

'돌아보다'라는 말은 '관심을 가지다'는 뜻입니다.

그렇다면 우리는 왜 서로에게 관심을 가져야 할까요?

바로 교제를 통해 신앙에서 떠나지 않도록 서로 사랑으로 격려하며 하나님 안에서 선한 일을 상호 도모하기 위해서입니다. 우리는 모두 그리스도의 몸이라는 교회공동체에 함께 속해 있으므로 서로 돌아보고 또한 사랑과 선행으로 상호 격려하는 것은 남을 위한 것만이 아니라 자기 자신을 위한 것이기도 됩니다.

성도는 그리스도를 중심으로 유기적으로 연결된 지체라는 사실을 기억한다면, 서로에게 관심을 기울이지 않을 수 없습니다. 지체가 힘들어하거나 잘못되는데도 '나와 상관없다'라는 식의 태도를 보이는 성도는 그리스도의 몸 된 교회의 본질을 제대로 이해하지 못한 사람이라고 할 수 있습니다. 그리스도 안에서 한 몸을 이루고 서로 지체된 성도들은 "우는 자들로 함께 울고 웃는 자들로 함께 웃는"(롬 12:15) 태도를 지녀야 합니다.

11. 그날이 가까움을 볼수록 더욱 모이자

> [히 10:25] 모이기를 폐하는 어떤 사람들의 습관과 같이 하지 말고 오직 권하여 그 날이 가까움을 볼수록 더욱 그리하자.

오늘 본문을 살펴보기 전에, 먼저 구약 시대에는 얼마나 자주 예배를 드렸는지를 알아볼 필요가 있습니다.

이와 관련해서 히브리서 10장 11절에서 언급한 바가 있습니다.

> 제사장마다 매일 서서 섬기며 자주 같은 제사를 드리되 이 제사는 언제나 죄를 없게 하지 못하거니와(히 10:11).

구약 시대에는 매일 아침저녁으로 제사를 지냈습니다.

> 네가 제단 위에 드릴 것은 이러하니라 매일 일 년 된 어린 양 두 마리니 한 어린 양은 아침에 드리고 한 어린 양은 저녁때에 드릴 지며(출 29:38-39).

이것을 초대 교회도 그대로 이어받아 매일 아침저녁으로 예배를 드렸던 것입니다. 그런데 이렇게 매일 예배드리는 것을 폐하는 자들이 생기기 시작한 것입니다. 이때 "폐하는"이라는 말은 '포기하다'라는 뜻입니다. 즉, 매일 드리는 예배 모임에 참석하는 일을 포기하는 자들이 생기기 시작했던 것입니다. 하루 이틀 예배 모임에 빠지기 시작하더니, 나중에는 아예 예배에 참석하지 않는 것이 하나의 습관이 되어 버린 사람들도 있었던 것입니다. 이것은 교회공동체의 결속과 관련된 일이었기에 오늘 본문에서는 강한 어조로 이를 금지하고 있습니다.

교회는 그리스도의 몸이요, 성도는 유기체적인 각 지체의 일부이므로, 교회의 모임에 참석하는 일은 성도 개개인에게 있어서나 교회공동체에 있어서 매우 중요합니다. 따라서 성도들은 서로를 위해 예배 모임에 참석하도록 끊임없이 권면해야 합니다.

> "모이기를 폐하는 어떤 사람들의 습관과 같이하지 말고
> 오직 권하여 그날이 가까움을 볼수록 더욱 그리하자."

"그날"이란, 예수님의 재림의 날을 가리킵니다. 이와 관련하여 오늘 본문에서는 두 가지 중요한 사실을 언급하고 있습니다.

첫째, 그날이 가까이 오고 있다는 것입니다. "가까움을"이라는 말은 현재분사로서 '날마다 조금씩 가까이 오고 있다'라는 뜻입니다.

둘째, "볼수록"이라는 말은 그날이 가까이 오고 있음을 알 수 있다는 것입니다.

우리는 그리스도께서 오시는 날과 시를 알 수 없습니다. 이것은 오직 성부 하나님만이 알고 계십니다. 하지만, 그날이 정확히 언제일지는 알지 못하지만 적어도 가까이 오고 있다는 사실만은 주께서 말씀하신 여러 징조를 통해서 충분히 알 수 있습니다. 시대의 징조를 깨닫는 성도들은 모이기를 더욱 힘쓰고, 또 서로 모이자고 권면해야 합니다.

12. 다시 속죄하는 제사가 없고

> [히 10:26-27] 우리가 진리를 아는 지식을 받은 후 짐짓 죄를 범한즉 다시 속죄하는 제사가 없고 오직 무서운 마음으로 심판을 기다리는 것과 대적하는 자를 태울 맹렬한 불만 있으리라.

오늘 본문 26절부터 31절까지의 내용은 배교자들에 대한 심판을 경고하는 말씀입니다. 따라서 오늘 본문에서 언급하고 있는 "죄"는 믿음에서 떨어져 나가는 것, 즉 배교를 의미합니다. 더 구체적으로는 기독교 신앙에서 유대교로 돌아가는 행동을 말합니다.

이 당시에는 유대교에서 기독교로 개종하였다가 박해를 이기지 못하여 다시 유대교로 돌아가는 자들이 있었습니다. 이들에게 다시 속죄하는 제사가 남아 있지 않은 것은 당연합니다. 이들은 단번에 영원한 제사를 지낸 예수 그리스도를 저버린 자들이기 때문입니다.

그런데 오늘 본문은 무지와 과실 때문이 아니라 고의로 그리스도를 버리고 다시 율법으로 돌아가는 경우를 염두에 둔 것입니다. 왜냐하면, "짐짓"이라는 원어의 뜻은 '자진하여', '고의로'라는 뜻이기 때문입니다.

이처럼 고의로 그리스도를 버리는 자들은 하나님의 은혜로부터 자신을 스스로 단절시킨 자들이며, 신앙고백의 자리에서 공공연한 불신앙의 자리로 돌아선 자들이고, 그리스도의 완전한 속죄 제사를 거부하고 다시 옛 유대교로 돌아간 자들입니다. 이들은 결코 사하심을 받지 못하고 영원한 형벌에 처하게 됩니다.

"다시 속죄하는 제사가 없고"라는 말은 구원의 기회가 더 이상 없다는 것을 의미입니다. 그리스도의 영원하고 완전한 속죄 제사를 믿지 않고 다시 해마다 반복되는 구약의 동물 제사를 믿는 신앙으로 돌아가 버린 자들을 위한 속죄제는 더 이상 없습니다.

이어지는 27절에서는 그리스도에 대한 믿음을 저버리고 배교한 자들이 맞게 될 궁극적 운명을 말하고 있습니다.

"오직 무서운 마음으로 심판을 기다리는 것과
대적하는 자를 태울 맹렬한 불만 있으리라."

실체의 그림자인 율법을 거부하여 고의로 죄를 범한 사람들도 이에 상응하는 형벌을 받았다면, 실체이신 그리스도를 배반하여 고의로 믿음을 저버린 사람들이야 더 말할 나위도 없을 것입니다. 죄에 대한 심판의 무게는 지식의 분량과 비례합니다. 즉, 알지 못하므로 죄를 범한 것과 알면서도 의도적으로 죄를 범한 것은 똑같이 다루어질 수 없습니다. 주께서는 이 둘을 엄격히 구별하셔서 경중을 정하시고 형벌하십니다.

성도가 가장 두려워해야 할 것은 배교입니다. 신앙에서 떠나는 것이야말로 돌이킬 수 없는 일생일대의 최대 실수가 되는 것입니다. 배교자들에게 임할 심판은 맹렬한 불과도 같아서 아무도 피하지 못합니다. 즉, 배교자들에게는 어떤 희망도 없습니다. 주님이 이렇게 무서운 말씀으로 경고하시는 것은 무슨 일이 있어도 주를 떠나서는 안 된다는 것을 강조하시기 위함입니다.

13. 얼마나 더 무겁겠느냐?

> [히 10:28-29] 모세의 법을 폐한 자도 두세 증인으로 말미암아 불쌍히 여김을 받지 못하고 죽었거든 하물며 하나님의 아들을 짓밟고 자기를 거룩하게 한 언약의 피를 부정한 것으로 여기고 은혜의 성령을 욕되게 하는 자가 당연히 받을 형벌은 얼마나 더 무겁겠느냐 너희는 생각하라.

오늘 본문에서 히브리서 기자는 모세 시대에 율법을 모독한 자의 비참한 최후를 예로 들면서, 예수 그리스도를 부정하고 배교한 자가 받을 형벌은 더 무거울 것이라는 사실에 대해 말해 주고 있습니다.

28절에 나오는 "폐한"이라는 말은 '부인하다', '거부하다'라는 뜻입니다. 따라서 '모세의 법을 폐하다'라는 것은 하나님께서 명하신 규례와 법도를 어기는 모든 행위를 말합니다.

히브리서 기자는 특별히 신명기 17장 2-7절의 말씀을 염두에 두고 본절을 기록하였는데, 이것은 우상 숭배의 죄를 범한 자들을 두세 증인의 증언을 토대로 하여 돌로 쳐죽일 수 있도록 한 것입니다.

하지만, 이것 외에도 하나님께서는 사형에 해당하는 죄로 규정하신 것이 많이 있는데, 예를 들면 하나님을 훼방한 죄, 간음죄, 동성애 죄, 위증죄, 또 이교도의 풍속을 좇는 일체의 행위가 사형에 해당하는 죄로 규정되어 있습니다.

히브리서 기자는 하나님께서 금하신 이와 같은 일을 하는 사람들의 행위를 거룩한 하나님의 법을 인정하지 않는 것으로 규정합니다. 율법의 명령을 따르지 않는 자들은 율법을 주신 하나님의 권위 자체를 인정하지 않는 것으로 받아들여졌기에 형벌을 피할 수가 없습니다.

29절에서는 배교자들의 특징을 다음과 같이 세 가지로 말하고 있습니다.

첫째, 하나님의 아들 예수 그리스도를 짓밟는 자들입니다.

이때 '짓밟다'라는 말은 '멸시하다'라는 뜻입니다. 즉, 성도가 예수님에게서 떠나는 배교 행위는 그분을 짓밟고 멸시하는 것과 다를 바가 없다는 것입니다. 이러한 행위는 나를 살리시기 위해서 십자가에서 피 흘려 죽으신 주님의 은혜를 저버리는 악한 일이므로 결코 용서를 기대할 수 없습니다.

둘째, 새 언약의 피를 부정한 것으로 여기는 자들입니다.

자신이 그리스도의 피로 정결하게 된 것을 스스로 경멸하는 사람들은 다시는 용서받을 수 없습니다. 여기서 '부정한 것으로'라는 원어는 '보통의', '평범한'이라는 의미와 함께 '불결한', '깨끗하지 않은'이라는 뜻도 있습니다. 즉, 배교자들은 예수님의 피가 매우 특별하고 거룩하다는 사실을 인정하지 않습니다. 예나 지금이나 배교자들의 공통된 특징은 예수 그리스도 피의 거룩함을 부정하고 우습게 여긴다는 것입니다.

셋째, 은혜의 성령을 욕되게 하는 자들입니다.

이때 '욕되게 하다'는 말은 '오만 불손하게 대하다'라는 뜻입니다. 성령은 예수님께서 말씀하신 모든 것을 생각나게 하시고 자세히 가르치시며, 우리를 모든 진리 가운데로 인도하시는 진리의 영이십니다. 따라서 성도가 진리를 깨닫고 성도로서 역할에 충실하려면 반드시 성령의 도움과 인도가 필요합니다. 그런데 배교자들은 이런 성령을 무시합니다. 즉, 그들은 성령의 권고를 듣고도 무시하고 그분을 자기들의 일에 거추장스러운 존재로 여겨 능욕하는 어리석음을 서슴지 않습니다. 그러므로 이들은 사함을 받을 수가 없습니다.

그러므로 내가 너희에게 이르노니 사람에 대한 모든 죄와 모독은 사하심을 얻되 성령을 모독하는 것은 사하심을 얻지 못하겠고 (마 12:31)

14. 내가 갚으리라

> [히 10:30-31] 원수 갚는 것이 내게 있으니 내가 갚으리라 하시고 또 다시 주께서 그의 백성을 심판하리라 말씀하신 것을 우리가 아노니 살아 계신 하나님의 손에 빠져 들어가는 것이 무서울진저.

오늘 본문은 친히 원수를 갚고 심판하시는 하나님의 손에 빠져들어 가는 것의 두려움을 알기를 희망하면서 배교자들이 바로 그런 운명이라는 것을 말씀합니다. 원수를 갚는 것은 전적으로 하나님의 주권이며 또한 하나님의 영역에 속한 일입니다.

즉, 우리가 여기서 주목해야 할 것은 이러한 보수를 하나님께서 자신의 권한으로 분명하게 선포하셨다는 사실입니다. 하나님의 이와 같은 선포는 성도된 우리 각자가 원수 된 자들에 대해 어떤 관점을 취해야 하는지를 잘 알게 해 줍니다. 우리는 개인적 차원에서 보복하는 행위를 삼가고 모든 것을 입법자와 재판자가 되시는 하나님께 맡겨야 합니다.

> 형제들아 서로 비방하지 말라 형제를 비방하는 자나 형제를 판단하는 자는 곧 율법을 비방하고 율법을 판단하는 것이라 네가 만일 율법을 판단하면 율법의 준행자가 아니요 재판관이로다. 입법자와 재판관은 오직 한 분이시니 능히 구원하기도 하시며 멸하기도 하시느니라 너는 누구이기에 이웃을 판단하느냐(약 4:11-12).

하나님은 모든 사람에 대해 오래 참고 기다리시며 기회를 주시지만, 최종적으로 볼 때 악인을 그대로 두시지 않습니다. 배교는 언약을 파기하는 행위이고, 여기에는 상응하는 보수가 따르게 마련입니다. 그들이 예수님을 버린 것은 하나님과의 언약을 깨뜨린 반역 행위가 되기 때문에 하나님은 그것에 대해서 친히 갚으시는 것입니다.

비록 이스라엘이 하나님의 선택된 백성이라는 특별한 지위에 있기는 하지만, 그들이 하나님의 통치를 거부한다면 심판은 불가피합니다. 언약 관계의 유지는 일방적일 수가 없습니다. 비록 하나님의 일방적인 선택 때문에 언약 관계에 들어간 것은 분명하지만, 그것의 유지를 위해서는 그분의 요구에 대한 이스라엘의 적극적인 호응의 자세가 필요합니다.

성도인 우리는 이미 그리스도 안에서 하나님과 특별한 관계를 맺은 자들이므로 누구든지 그리스도를 배반하면 이 관계는 여지없이 깨어지고 그 결과 두려운 심판이 임합니다. 즉, 배교하는 이들을 기다리는 것은 심판과 형벌뿐입니다. 하나님의 심판에 떨어지는 것이 얼마나 두려운 일인지 31절에서 잘 표현하고 있습니다.

"살아 계신 하나님의 손에 빠져들어 가는 것이 무서울진저."

"무서울진저"라는 말의 원어는 '소름 끼치는 일이다'라는 뜻입니다. 이 말은 하나님의 심판에 직면한다는 것이 얼마나 두려운 일인지 잘 표현하고 있습니다. 세상의 박해자들은 몸은 죽여도 영혼은 죽이지 못합니다. 하지만, 하나님께서는 몸과 영혼을 능히 지옥에 멸하실 수 있는 분이십니다.

이 땅에서의 박해는 일시적이고 주님을 의지함으로써 충분히 이겨낼 수 있습니다. 그러나 박해 때문에 그리스도를 완전히 등지고 믿음을 내팽개치게 되면 후회해도 소용없는 영원한 심판에 직면하게 될 것입니다. 이 사실을 기억하며 우리는 예수님을 믿는 이 믿음을 끝까지 견고히 붙들어야 합니다.

15. 고난의 큰 싸움을 견디어 낸 것

> [히 10:32] 전날에 너희가 빛을 받은 후에 고난의 큰 싸움을 견디어 낸 것을 생각하라.

본문에서의 "전날에"라는 표현은 기독교 신앙을 처음 가졌던 초기의 시기를 가리킵니다. "고난의 큰 싸움을 견디어 낸 것을 생각하라"라는 말씀을 통해 다음과 같이 두 가지로 나누어 생각해 볼 수 있습니다.

첫째, 그들이 처음 예수를 믿게 되었을 때 고난의 큰 싸움이 있었던 사실입니다. 여기서 '큰'이라는 말은 '많은'이라는 뜻입니다. 즉, 히브리 성도들은 지금 처음으로 고난을 겪는 것이 아니라 처음 신앙생활 할 때도 고난의 많은 싸움은 있었던 것입니다.

그렇다면 히브리 성도들은 구체적으로 어떤 고난을 겪었을까요?

이 당시 예수 그리스도를 믿는다는 표시로 세례를 받게 되면 그 후로 공적인 수치나 적극적인 적대 행위를 당하였습니다. 사실 이방 출신보다도 유대인으로서 기독교로 회심한 자에게 가해지는 핍박이 더 견디기 힘들었습니다. 비유대 사회는 다양한 종교에 대해 개방적이고 관용적인 태도를 보이는 것이 일반적이었지만, 유대 사회에서는 그 신앙의 배타성으로 인해 유대교에서 다른 종교로 회심했을 경우 상상을 초월하는 박해를 가하였습니다.

이는 바리새인 사울이 예수 그리스도를 믿는 자들을 잡아 박해하기 위해 살기 등등한 태도로 다메섹 여러 회당에 가져갈 공문을 청했던 사실이나, 스데반의 순교 직후 예루살렘에 있는 교회에 큰 핍박이 일어났었던 사실 등을 통해서도 확인할 수 있습니다. 그들은 자기 사업이 망하는 것을 비롯해 심지어 자기 가문에서 추방당하는 고난까지 겪어야 했었습니다.

둘째, 그들이 이러한 고난의 큰 싸움을 견디어 낸 것을 생각하라는 것입니다. 즉, 히브리 성도들은 처음 신앙생활을 할 때 많은 고난을 겪었지만, 잘 견디어 냈던 것입니다. 물론, 이것이 그들 개인의 의지로만 가능할 수 있었던 것은 아닙니다. 그들이 고난을 겪던 그때 그들을 붙들어 주셔서 하나님의 은혜로 이겨낼 수 있었습니다. 히브리서 기자는 바로 이 사실을 상기시키고 있습니다. 그때 도우셨던 하나님께서 지금도 도우실 수 있음을 믿고 오늘 당하는 고난도 잘 견디고 이겨내기를 촉구하고 있습니다.

이것을 통해서 우리는 한 가지 중요한 사실을 발견하게 됩니다. 바로 오늘 어떤 고난을 겪을 때, 그 고난만 보지 말고 한 걸음 뒤로 물러서서 과거에 도우셨던 하나님을 기억하는 것입니다.

내가 오늘 여기까지 올 수 있었던 것은 우리의 삶이 항상 순탄했기 때문이 아닙니다. 과거에도 오늘 못지않은 어려움은 있었습니다. 하지만, 그때 하나님께서 피할 길을 주셨든지 아니면 도움의 손길을 붙여 주셨기 때문에 잘 견디며 오늘 여기까지 올 수 있었던 것입니다.

이처럼 과거에 도우셨던 하나님은 지금도 살아계셔서 오늘 내가 당한 어려움도 능히 이길 수 있도록 도우실 것입니다.

16. 더 낫고 영구한 소유

> [히 10:33-34] 혹은 비방과 환난으로써 사람에게 구경거리가 되고 혹은 이런 형편에 있는 자들과 사귀는 자가 되었으니 너희가 갇힌 자를 동정하고 너희 소유를 빼앗기는 것도 기쁘게 당한 것은 더 낫고 영구한 소유가 있는 줄 앎이라.

초대 교회 성도들은 오늘날 종교의 자유가 허락된 자유주의 사회에서는 찾아볼 수 없는 극심한 고난을 당했습니다. 33절에서 "사람에게 구경거리가 되고"라는 말은 마치 극장 무대에 선 배우들처럼 사람들에게 공개적으로 노출된 상태를 말하는데, 그것은 환호와 갈채의 대상이 아니라 비방과 조소의 대상이었습니다.

대적들이 초대 교회 성도들을 사람들에게 구경거리가 되게 하는 방법은 두 가지였습니다. 하나는 비방이고, 또 하나는 환난이었습니다. 당시 유대 사회에서 기독교 신앙을 고백하고 공개적으로 세례를 받게 되면 동족 유대인들로부터 공적인 수치 및 적극적인 적대 행위를 당하였고, 심지어 그의 사업의 거래처도 끊겨 망하게 되거나 가문에서 추방당하기도 하였습니다.

초대 교회 성도들은 이렇게 비방 당할 뿐만 아니라 환난도 당하였습니다. 예수님께서는 성도들이 환난을 당하게 될 것을 이미 말씀하시기도 하셨습니다.

> 이것을 너희에게 이르는 것은 너희로 내 안에서 평안을 누리게 하려 함이라 세상에서는 너희가 환난을 당하나 담대하라 내가 세상을 이기었노라(요 16:33).

성도에게 환난은 그가 그리스도에게 속한 사람임을 드러내는 확실한 증거 가운데 하나입니다. 환난이 때로는 기름을 짜내는 것이나 곡물을 가루로 만들고자 찧는 것에 비할 만큼 극심한 고통을 수반하는 것은 사실이지만, 이러한 과정이 바로 성도를 연단하시기 위한 하나님의 방법 가운데 하나라는 사실을 잊어서는 안 됩니다.

34절에도 초대 교회 성도들이 당한 고난이 나옵니다.

> "너희가 갇힌 자를 동정하고 너희 소유를 빼앗기는 것도
> 기쁘게 당한 것은 더 낫고 영구한 소유가 있는 줄 앎이라."

이때 "갇힌 자"란, 신앙적인 이유로 체포되어 사슬에 매인 자를 가리킵니다. 이들은 가장 모범적인 시민으로 살면서도 단지 예수님을 믿는다는 이유로 사슬에 매이고 감옥에 갇히게 된 것입니다.

초대 교회 성도들은 이렇게 갇힌 자를 동정하고 또 갇힌 자를 동정하였다는 이유로 자신의 재산을 빼앗기기도 하였습니다. 그런데 이런 상황까지도 그들은 기쁨으로 받아들였습니다.

초대 교회 성도들이 그렇게 할 수 있었던 이유는, 그들의 시각이 이 땅에 있지 않고 더 낫고 영원한 산업이 있는 천국에 있었기 때문입니다. 땅에 있는 것들에 집착하는 이들은 자신의 재산이 강탈당하는 비극적 상황을 기쁨으로 받아들일 수 없습니다. 그러나 하늘에 있는 기업을 바라보는 이들은 이 세상의 것들에 연연하지 않을 수 있습니다.

17. 믿음과 인내

> [히 10:35-36] 그러므로 너희 담대함을 버리지 말라 이것이 큰 상을 얻게 하느니라 너희에게 인내가 필요함은 너희가 하나님의 뜻을 행한 후에 약속하신 것을 받기 위함이라.

히브리서 기자는 복음을 처음 받아들였던 당시에 핍박을 당하면서도 기쁨으로 잘 감당하였던 성도들에게 오늘날 비슷한 상황을 맞이하더라도 과거와 같은 믿음을 포기하지 말고 굳세게 이겨 나가라고 권면하고 있습니다.

본문에서의 "담대함"은 원어로는 '믿음' 또는 '확신'이라는 뜻입니다. 즉, 시련이나 환난을 당한다고 해서 이 믿음을 버려서는 안 된다는 것입니다. 무기를 버린 병사는 이미 병사일 수 없듯이, 믿음을 버린 그리스도인 또한 더 이상 그리스도인일 수 없습니다.

그리스도 안에서의 믿음을 지킬 때 천국에서 보상을 받는다는 확신만 잃지 않는다면 성도는 어떤 고난과 핍박이 와도 충분히 이겨낼 수 있습니다. 또한, 그 결과는 실제로 '큰 상'을 얻는 것으로 나타납니다. 이때 '큰 상'이란, '큰 보상'을 가리키는데, 사도 바울은 이것을 "의의 면류관"이라고 표현하였고 예수님께서는 "생명의 면류관"라고 표현하셨습니다.

35절에서 '믿음을 버리지 말라'고 권면한 히브리서 기자는 이어지는 36절에서는 인내할 것을 강조합니다. 인내라는 것은 아무리 견디기 힘든 상황이 압박해 와도 도망하지 않고 그 자리에 머물러 있는 것을 말합니다. 이러한 인내는 성령의 열매 중 하나이기도 하고 또한 마지막 종말의 시대를 살아가는 이들이 반드시 지녀야 할 자세이기도 합니다.

35절에서 말하는 믿음과 36절에서 말하는 인내는 별개의 것일 수가 없습니다. 왜냐하면, 하나님에 대한 믿음이 결국 인내의 원천이 되기 때문입니다.

따라서 환난이 올 때, 끝까지 인내하지 못하고 중도에 포기하는 이들은 흔들리지 않는 곧은 믿음을 지니지 못하고 있다는 말이 되기도 합니다. 전능하신 하나님께서 나를 도우시고 구원하여 주신다는 믿음이 있다면, 또한 이기는 자에게 보상으로 생명의 면류관을 주신다는 것을 확실히 믿는다면, 어떤 시련이나 어려움이 온다고 할지라도 이겨낼 수 있습니다.

시련이나 환난이 문제가 아닙니다. 나에게 믿음이 없음이 문제입니다. 믿음이 있다면 어떤 문제도 인내할 수 있습니다.

18. 잠시 잠깐 후면 오시리니

> [히 10:37-39] 잠시 잠깐 후면 오실 이가 오시리니 지체하지 아니하시리라 나의 의인은 믿음으로 말미암아 살리라 또한 뒤로 물러가면 내 마음이 그를 기뻐하지 아니하리라 하셨느니라 우리는 뒤로 물러가 멸망할 자가 아니요 오직 영혼을 구원함에 이르는 믿음을 가진 자니라.

37절에서 "오시리니"라는 동사는 특히 구원과 심판을 수행하기 위하여 오시는 예수 그리스도의 종말론적 오심의 맥락에서 쓰였습니다. 주님의 오심은 경건한 신앙인들을 핍박하는 자들에게는 두려움이지만, 환난 가운데에서도 믿음으로 인내하고 있는 자들에게는 기쁨이 될 것입니다. 태초에 하나님이 천지를 창조하셨다고 선언하는 것으로 시작한 성경은 요한계시록에서 주님이 다시 오신다는 약속을 세 번 하는 것으로 마침표를 찍고 있습니다.

> 이것들을 증언하신 이가 이르시되 내가 진실로 속히 오리라 하시거늘 아멘 주 예수여 오시옵소서(계 22:20).

우리를 구원하기 위해 십자가에서 죽으신 주님은 사흘 만에 부활하셨습니다. 그리고 부활하신 주님은 다시 오신다는 약속을 남기신 후 하늘로 승천하셨습니다. 초대 교회 성도들은 다시 오신다고 하신 주님의 이 약속을 붙들고 환난 가운데에서도 신앙생활을 하고 있었던 것입니다. 이것은 오늘 우리도 마찬가지입니다. 그런데 우리가 주의해야 할 것이 있습니다.

오늘 본문 37절을 보십시오.

"잠시 잠깐 후면 오실 이가 오시리니 지체하지 아니하시리라."

이 당시 히브리 성도들은 주님이 "잠시 잠깐 후면" 오실 것이라고 믿고 있었습니다. 그러고 나서 2천 년이라는 시간이 흘러 오늘날 우리도 이 약속을 붙들고 있는 것입니다. 그렇다면 주님이 오실 때가 훨씬 더 가까워졌음이 분명합니다.

이와 관련하여 성경 곳곳에서는 다음과 같이 말씀합니다.

> 또한, 너희가 이 시기를 알거니와 자다가 깰 때가 벌써 되었으니 이는 이제 우리의 구원이 처음 믿을 때보다 가까웠음이라 (롬 13:11).

> 이 예언의 말씀을 읽는 자와 듣는 자와 그 가운데에 기록한 것을 지키는 자는 복이 있나니 때가 가까움이라 (계 1:3).

우리는 오늘 당장 주님이 오시더라도 이상하지 않을만큼 마지막 때를 살고 있습니다. 주님이 말씀하신 마지막 때의 징조가 세계 곳곳에서 일어나고 있습니다. 정말 근신하며 깨어 있어야 할 때입니다.

> 노아의 때와 같이 인자의 임함도 그러하리라 홍수 전에 노아가 방주에 들어가던 날까지 사람들이 먹고 마시고 장가들고 시집고 있으면서 홍수가 나서 그들을 다 멸하기까지 깨닫지 못하였으니 인자의 임함도 이와 같으리라 (마 24:37-39).

제11장
상 주시는 이

1. 믿음은 …
2. 믿음으로 아나니
3. 믿음으로 아벨은
4. 믿음이 없이는
   하나님을 기쁘시게 하지 못하나니
5. 믿음으로 노아는
6. 믿음으로 아브라함은
7. 믿음으로 장막에 거하였으니
8. 믿음으로 사라 자신도
9. 믿음을 따라 죽었으며
10. 더 나은 본향을 사모하니
11. 시험을 받은 아브라함
12. 다시 살리실 줄로 생각한지라
13. 믿음으로 요셉은
14. 믿음으로 모세의 부모가
15. 믿음으로 모세는 거절하고
16. 더 좋아하고
17. 상 주심을 바라봄이라
18. 믿음으로 무서워하지 아니하고
19. 믿음으로 정하였으니
20. 믿음으로 여리고를 도니
21. 믿음으로 기생 라합은
22. 믿음으로 나라들을 이기기도 하며
23. 믿음으로 연약한 가운데서 강하게 되기도 하며
24. 어떤 이들은 심한 고문을 받되
25. 조롱과 채찍질
26. 궁핍과 환난과 학대를 받았으니
27. 세상이 감당하지 못하느니라

1. 믿음은 …

> [히 11:1-2] 믿음은 바라는 것들의 실상이요 보이지 않는 것들의 증거니 선진들이 이로써 증거를 얻었느니라.

히브리서 11장은 믿음의 정의와 더불어 신약 성도들에게 있어 너무나도 잘 알려진 믿음의 조상들에게 나타나는 믿음의 아름다운 행적을 기록한 '믿음장'이라고 불립니다. 이러한 본 장을 시작하면서 히브리서 기자는 오늘 본문에서 먼저 믿음의 본질을 규명합니다. 히브리서 기자는 먼저 믿음이란 소망하고 기대하는 것들의 실상이라고 규정합니다.

이때 '실상'이라는 원어는 '휘포스타시스'인데, 이 단어의 의미에 대해서 몇 가지 견해가 있습니다.

첫째, 확신입니다.
즉, 믿음은 소망하는 것을 완전히 확신하는 것이라는 의미입니다.
둘째, 보증입니다.
즉, 믿음은 우리가 바라고 있는 하늘의 것들을 우리의 것으로 확실하게 보증해 주는 것이라는 의미입니다.
셋째, 현실화입니다.
초대 교회 몇몇 교부가 이 입장을 지지하였는데, 그들은 믿음이 장래의 바라는 것들을 현실적으로 발생하게 해 준다고 생각했습니다.
넷째, 실체로 보는 것입니다.
우리 한글 성경이 이 견해를 반영하고 있습니다. 이 견해에 따르면 믿음이란, 아직 나타나지는 않았지만 바라는 것들을 실질적인 확실한 것으로 붙잡게 하는 것이라는 의미가 됩니다.

다섯째, '토대' 또는 '기초'로 보는 견해입니다. 초대 교회 교부인 어거스틴과 중세 시대 스콜라 신학의 대부 아퀴나스가 주장하는 견해입니다. 이럴 경우 본문은 '믿음은 소망이라는 보이지 않는 구조물을 아래에서 떠받치고 있는 토대'가 됩니다. 즉, 믿음이 없으면 소망도 물거품이 되고 만다는 의미가 내포되어 있습니다.

따라서 이상의 모든 견해를 종합하여 본문을 보다 포괄적으로 해석해 보면 '믿음이란 소망을 지탱해 주는 토대로서 소망하는 바가 허상으로 끝나지 않고 실제로 이루어질 것을 보증해 주는 실체'라는 의미가 됩니다.

우리는 여기에서 믿음과 관련하여 몇 가지 중요한 내용을 확인할 수 있습니다.

첫째, 히브리서 기자가 믿음을 소망하는 것 혹은 기대하는 것과 관련 지우는 것을 고려 할 때, 믿음은 현재 사실에 대한 확신을 기반으로 하여 미래에 그 실체를 드러낸다는 것입니다.

둘째, 믿음은 아직 얻지 못한 어떤 것들에 대해 이미 소유한 것처럼 확신하는 것입니다.

셋째, 믿음은 우리가 바라는 것들을 소유할 수 있게 해 주는 권리 증서가 된다는 것입니다. 이처럼 믿음은 바라는 것, 기대하는 것들에 대한 어떤 확신이면서 토대이자 보증도 됩니다. 하나님께서 약속하신 것들은 오직 믿음에 의해서만 소유가 가능합니다.

또한, 믿음은 보이지 않는 것들의 증거가 됩니다. 눈으로 보고 확인할 수 있는 것, 이성적으로 설명이 가능한 것 그리고 과학적으로 이미 검증이 끝난 사실에 대해서는 누구라도 믿을 수 있습니다.

하지만, 보이지 않는 영적인 일이나, 아직 이루어지지 않은 미래에 대한 하나님의 약속 등은 믿음을 가져야만 신뢰할 수 있습니다. 따라서 성도는 자신이 바라는 것, 즉 하나님의 약속들이 아직 나타나지 아니한 미래의 일이기는 하지만, 믿음을 통해 그것들에 대해 확신하는 특별한 사람들입니다.

2. 믿음으로 아나니

> [히 11:3] 믿음으로 모든 세계가 하나님의 말씀으로 지어진 줄을 우리가 아나니 보이는 것은 나타난 것으로 말미암아 된 것이 아니니라.

우리는 믿음을 통해서만 우주 만물이 하나님의 말씀으로 지어졌다는 사실을 알 수 있습니다. 우주 만물의 창조는 우리 눈으로 보지 못한 일일 뿐 아니라, 역사가 기록되기 훨씬 이전에 일어난 일이므로 믿음이 없이는 이해할 수도 없고 알 수도 없습니다. 즉, 영이신 하나님이 말씀으로 세상을 창조하신 사실을 확인할 수 있는 길은 오직 믿음 외에는 없습니다.

믿지 않는 사람 가운데 역사의 진행 과정에서 전에 보지 못했던 새로운 어떤 것들을 발견하게 되면 이것을 진화론적 입장에서 설명하려는 자가 많습니다. 진화론자들이 내세우는 이론이라는 것은 순전히 가설에 기초한 것에 불과합니다. 그들은 그것이 처음부터 어떻게 존재했었는지에 관한 확실한 증거도 없으면서도 모든 생물이 아메바와 같은 단세포에서부터 진화되었다고 주장합니다. 그들이 창조를 믿지 않고 진화론을 주장하는 것은 그들의 마음속에 창조주 하나님에 대한 믿음이 없기 때문입니다.

히브리서 기자는 오늘 본문에서 기독교 신앙의 중요한 부분을 언급하고 있습니다. 바로 창조론입니다. 진화론자들은 이성에서 출발하며 명제나 가설에 의존합니다. 하지만, 창조론자들은 믿음에서 출발하며 말씀에 의존합니다. 성도는 말씀을 통해서 살아계신 하나님, 창조자 하나님을 만난 사람들이어서 온 세상에 존재하는 시간과 공간을 비롯해 그 안에 있는 일체의 것을 하나님께서 창조하신 것임을 믿는 사람들입니다.

계속해서 오늘 본문 하반절에서는 다음과 같이 말씀합니다.

"보이는 것은 나타난 것으로 말미암아 된 것이 아니니라."

여기서 '보이는 것'이란, 물질세계를 가리키는데, 히브리서 기자는 그것이 눈에 보이지 않는 하나님의 말씀에서 비롯되었음을 선언합니다. 이 당시 유행하던 헬라 사상 중에 '신이 주어진 물질로 세계를 지었다'라는 잘못된 창조관이 있었는데, 히브리서 기자는 모든 세계가 나타난 것에 의해 존재하게 되었다는 이러한 주장을 단도직입적으로 일축해 버립니다.

히브리서 기자가 오늘 본문을 통해서 말하고자 하는 것은 모든 세계는 하나님이 지으신 것이라는 사실과 이 땅에 사는 사람들은 창조주 하나님에 대한 믿음을 가지고 살아야 한다는 것입니다.

3. 믿음으로 아벨은

> [히 11:4] 믿음으로 아벨은 가인보다 더 나은 제사를 하나님께 드림으로 의로운 자라 하시는 증거를 얻었으니 하나님이 그 예물에 대하여 증언하심이라 그가 죽었으나 그 믿음으로써 지금도 말하느니라.

오늘 본문 바로 앞 1-3절에서 믿음의 본질에 대해서 언급한 히브리서 기자는 이제 4절부터 40절까지 이스라엘의 열조가 구체적으로 어떤 믿음으로 살았는지를 시대별로 예를 들어 설명합니다.

먼저, 아브라함 이전의 믿음의 선진들이 4-7절에서 소개되고 있습니다. 그중 처음으로 제시되는 인물은 최초의 순교자라고 할 수 있는 아벨입니다. 하나님께서 아벨과 그 제물을 열납하신 사건을 들어 히브리서 기자는 '아벨이 가인보다 더 나은 제사를 하나님께 드림으로 의로운 자라 하는 증거를 받았다'라고 말합니다.

가인과 아벨이 드린 제사와 관련하여 창세기에서는 이렇게 기록하고 있습니다.

> 그가 또 가인의 아우 아벨을 낳았는데 아벨은 양 치는 자였고 가인은 농사하는 자였더라 세월이 지난 후에 가인은 땅의 소산으로 제물을 삼아 여호와께 드렸고 아벨은 자기도 양의 첫 새끼와 그 기름으로 드렸더니 여호와께서 아벨과 그의 제물은 받으셨으나 가인과 그의 제물은 받지 아니하신지라 가인이 몹시 분하여 안색이 변하니(창 4:2-5).

가인이 하나님께 드린 제물은 '땅의 소산'이었습니다. 그의 직업이 농부였으므로 그는 자신이 농사지어 얻은 수확물 중에서 일부를 하나님께 제물로 드렸던 것입니다. 반면, 아벨은 양의 첫 새끼와 그 기름을 구별하여 하나님께 제물로 드렸습니다. 이때 기름은 '살찐'이란 뜻과 함께 가장 맛있는 부위를 가리키는 표현으로 이는 하나님께 가장 좋은 것을 드렸다는 뜻입니다. 즉, 아벨은 자기 양 떼의 첫 새끼 중에서도 최상의 것을 취하여 하나님께 제물로 드린 것입니다.

가인과 아벨 두 사람이 나름대로 제물을 택하여 하나님께 제사를 지냈을 때 하나님께서 보이신 반응은 상반된 것이었습니다. 즉, 아벨의 제물은 그와 함께 열납하신 반면 가인의 제물은 그와 함께 거절하신 것입니다. 하나님께서 왜 그리하셨는지를 두고서 의견이 분분합니다. 그런데 그 정확한 이유가 오늘 본문에 나옵니다. 그것은 아벨이 믿음으로 더 나은 제물을 드렸기 때문입니다.

그렇다면 '믿음으로 더 나은 제물을 드렸다'라는 것은 무슨 의미일까요?

오웬 등의 학자들은 아벨의 제사가 속죄를 기대하고 피를 동반하여 드린 제사였기 때문에 하나님께서 열납하셨지만, 가인의 제사는 피 흘림이 없는 제사였기 때문에 열납하지 않으셨다고 주장합니다. 이 주장도 일면 타당성이 있다고 할 수 있습니다.

그러나 보다 많은 학자가 주장하는 것은 아벨은 평상시 하나님 앞에서 선을 행하는 가운데 그의 소산물 중에 최상의 것으로 정성 어린 제사를 지냈지만, 가인은 이런 삶이 없는 가운데 믿음도 정성도 없이 그저 손에 잡히는 것 중에 일부를 제물로 드렸다는 것입니다.

즉, 하나님은 아벨의 그러한 태도에서 그의 의로움과 믿음을 보셨으므로 그와 함께 그의 제물을 열납하셨던 반면, 가인의 태도에서는 그의 악함과 무성의함 밖에서 볼 수 없었으므로 그와 함께 그의 제물을 열납하지 않으셨다고 볼 수 있습니다.

사도 요한은 가인이 아벨을 쳐죽인 이유에 대해서 이렇게 해석합니다.

> 가인같이 하지 말라 그는 악한 자에게 속하여 그 아우를 죽였으니 어떤 이유로 죽였느냐 자기의 행위는 악하고 그의 아우의 행위는 의로움이라 (요일 3:12).

하나님은 믿음의 사람을 기뻐하시고, 믿음의 사람이 드리는 제물을 열납하십니다. 오늘도 하나님께 나아가는 모든 이가 관심을 가져야 할 것은 바로 내 자신의 믿음입니다.

4. 믿음이 없이는 하나님을 기쁘시게 하지 못하나니

> [히 11:5-6] 믿음으로 에녹은 죽음을 보지 않고 옮겨졌으니 하나님이 그를 옮기심으로 다시 보이지 아니하였느니라 그는 옮겨지기 전에 하나님을 기쁘시게 하는 자라 하는 증거를 받았느니라 믿음이 없이는 하나님을 기쁘시게 하지 못하나니 하나님께 나아가는 자는 반드시 그가 계신 것과 또한 그가 자기를 찾는 자들에게 상 주시는 이심을 믿어야 할지니라.

아브라함 이전 믿음의 선진 가운데 두 번째로 제시되고 있는 이는 바로 하나님과 동행한 에녹입니다. 에녹은 죽음을 보지 않고 옮겨진 인물입니다. 이때 '옮겨졌으니'라는 동사가 수동태로 쓰였는데, 이것을 특별히 신적 수동태라고 합니다. 즉, 하나님께서 에녹을 이 땅에서부터 천국으로 데려가셨음을 말해 줍니다. 에녹은 인간이라면 누구나 반드시 통과하도록 되어 있는 죽음이라는 관문을 통과하지 않고 곧바로 천국으로 옮기어진 것입니다.

이러한 신비한 경험을 한 에녹은 살아서 재림하실 주를 영접하게 될 성도들의 예표가 되기도 합니다. 예수님께서 재림하실 때에 성도들은 휴거되어 그분을 맞이하게 될 것인데, 죽은 자들이 먼저 일어나고 그 뒤를 이어 살아남은 자들이 공중에서 영접하게 될 것입니다.

오늘 본문에서 에녹을 '하나님을 기쁘시게 하는 자'라고 표현하고 있는데, 창세기에 보면 이것을 '에녹이 하나님과 동행하더니'로 되어 있습니다. 우리는 이것을 통해서, 하나님과 함께 보조를 맞추어 행했던 에녹의 삶이 하나님을 기쁘시게 한 것이었음을 알 수 있습니다. 에녹이 하나님과 동행할 수 있었던 것, 즉 하나님을 기쁘시게 할 수 있었던 비결이 그가 믿음을 가지고 있었기 때문입니다.

결국, 하나님과 동행하는 삶이란, 믿음을 따라 사는 것을 말하며, 하나님께서는 이와 같은 믿음의 사람들을 기뻐하시고 이들을 통해 영광을 받으십니다. 아무리 특별한 사람이라 할지라도 믿음이 없이는 하나님을 기쁘시게 할 수가 없습니다.

"믿음이 없이는 하나님을 기쁘시게 하지 못하나니
하나님께 나아가는 자는 반드시 그가 계신 것과
또한 그가 자기를 찾는 자들에게 상 주시는 이심을 믿어야 할지니라."

6절은 인간으로서 하나님을 기쁘시게 할 수 있는 절대적인 조건이 믿음임을 선언하는 말씀입니다. 하나님께 나아가는 자들, 하나님을 기쁘시게 하기를 원하는 자들에게는 반드시 두 가지의 믿음이 있어야 합니다.

첫째, 하나님의 존재에 대한 믿음입니다.

하나님은 존재하실 뿐 아니라 언제나 살아계신다는 사실에 대한 믿음이 있어야 합니다. 하나님께서는 과거 신앙의 열조들 때에만 살아계셨다가 지금은 자취를 감추신 것이 아니라, 지금도 그때처럼 변함없이 살아계십니다.

즉, 하나님의 존재를 믿는다는 것은 그분의 현존에 대한 신뢰이며 그 구체적인 증거는 경외심으로 나타나야 합니다. 하나님께서 현재 우리와 함께 계신다는 사실을 믿는 이들은 반드시 그분에 대한 존경과 두려움을 동시에 가지고 살 수밖에 없습니다.

둘째, 하나님은 자기를 찾는 모든 이에게 상을 주시는 분이심을 믿어야 합니다. 다시 말해 하나님께 나아가는 자들은 그가 우리에게 관심을 가지고 계셔서 자기를 찾는 것에 대한 보답을 반드시 해 주시는 분이시다는 사실을 믿어야 한다는 것입니다. 이런 믿음이 있을 때 하나님을 기쁘시게 할 수 있습니다.

그렇다면 과연 나에게는 하나님을 기쁘시게 할 만한 이러한 믿음이 있는지요?

5. 믿음으로 노아는

> [히 11:7] 믿음으로 노아는 아직 보이지 않는 일에 경고하심을 받아 경외함으로 방주를 준비하여 그 집을 구원하였으니 이로 말미암아 세상을 정죄하고 믿음을 따르는 의의 상속자가 되었느니라.

하나님께서 장차 있을 심판을 경고하셨을 때 노아는 이와 관련된 어떤 징조도 볼 수 없었습니다. 즉, 노아가 하나님의 경고를 받을 당시에는 큰 비로 인한 심판을 짐작하게 할 만한 어떠한 조짐도 전혀 보이지 않았던 것입니다. 보통 눈에 보이는 증거가 있을 때 믿음이 쉽게 생기지만, 아무런 징조도 없는 상황에서 믿는 것은 결코 쉽지 않습니다. 그러나 노아는 홍수의 징조와 관련된 징조가 전혀 보이지 않는 상황에서도 믿음으로 하나님의 경고하심을 있는 그대로 받아들였던 것입니다.

하나님의 말씀을 듣고 노아는 당장 보이지도 않는 그 말씀을 마음 깊이 간직하였으며, 그 말씀 그대로 순종하여 방주를 짓기 시작한 것입니다.

이 사실에서 우리가 알 수 있는 것 두 가지 있습니다.

첫째, 그가 하나님의 말씀을 존경심을 품고 진지한 태도로 받아들였다는 것입니다. 이때 '경외'라는 단어는 소망과 신뢰를 동반한 경건이라는 의미입니다. 즉, 노아는 경건한 사람이었고, 경건한 사람은 하나님의 말씀에 대해 어떤 태도를 보이게 되는지를 잘 보여 줍니다. 경외와 경건은 거룩한 두려움을 가지고 하나님과 그 말씀을 받아들이는 태도를 말합니다. 따라서 경건한 사람들은 항상 하나님께서 명하신 말씀에 대해 존경심을 품고 진지한 태도로 경청하게 됩니다.

둘째, 노아는 하나님의 말씀에 온전히 순종하여 방주를 준비함으로써 자신의 경외심과 하나님을 향한 전적인 신뢰를 나타내었습니다. 현실적으로 하나님의 경고가 사실일 수 있다는 어떤 증거도 없는 상황이었지만, 그는 조금의 의심도 품지 않았습니다. 노아가 이를 즉각 실행에 옮긴 사실이 이를 입증해 줍니다. 만약에 노아가 조금이라도 의심하였더라면 이렇게 결단하기가 쉽지 않았을 것입니다.

하나님의 경고하심을 받아 경외함으로 방주를 예비한 결과 노아가 받은 축복은 그의 온 가족이 구원받게 된 것입니다. 즉, 심판의 대홍수로 인해 모든 인간이 전멸할 때 노아와 그를 포함한 여덟 식구만은 구원을 받은 것입니다.

하나님께서 심판을 내리시면서 방주를 예비한 노아와 더불어 그 가족까지 구원하신 이러한 모습은 소돔성의 롯과 여리고성의 라합의 경우에서도 찾아볼 수 있습니다. 즉, 죄악이 극에 달해 소돔과 고모라 성이 멸망을 당할 때, 롯과 더불어 두 딸이 구원을 받았습니다. 또한, 여리고성이 무너질 때, 라합 역시 그 가족과 더불어 모두 구원을 받았습니다. 이러한 사실을 통해 우리는 하나님은 한 개인만이 아닌 그에게 속한 가족 전부를 구원하시기를 기뻐하시는 은혜로운 분이심을 잘 알 수 있습니다.

> 이르되 주 예수를 믿으라 그리하면 너와 네 집이 구원을 받으리라 하고(행 16:31).

하나님께서 나를 먼저 부르신 것은 나를 통해 내 가족을 구원하시기 위해서입니다. 그러므로 가족 구원을 위해 우리는 포기하지 말고 기도해야 합니다.

6. 믿음으로 아브라함은

> [히 11:8] 믿음으로 아브라함은 부르심을 받았을 때 순종하여 장래의 유업으로 받을 땅에 나아갈새 갈 바를 알지 못하고 나아갔으며.

아브라함은 하나님의 부르심에 즉각적인 순종으로 응답한 사람이었습니다.

그렇다면 아브라함은 어떻게 하나님의 부르심에 이처럼 신속하게 순종할 수 있었을까요?

히브리서 기자는 그 이유가 바로 아브라함의 믿음에 있었음을 전하고 있습니다. 이 사실을 통해 우리는 하나님의 부르심에 순종할 수 있는 열쇠가 바로 믿음인 것을 확인하게 됩니다. 오늘도 하나님은 택하신 일꾼을 부르시는데, 그 부르심에 즉각적으로 순종하기 위해서는 반드시 믿음이 필요합니다.

그리고 오늘 본문에서 우리가 주의해서 보아야 할 부분이 있습니다. 바로 "장래의 유업으로 받을 땅에 나아갈새 갈 바를 알지 못하고 나아갔다"라는 부분입니다. 이때 '장래의… 받을'이라는 말은 '장차 받게 될'이라는 의미로 하나님의 부르심을 받은 그때에는 아직 유업이 주어지지 않았음을 보여 줍니다. 즉, 아브라함은 처음부터 장래 기업으로 받을 땅을 알고 나간 것이 아니라, 하나님의 부르심에 무조건 순종하여 나간 것이었으며, 그가 가나안 땅에 도착한 후에야 비로소 그가 그곳에 온 목적을 알았던 것입니다.

또한, '갈 바를 알지 못하고 나아갔다'라는 말은 아브라함이 어디로 가고 있는지 알지도 못하면서도 나아갔다는 뜻입니다. 즉, 아브라함은 하나님의 부르심을 따라 가면서도 자신이 지금 어디로 가고 있는지 알지 못하고 있었던 것입니다. 이는 아브라함이 지금 주님의 명하심을 따라서 어디론가 가고는 있지만, 그곳에 대한 어떠한 정보도 갖지 못한 상태였음을 나타냅니다. 그런 상태에서 미지의 세계를 향해 발걸음을 옮긴다는 것은 믿음이 아니고서는 불가능합니다.

이러한 아브라함을 볼 때 세상 사람들은 그가 비합리적이며 너무 무모한 사람이라고 비난할지도 모릅니다. 그러나 결국에는 무모함처럼 보였던 아브라함의 행동이 옳은 것이었음을 알 수 있습니다. 바로 이것이 믿음의 특징입니다. 믿음은 모험을 가능하게 합니다. 적어도 불신자들의 측면에서 본다면 그것은 틀림없이 무모한 도전으로 보일 수 있습니다. 아브라함은 단지 하나님께서 명령하시고 약속하셨다는 단 한 가지 이유로 이러한 모험을 감행할 수 있었으며, 이는 곧 믿음의 사람들이 지닌 특징입니다.

이와 관련하여 칼빈은 이렇게 말합니다.

> 우리가 멀리 떨어진 미지의 것을 찾기 위해 손안에 가진 것을 버린다는 것은 보통 믿음의 시험이 아니다.

이성적인 계산에만 의존하는 것, 눈에 보이는 것만을 따라가는 것은 믿음이 아닙니다. 보지 못하는 것을 보는 것처럼 믿고 행하는 것이 바로 믿음입니다.

7. 믿음으로 장막에 거하였으니

> [히 11:9-10] 믿음으로 그가 이방의 땅에 있는 것 같이 약속의 땅에 거류하여 동일한 약속을 유업으로 함께 받은 이삭 및 야곱과 더불어 장막에 거하였으니 이는 그가 하나님이 계획하시고 지으실 터가 있는 성을 바랐음이라.

9절에서 우리는 두 개의 동사에 주목해야 합니다. 그중 하나는 '거류하다'라는 표현으로 '잠시 체류하다', '나그네로서 거주하다'는 뜻입니다. 즉, 영구히 정착한다는 개념이 아니라 일시적으로 머무른다는 의미를 담고 있습니다. 그 땅에서 언제든지 떠날 준비를 하고 있는 자임을 가리킵니다. 아브라함은 이방의 땅에서뿐만 아니라 하나님께서 주시겠다고 약속하신 땅에서조차 나그네로 살았습니다.

성경은 우리의 인생이 나그네임을 여러 곳에서 증언하고 있습니다.

> 야곱이 바로에게 아뢰되 내 나그네 길의 세월이 백삼십 년이니이다 내 나이가 얼마 못 되니 우리 조상의 나그네 길의 연조에 미치지 못하나 험악한 세월을 보내었나이다 하고 (창 47:9).

> 그가 아들을 낳으매 모세가 그의 이름을 게르솜이라 하여 이르되 내가 타국에서 나그네가 되었음이라 하였더라 (출 2:22).

> 사랑하는 자들아 거류민과 나그네 같은 너희를 권하노니 영혼을 거슬러 싸우는 육체의 정욕을 제어하라 (벧전 2:11).

이처럼 믿음의 인물은 한결같이 우리의 인생이 나그네임을 고백하고 있습니다. 오늘 본문에서 아브라함 역시 자신의 삶이 나그네로서의 삶임을 '거류하여'라는 표현으로 잘 보여 주고 있습니다.

또한, 우리가 주목해야 할 단어는 '장막에 거하였다'입니다. 장막이란 고대 사회에서 유목민들이 주로 사용하던 이동식 거처를 가리킵니다. 이러한 천막은 나뭇가지나 막대기를 세워 지붕은 매트로 덮고 벽면은 지푸라기라든지 가죽으로 막은 것으로서 쉽게 해체가 가능했습니다.

아브라함이 이러한 천막에 거한 사실은 그의 나그네로서의 삶을 잘 드러내 줍니다. 만약에 아브라함이 가나안 땅을 자신이 영구히 거할 도성으로 여겼다면 크고 튼튼한 집을 세우고 그곳에 거했을 것인데, 그렇게 여기지 않았기 때문에 언제라도 거두어 이동할 수 있는 천막을 치고 거기 거하였던 것입니다.

그렇다면 아브라함은 왜 이런 나그네의 삶을 살았을까요?

그 이유에 대해서 이어지는 10절에서 설명해 주고 있습니다.

"이는 그가 하나님이 계획하시고 지으실 터가 있는 성을 바랐음이라."

아브라함은 하나님께서 직접 설계하시고 지으신 천국을 소망하였기에, 이 땅에 불완전하고 견고하지 않은 건물을 지어 거기에 안주할 이유가 없었습니다. 이렇게 이 땅의 삶을 나그네로 여기고 천국을 소망하는 삶은 오직 믿음이 있을 때만 가능합니다.

8. 믿음으로 사라 자신도

> [히 11:11] 믿음으로 사라 자신도 나이가 많아 단산하였으나 잉태할 수 있는 힘을 얻었으니 이는 약속하신 이를 미쁘신 줄 알았음이라.

오늘 본문에서 우리 한글 성경이 "단산하였으나"라고 번역하고 있는 원어의 뜻은 '잉태하지 못하는', '불임의'라는 의미입니다. 즉, 사라는 젊었을 때 아기를 낳을 수 있다가 나이 늙어 단산한 것이 아니라, 젊었을 때부터 불임 상태로 살아온 여인이었습니다.

더욱이 남편 아브라함이 후사의 약속을 받을 무렵에는 그녀의 나이가 90세였기에 이미 생리까지 끊어진 상태였습니다. 바로 이런 상태에 있는 사라의 몸이 믿음으로 말미암아 전능하신 하나님에 의해 잉태가 가능한 몸으로 회복된 것입니다. 사라가 결코 임신할 수 없는 상태에서 아이를 낳을 수 있는 힘을 얻었다는 것은 한마디로 기적입니다. 그녀의 믿음이 불가능을 가능으로 바꾸어 놓았던 것입니다.

하루는 한 아버지가 귀신 들린 아들을 예수님께로 데려와서 이렇게 말합니다.

··· 무엇을 하실 수 있거든 우리를 불쌍히 여기사 도와 주옵소서(막 9:22).

이 말을 들으신 예수님께서 이렇게 말씀하셨습니다.

> 예수께서 이르시되 할 수 있거든이 무슨 말이냐 믿는 자에게는 능히 하지 못할 일이 없느니라 하시니 (막 9:23).

예수님께는 귀신을 쫓아내실 수 있는 능력이 있습니다. 그러나 주님의 그 능력을 경험하려면 나에게 믿음이 있어야 한다는 사실을 기억해야 합니다. 하나님의 능력은 어디까지나 주권적인 은혜 가운데 임하지만, 그것은 또한 우리의 믿음을 따라 역사한다는 것을 잊어서는 안 됩니다.

"이는 약속하신 이를 미쁘신 줄 알았음이라."

사라는 하나님의 신실하심, 즉 그분이 하신 약속의 신실성을 믿었던 것입니다. 아브라함의 후사는 사라의 몸에서 난 아들이 될 것이라는 하나님의 약속이 주어졌을 때 사라는 처음에는 믿기 어려워 웃음을 보였지만, 이후 믿음을 가지게 되었습니다. 그로 말미암아 그녀는 하나님의 놀라운 능력을 체험하고 믿음의 후사를 낳는 축복을 누리게 된 것입니다.

사라처럼 하나님의 미쁘심을 믿는 이들은 모든 일을 그분의 약속에 근거하여 행해야 합니다. 하나님의 약속보다 현실을 먼저 생각하고 그것을 우선순위에 두는 삶은 그분의 신실하심을 무시하는 삶입니다. 우리가 하나님의 역사를 보기 원한다면, 하나님은 말씀하신 모든 것을 온전히 이루시는 분이심을 믿어야 합니다. 하나님은 식언치 않으시며, 변함도 없으시는 신실하신 분이십니다.

9. 믿음을 따라 죽었으며

> [히 11:13-14] 이 사람들은 다 믿음을 따라 죽었으며 약속을 받지 못하였으되 그것들을 멀리서 보고 환영하며 또 땅에서는 외국인과 나그네임을 증언하였으니 그들이 이같이 말하는 것은 자기들이 본향 찾는 자임을 나타냄이라.

오늘 본문은 믿음의 사람들이 어떻게 살다가 어떻게 죽었는가를 간략하면서도 인상 깊게 표현하고 있습니다. 그들은 모두 믿음으로 살다가 믿음을 따라 죽었습니다. 그들의 삶뿐만 아니라 죽음까지 모두 믿음과 깊이 연결되어 있습니다. 어쩌면 "믿음을 따라 죽었으며"라는 이 표현이야말로 성도들에게 있어서 최고의 찬사일 것입니다. 왜냐하면, 주의 이름을 부르는 자들이라고 해서 모두가 믿음 안에서 죽는 것은 아니기 때문입니다.

특히, 성령으로 시작했다가 육체로 마치는 자들이 많았고, 또 달음질을 잘하다가 중도에 믿음을 버리고 배반하는 이들이 많았던 기독교 초기 당시에 믿음을 따라 죽는다는 것은 모든 성도가 본받아야 할 신앙의 큰 모델이 아닐 수 없었을 것입니다. 처음 신앙을 일관되게 끝까지 견지하여 믿음 안에서 일생을 마치는 것이야말로 복된 삶이라 할 수 있습니다.

이렇게 믿음을 따라 죽은 이 사람들이 어떤 믿음을 가지고 있었는지를 잘 보여 주는 문장이 있습니다. 바로 "약속을 받지 못하였으되 그것들을 멀리서 보고 환영하며"입니다. 이때 '약속을 받지 못했다'라는 표현은 하나님께서 그들에게 약속을 해주지 않으셨다는 의미가 아니라, 그 약속이 성취되는 것을 보지 못했다는 의미입니다. 이처럼 그들은 자신이 살아 있는 동안에 하나님의 약속이 성취되는 것을 보지는 못했지만, 이에 대해서 추호도 의심하지 않았습니다.

그들이 믿음을 따라 죽었다는 증거는 하나님께서 약속하신 것들에 대한 변함없는 기대를 그들이 일평생 가지고 있었음을 보여 줍니다. 그들은 먼 훗날 성취되는 하나님의 약속들을 믿음의 눈으로 바라보고 환호하였던 것입니다.

즉, 그들은 이 세상에 머무는 동안에 하나님의 약속들을 믿음으로써 보았고 이를 인하여 환호성을 발했던 것입니다. 이는 믿음이 아니고서는 도저히 불가능한 일입니다. 오늘 우리에게도 하나님의 약속들은 멀고 희미하게 느껴지기도 합니다. 하지만, 믿음의 눈으로 보는 이들에게는 하나님의 약속이 결코 멀리 있지 않습니다.

또한, 믿음의 사람들은 이 땅에서 외국인과 나그네로서 살아왔습니다. 믿음의 조상들이 이 땅에서 나그네처럼 살았다는 사실은 우리에게 시사하는 의미가 매우 큽니다. 진정한 성도이며 하나님의 유업을 소망하는 사람에게 이 세상은 잠시 머무르는 여행지와 같습니다. 우리는 영원한 본향을 가진 존재이며, 이 세상에서의 삶은 단지 짧은 순례의 과정에 지나지 않을 뿐입니다.

따라서 이 땅을 영원한 도성처럼 여겨서는 안 됩니다. 우리는 이 나그네 길을 가는 동안 하나님의 약속을 붙들고 믿음 안에서 최종 목적지인 본향을 향해 흔들림 없이 나아가야 합니다.

10. 더 나은 본향을 사모하니

> [히 11:15-16] 그들이 나온바 본향을 생각하였더라면 돌아갈 기회가 있었으려니와 그들이 이제는 더 나은 본향을 사모하니 곧 하늘에 있는 것이라 이러므로 하나님이 그들의 하나님이라 일컬음 받으심을 부끄러워하지 아니하시고 그들을 위하여 한 성을 예비하셨느니라.

믿음의 족장들은 그들이 마음만 먹으면 떠나온 고향으로 되돌아갈 기회가 있었는데도, 그곳으로 되돌아가지 않았습니다. 만약 아브라함이 원하기만 했다면 자신이 태어나 자란 곳인 갈대아 우르로 돌아갈 기회는 얼마든지 있었습니다. 하지만, 아브라함은 자신이 나온 고향으로 되돌아가지 않았습니다. 이것은 하나님의 약속에 대한 흔들림 없는 믿음이 있었기 때문입니다.

이는 출애굽 1세대가 광야에서 보였던 반응과는 참으로 대조적입니다. 그들은 어려움에 직면할 때마다 자신들이 과거 머물렀던 애굽을 생각하고 그곳으로 돌아가려고 했었습니다. 하늘에서 내린 만나에 싫증을 느낀 그들은 불평 가운데 애굽에서 종노릇하며 먹던 음식들을 그리워했던 것입니다.

반면, 아브라함을 비롯한 믿음의 조상들은 한 번 출발한 후에 되돌아간다는 것은 생각조차도 하지 않았습니다. 이러한 사실은 아브라함이 아들 이삭을 결혼시킬 때도 잘 나타납니다. 아브라함은 그의 종 엘리에셀을 통해 자신의 고향에서 며느리를 맞기를 원했는데, 만약에 여자가 엘리에셀을 따라 가나안 땅으로 오고자 하지 않는다면 이삭을 그 곳으로 데려가지 말고 차라리 여자를 포기할 생각이었습니다.

아브라함에게 있어서 다시 고향 땅으로 돌아가는 일은 아들 이삭의 결혼을 위한 것이라고 할지라도 하나님의 언약을 파기하는 일로 여겼기 때문입니다. 성도가 뒤를 돌아보는 것은 하나님께서 기뻐하지 않는 행동일 뿐만 아니라 그 자신에게도 불행한 일입니다. 성도는 뒤로 물러가 멸망할 자들이 아닙니다.

> 우리는 뒤로 물러가 멸망할 자가 아니요 오직 영혼을 구원함에 이르는 믿음을 가진 자니라(히 10:39).

예수님께서도 손에 쟁기를 잡고 뒤를 돌아보는 자들은 하나님의 나라에 합당하지 않다고 말씀하셨습니다. 소돔과 고모라가 심판을 받아 멸망할 때, 탈출한 롯의 가족 중 그의 아내는 뒤를 돌아보지 말라는 하나님의 명령을 어기고 뒤를 돌아보자, 소금 기둥으로 변하고 말았습니다. 자꾸 뒤돌아보고 옛것으로 돌아가려는 자들은 스스로 믿음이 없음을 증거하는 것이나 다름이 없습니다. 우리는 앞을 향해 나아가야 할 자들입니다.

> 형제들아 나는 아직 내가 잡은 줄로 여기지 아니하고 오직 한 일 즉 뒤에 있는 것은 잊어버리고 앞에 있는 것을 잡으려고 푯대를 향하여 그리스도 예수 안에서 하나님이 위에서 부르신 부름의 상을 위하여 달려가노라(빌 3:13-14).

11. 시험을 받은 아브라함

> [히 11:17] 아브라함은 시험을 받을 때에 믿음으로 이삭을 드렸으니 그는 약속들을 받은 자로되 그 외아들을 드렸느니라.

"시험을 받을 때"의 원어는 '나싸'입니다.
여기에는 크게 세 가지 의미가 있습니다.

첫째, '시도하다' 또는 '해보다'(try)라는 뜻입니다.
둘째, '시험하다'(test)는 뜻이 있고
셋째, '유혹하다'(tempt)는 뜻이 있기도 합니다.

첫 번째는 가치 중립적인 의미이고, 두 번째는 긍정적인 의미입니다. 그리고 세 번째는 부정적인 의미로 쓰입니다. 이 가운데 하나님께서 아브라함을 시험하신 것은 두 번째 의미에 해당합니다.

하나님은 아브라함의 믿음을 테스트해 볼 필요가 있다고 판단하셨으므로 그를 시험하신 것입니다. 시험의 내용은 그의 독자인 이삭을 제물로 바치라는 것이었는데, 아브라함으로서는 그 어떤 고난이나 어려움보다도 더 감당하기 힘든 것이었음이 분명합니다. 100세가 되어 기적적으로 낳은 아들을, 그것도 그를 통해 많은 후사를 주시겠다는 약속을 받은 바로 그 아들을 제물로 바치라는 시험은 그에게 심적 갈등과 고통을 가져다주었을 것입니다. 하지만, 아브라함은 조금도 지체하지 않고 이삭을 하나님께 바침으로써, 하나님의 시험을 멋지게 통과하게 됩니다.

우리는 여기에서 생각해 볼 것이 있습니다. 아브라함의 믿음의 수준을 테스트하신 하나님께서 동일하게 우리의 믿음을 테스트하신다는 사실입니다. 어쩌면 내가 지금 겪고 있는 어려움이 바로 하나님의 시험일 수도 있습니다. 하나님은 이 시험을 통하여 나의 믿음이 얼마나 자랐는지를 보고 싶어 하십니다.

이처럼 하나님께서 하시는 시험도 있지만, 사탄이 주는 시험도 있습니다. 사탄이 주는 시험의 목적은 우리를 유혹하여 넘어지게 하는 데 있습니다. 사탄이 주는 시험이 성경에 나오기도 합니다. 대표적으로 에덴동산에서 하와에게 선악과의 유혹으로 넘어지게 한 것이 있고, 또 신앙생활을 잘하는 욥을 시기하고 질투하여 시험하기도 하였습니다. 그뿐만 아니라 사탄은 하나님의 아들이신 예수님조차 세 번씩이나 시험하였습니다. 예수님을 시험한 사탄이, 우리가 신앙생활 잘하도록 그냥 내버려둘 리 없습니다.

우리의 인생에 하나님께서 하시는 테스트든지 아니면 사탄이 하는 시험이든지 늘 찾아올 것입니다. 하나님께서 하시는 시험은 반드시 통과해야 하고, 사탄이 주는 시험은 반드시 이겨내야 합니다.

> 사람이 감당할 시험 밖에는 너희가 당한 것이 없나니 오직 하나님은 미쁘사 너희가 감당하지 못할 시험 당함을 허락하지 아니하시고 시험 당할 즈음에 또한 피할 길을 내사 너희로 능히 감당하게 하시느니라 (고전 10:13).

12. 다시 살리실 줄로 생각한지라

> [히 11:18-19] 그에게 이미 말씀하시기를 네 자손이라 칭할 자는 이삭으로 말미암으리라 하셨으니 그가 하나님이 능히 이삭을 죽은 자 가운데서 다시 살리실 줄로 생각한지라 비유컨대 그를 죽은 자 가운데서 도로 받은 것이니라.

하나님께서는 이삭을 통해 출생하는 자만이 아브라함의 자손으로 칭해질 것이라고 이미 말씀하셨습니다. 이때 '칭할'이라는 동사가 수동태로 되어 있습니다. 주어는 물론 하나님이십니다. 이것은 하나님께서 이삭에게서 낳은 씨만을 아브라함의 자손으로 칭하실 것이라는 사실을 보여 줍니다. 즉, 아브라함은 하나님께서 자신에게 주신 이삭 안에 있는 사람들만 자신의 자손이라 일컬음을 받게 된다는 이 약속을 믿었던 것입니다.

그런데 아브라함은 이 약속과 위배 되는 것처럼 보이는 하나님의 명령을 받게 됩니다. 바로 이삭을 제물로 바치라는 것입니다. 이삭을 통해 자손을 주시겠다고 하신 하나님께서 그 이삭을 죽여서 제물로 드리라고 하시니, 이것은 앞뒤가 안 맞는 것처럼 보입니다. 보통 우리 같으면 "하나님, 하나님의 말씀이 앞뒤가 안 맞아요. 틀린 것 같아요"라고 따지거나 적어도 "왜 그래야 하나요?" 하고 여쭤보기라도 할 것입니다.

하지만, 아브라함의 반응은 달랐습니다.

> "그가 하나님이 능히 이삭을 죽은 자 가운데서
> 다시 살리실 줄로 생각한지라."

아브라함은 '하나님께서 이삭을 통해서 후손을 주신다고 말씀하셨으니, 내가 지금 이삭을 죽여서 번제로 드린다고 할지라도 하나님께서 이삭을 다시 살리실 것'이라고 믿었습니다. 이것은 하나님에 대한 절대적인 신뢰와 믿음이 있기에 가능한 것입니다.

이러한 아브라함의 사례를 통해서 우리는 시험과 관련하여 몇 가지 중요한 사실을 깨닫게 됩니다.

첫째, 일체의 모든 시험은 하나님께서 허락하신다는 것입니다.
둘째, 하나님께서 시험을 허락하시는 것은 우리의 믿음을 강건케 하며 우리에게 더 좋은 것을 주시기 위함이라는 것입니다.
셋째, 하나님께서는 시험을 허락하시되 믿음을 지닌 이들이라면 충분히 극복할 수 있는 시험만을 허락하신다는 것입니다. 예를 들면, 초등학생에게 고등학생이 풀 수 있는 시험 문제를 내시지 않는다는 것입니다. 그러므로 나에게 어려운 시험을 주신다는 것은 하나님께서 나의 믿음을 크게 보셨다는 뜻이기에 오히려 감사해야 합니다.

13. 믿음으로 요셉은

> [히 11:22] 믿음으로 요셉은 임종시에 이스라엘 자손들이 떠날 것을 말하고 또 자기 뼈를 위하여 명하였으며.

"임종시에"라는 말은 '죽으면서'라는 뜻입니다. 즉, 요셉은 110세에 죽음을 앞두고 이스라엘 자손들이 애굽을 떠나야 할 것을 말합니다. 이때 '떠나다'라는 원어는 '엑소더스'로 출애굽을 의미하기도 합니다. 요셉은 그 당시 이스라엘 자손들이 애굽 땅에서 편히 사는 것을 보면서도 그 후손들의 출애굽에 대해 말한 것입니다.

그렇다면 요셉이 어떻게 이스라엘의 출애굽에 관한 것을 말할 수 있었을까요?

이 의문을 푸는 데에 중요한 표현이 있습니다. 바로 '말하고'입니다. 여기에서 '말하고'라는 원어는 '므네모뉴오'로 '말하다'라는 의미와 더불어 '기억하다'라는 의미도 지니고 있습니다.

하나님께서는 아브라함에게 이스라엘 자손들이 애굽에 머무는 것은 한시적임을 이미 말씀하셨습니다.

> 여호와께서 아브람에게 이르시되 너는 반드시 알라 네 자손이 이방에서 객이 되어 그들을 섬기겠고 그들은 사백 년 동안 네 자손을 괴롭히리니 그들이 섬기는 나라를 내가 징벌할지며 그 후에 네 자손이 큰 재물을 이끌고 나오리라 (창 15:13-14).

하나님께서 아브라함에게 이 말씀을 하실 때는 아직 이삭이 태어나기

전입니다. 하지만, 아브라함은 이 말씀을 간직하고 있다가 그 아들 이삭에게 전달해 주었으며, 이삭은 야곱에게, 야곱은 요셉에게 전해 주었던 것입니다. 이것을 요셉은 항상 기억하고 있었고, 이제 죽음을 앞에 두고 이 사실을 이스라엘 자손들에게 말하여 준 것입니다.

이스라엘의 출애굽은 요셉이 살던 당시로서는 아직 미래의 일로, 그 시기도 정확히 알 수 없는 요원한 일이었습니다. 그럼에도 요셉은 믿음으로 이것을 확신하고 말하고 있는 것입니다. 이는 아브라함이나 이삭, 야곱과 마찬가지로 요셉 자신이 하나님의 궁극적인 목적과 계획을 알고 있었음을 보여 줍니다.

인간적인 생각으로는 총리라는 자신의 부와 권위가 지속되고, 그 자손들이 현재 편히 사는 그 애굽 땅에서 언제까지나 살았으면 하는 마음도 있었을지 모릅니다. 더구나 애굽 땅은 대체로 척박한 가나안 땅에 비해 물이 많고 기름진 땅이어서 그 후손들이 번창하기에 적합해 보였을 것입니다. 그런데도 요셉은 그 후손들이 이 애굽 땅을 떠나 하나님께서 약속하신 땅으로 갈 것을 바라보며 출애굽을 예언한 것입니다. 이는 하나님의 언약 말씀이 꼭 성취된다는 사실에 대한 믿음이 있었기에 가능한 일입니다.

14. 믿음으로 모세의 부모가

> [히 11:23] 믿음으로 모세가 났을 때에 그 부모가 아름다운 아이임을 보고 석 달 동안 숨겨 왕의 명령을 무서워하지 아니하였으며.

오늘 본문은 모세가 태어났을 때 그의 부모들이 취한 믿음의 행위에 대한 언급입니다.

'믿음으로'라는 말은 뒤에 나오는 '보고', '숨겨', '무서워 아니하였으며'를 모두 포괄합니다. 즉, 모세 부모의 그러한 행동 모두가 믿음을 따른 결과임을 의미합니다. 당시 애굽의 정치적 상황은 임신한 히브리 여인들에게는 매우 잔혹했습니다. 즉, 애굽 왕 바로는 히브리 여인들이 아이를 낳으면, 아들일 경우 나일강에 던져서 죽이고 딸일 경우에는 살려 두라는 명령을 내렸습니다.

따라서 해산 기한이 찬 히브리 여인들에 대한 애굽인들의 감시가 심했습니다. 바로 이때 모세가 태어났고, 그 부모인 아므람과 요게벳은 그 아이를 하수에 던져 죽이지 않고 석 달 동안이나 숨겨서 길렀습니다. 모세의 부모로서는 아들을 숨기는 것이 목숨을 건 위험한 행동이었음에도 믿음으로 그렇게 한 것입니다.

한편, 본문에서 부모가 아이의 목숨을 살린 이유와 관련하여 "아름다운 아이임을 보고"라고 언급합니다. 부모의 눈에 예쁘지 않은 자식이 없겠지만, 아므람과 요게벳이 보기에 모세는 특히 범상한 아이가 아니었던 것이 분명합니다. 아름다운 아기 모세의 얼굴에서 그 부모는 그를 향하신 하나님의 특별한 섭리가 있음을 보았을 것이며, 그들은 모세를 반드시 살려야 한다는 사명감 같은 것을 느꼈을 것입니다.

전해지는 이야기에 의하면, 모세의 누이인 미리암이 모세에 대해 '이스라엘을 애굽 사람의 손에서 구하여 낼 자'로 예언했다고 전해지기도 합니다. 이것이 사실이든 아니든 그들은 모세에 대해 특별한 생각을 가지게 되었고, 그를 살리고자 최선을 다했습니다.

그들은 아이를 석 달 동안 숨겼으나 더 이상 숨기기 어려워지자 역청과 나뭇진으로 방수 처리한 갈대 상자 속에 아이를 안전하게 넣어 나일강에 떠내려 보내 다른 누군가의 손에 의해 양육되기를 기도하였습니다.

이처럼 모세의 부모가 왕의 명령을 어기고 모세를 숨겨 기르며 목숨을 걸고 그를 구하려 했던 것은 믿음이 있었기에 가능한 행동이었습니다. 부모의 이러한 믿음이 아들 모세에게 선한 영향을 끼치게 되었던 것입니다. 우리도 모세의 부모처럼 자녀들에게 믿음의 선한 영향을 끼칠 수 있는 그런 부모가 되기를 소망합니다.

15. 믿음으로 모세는 거절하고

> [히 11:24] 믿음으로 모세는 장성하여 바로의 공주의 아들이라 칭함 받기를 거절하고.

모세가 어릴 때는 애굽 공주의 아들로서 온갖 특권을 마음껏 누렸지만, 장성한 후에는 어렸을 적 유모로 가장해서 왕궁으로 들어온 어머니 요게벳으로부터 교육받은 여호와 신앙과 더불어 히브리인이라는 민족의식이 자리잡혀 있었습니다. 잠재의식 속에 흐르고 있던 민족적 정체성을 자각한 그는 애굽 왕궁에서의 특권이 자신의 몫이 아니라는 사실을 깨닫게 되었고 이를 단호히 거절합니다.

특히, 여기서 '아들'이라는 호칭은 단순한 혈연을 넘어 장차 상속권과 권리를 가진 지위를 의미합니다. 당시 무남독녀였던 바로왕의 딸 하셉수트의 아들로 칭해진다는 것은 곧 그가 장차 애굽 왕실의 모든 권리를 상속할 자가 된다는 것을 의미합니다. 그런데 모세는 이 특권을 거절한 것입니다.

유대 역사가 요세푸스의 『고대사』에는 다음과 같이 모세에 관한 어린 시절의 이야기가 수록되어 있습니다.

나일강에서 모세를 건져 데려다가 아들로 삼아 키운 공주의 이름은 비시아이며, 보통 하셉수트라고 불립니다. 공주는 어린 모세를 데리고 아버지 바로에게 가서 모세를 양자로 삼을 것을 간청했는데 이를 매우 흡족하게 여긴 바로는 공주를 기쁘게 하려고 자신의 왕관을 벗어서 모세에게 씌워 주었습니다.

그런데 그때 모세는 바로가 자기 머리에 씌워 준 왕관을 집어서 땅에 던지고 발로 짓밟아 버립니다. 이것을 지켜본 신하들은 장차 모세가 바로왕의 권세를 짓밟아 버릴 것이라는 불길한 생각이 들어 당장 모세를 죽이기로 하고 한 가지 시험을 제안합니다. 그 시험은 어린 모세 앞에 보물단지와 불이 타오르는 석탄 항아리를 놓아 두고 만일 모세가 보물에 손을 대면 죽이자는 것이었는데, 모세가 막 보물에 손을 대려는 순간 천사인 가브리엘이 그 손을 잡아 뜨겁게 타오르는 석탄을 잡게 하여 바로의 화를 모면하게 되었다고 합니다.

이 이야기는 성경에 나오지 않으므로 역사적 사실로 단정 짓기는 어렵지만, 어릴 때부터 지녔던 그의 비범함을 알게 하는 하나의 에피소드로 볼 수 있습니다.

성년이 되면서 자신의 정체성을 점점 확고히 확립하게 된 모세는 자신이 누구이며, 왜 존재하는지를 아는 데서 그치지 않고, 그 지식을 행동으로 옮겼습니다. 그 결과 모세는 바로의 공주 아들로 일컬음 받는 특권을 거절합니다. 이것은 믿음의 행위였습니다. 즉, 모세는 믿음으로써 자신에게 주어질 온갖 특권을 스스로 포기한 것입니다.

왕자로서 쉽고 편하게 살 수 있는 길을 거절한 모세를 보면서 오늘 나 자신의 모습을 돌아봅니다.

만약에 내가 모세의 입장이라면, 과연 나는 왕자로서의 삶을 포기하고 거절할 수 있을까요?

신앙생활에는 쉽고 편한 길이 없습니다. 주님을 믿고 따르기로 결단한 순간, 이미 우리의 앞길에는 어려움과 환난이 마련되어 있습니다.

> 이에 예수께서 제자들에게 이르시되 누구든지 나를 따라오려거든 자기를 부인하고 자기 십자가를 지고 나를 따를 것이니라 (마 16:24).

자신을 부인한다는 것은 결코 쉽지 않습니다. 또한, 십자가를 진다는 것도 마찬가지입니다. 자기 부인 없이 또 십자가를 지지 않고서는 결단코 주님을 따를 수 없습니다. 그러므로 우리는 처음부터 쉽고 편하게 신앙생활 하려는 생각을 버려야 합니다.

16. 더 좋아하고

> [히 11:25] 도리어 하나님의 백성과 함께 고난 받기를 잠시 죄악의 낙을 누리는 것보다 더 좋아하고.

모세는 애굽 왕실에서 성장했지만, 장성한 뒤 자신이 애굽인이 아닌 억압받는 히브리 민족의 한 사람임을 분명히 알았습니다. 그래서 그는 장래가 보장된 애굽 왕실을 떠나 자기 동족들과 같은 처지의 사람이 되기를 선택하게 됩니다.

본문에 나온 "더 좋아하고"라는 말은 '오히려 ~을 선택하다'라는 뜻입니다. 이것은 누가 요구하거나 강요하는 사람이 없음에도 모세 스스로 자기 민족과 함께 고난받기를 선택하였음을 잘 보여 줍니다.

명분이 어떠하든지 영광의 길을 버리고 고난의 길을 택한다는 것은 결코 쉬운 일이 아닙니다. 이러한 모세의 선택과 결단은 바로 하나님에 대한 믿음이 있었기에 가능한 일이었습니다.

한편, "함께 고난받기를"이라는 말은 '함께 고통을 당하다' 또는 '함께 학대를 당하다'는 의미입니다. 모세가 애굽의 왕실을 떠난다는 것은 스스로 왕족의 신분을 버림과 동시에 히브리인으로서 애굽인에 억압의 대상이 됨을 의미합니다. 모세가 중시한 것은 당장 눈앞에 보이는 영광이 아니라 하나님의 약속에 대한 믿음이었습니다. 즉, 모세는 어려움 없이 갈 수 있는 넓은 길을 버리고, 오직 고난과 눈물로 가야만 하는 좁은 길을 선택한 믿음의 사람이었던 것입니다.

오늘 본문에 보면, 모세가 애굽 왕실에서 영화를 누리는 것을 잠시 죄악된 낙을 누리는 것으로 표현하고 있습니다. 이때 세상의 부귀영화가 아니라 죄악된 부귀영화라는 것입니다.

왜 그럴까요?

이는 단순히 이방 나라 애굽 왕실에서의 삶이 하나님 앞에서 죄악이었기 때문만이 아니라, 자기 동족이 학대받는 상황에서 모세 혼자 영화를 누리는 태도가 바람직하지 않은 모습이었기 때문일 것입니다.

여기서 '낙'이라는 것은 향락을 의미합니다. 애굽 왕실의 문화는 향락에 치우쳐 자기 백성의 가난과 시련을 도외시하고 왕실에서 이러한 향락에 빠져 누리는 부귀영화 등 세상 즐거움은 죄의 낙일 뿐입니다. 그리고 또한 이것이 주는 즐거움이나 위로는 일시적인 것에 불과합니다.

세상 즐거움은 이렇게 일시적이며, 잠깐 눈에 보이다가 곧 소멸하는 것들이기에 모세는 믿음으로 이것을 버리고 하나님의 뜻을 좇았던 것입니다. 모세는 이 세상의 날들이 일시적임을 자신이 지은 시편에서도 말한 바 있습니다.

> 우리의 모든 날이 주의 분노 중에 지나가며 우리의 평생이 순식간에 다하였나이다 우리의 연수가 칠십이요 강건하면 팔십이라도 그 연수의 자랑은 수고와 슬픔뿐이요 신속히 가니 우리가 날아가나이다 (시 90:9-10).

모세가 이러한 놀라운 사실을 말할 수 있었던 것은 인생의 모든 날을 영원하신 하나님의 관점에서 볼 줄 아는 믿음의 시각이 있었기 때문입니다. 즉, 모세는 믿음으로 영원하신 하나님을 바라보았기에, 잠시 후면 썩어 없어질 죄악의 낙을 누리는 것은 의미 없는 것이라는 사실을 알았던 것입니다.

17. 상 주심을 바라봄이라

> [히 11:26] 그리스도를 위하여 받는 수모를 애굽의 모든 보화보다 더 큰 재물로 여겼으니 이는 상 주심을 바라봄이라.

본문 첫 문장을 우리 한글 성경은 "그리스도를 위하여"라고 번역하고 있지만, 원어로 보면 '그리스도의'라는 뜻입니다. 따라서 "그리스도를 위하여 받는 수모"라는 말은 '그리스도의 수모'라는 의미입니다. 이렇게 볼 때 모세는 자기 세대에서 그리스도의 고난을 체험한 사람이라고 할 수 있습니다. 즉, 모세는 약 1,500년 후 그리스도께서 당하실 능욕과 유사한 고난을 미리 경험한 것입니다.

사실, 모세와 그리스도 사이에는 많은 공통점이 있습니다. 그리스도는 사람들을 위해 하늘의 영광을 버리시고 이 땅에 오셨으며, 사람들에게 멸시와 조롱을 당하셨고, 사람들을 구속하시고자 십자가 위에서 죽으셨습니다.

그렇다면 모세는 어떻습니까?

모세 역시 애굽에서 종살이하는 자기 백성을 위해서 자기 앞에 보장된 영광을 한순간에 버리고 완악한 백성들과 함께 고난의 길을 걸었습니다. 히브리서 기자는 이러한 사실을 염두에 두고 그의 고난을 그리스도의 수모로 표현한 것입니다.

또한, 오늘 본문에서 우리는 모세의 믿음을 엿볼 수 있는 부분이 있습니다. 바로 모세는 왕자라고 칭함 받기를 거절하고 애굽 왕궁을 떠남으로써 받게 되는 능욕을 애굽의 모든 보화보다 더 큰 재물로 여겼다는 것입니다.

이것은 믿음이 없이는 결코 가질 수 없는 자세입니다. 우리는 여기에서 중요한 메시지를 발견하게 됩니다. 바로 믿음은 시각이라는 것입니다. 당장 눈앞에 보이는 애굽의 모든 보화와 자기 민족 유대인들과 고난받는 것, 이 둘 중에 모세는 후자를 더 귀한 것으로 여기고 선택하게 됩니다. 이러한 선택은 믿음이 아니고서는 설명할 수 없습니다.

그렇다면 모세가 자기 백성과 함께 고난받는 길을 선택하게 된 이유가 무엇일까요?

그 이유는 상 주심을 바라보았기 때문입니다. 모세가 중요시한 것은 세상에서 누리는 영광이 아니라 하나님에게서 오는 상급이었습니다. 믿음의 눈이 없이는 아직 보이지도 않고 아직 나타나지도 않은 그런 상을 결코 바라볼 수 없습니다.

모세가 이런 결단을 내릴 수 있었던 것은 믿음의 눈을 가지고 썩어질 수밖에 없는 세상의 소유와 절대 썩어지지 않는 영적 가치를 구별할 수 있었기 때문입니다. 믿음 없는 이들은 세상의 것을 선택하겠지만, 모세는 하늘의 것을 선택하였습니다.

이 시간 우리 자신을 한번 돌아봅시다. 나는 세상의 영광을 바라보며 그것을 추구하면서 살고 있는지, 아니면 모세처럼 세상의 것이 아닌 하나님의 상급을 바라보고 믿음의 길을 걷고 있는지 점검해 보아야 합니다.

18. 믿음으로 무서워하지 아니하고

> [히 11:27] 믿음으로 애굽을 떠나 왕의 노함을 무서워하지 아니하고 곧 보이지 아니하는 자를 보는 것 같이 하여 참았으며.

오늘 본문은 모세가 이스라엘 백성을 이끌고 출애굽한 사건을 그의 믿음과 연관시키는 내용입니다. 즉, 모세가 애굽을 떠나기로 결심한 것은 믿음에 의한 것이었고 또 믿음으로만 가능할 수 있었음을 보여 줍니다.

모세가 이스라엘 백성 놓아 주기를 완강히 거부했던 바로왕의 진노를 두려워했더라면, 그는 이스라엘 백성을 이끌고 과감히 애굽을 떠나지 못했을 것입니다. 그러나 그는 애굽 왕에 대한 두려움에 사로잡히지 않고 전능하신 하나님의 손에 사로잡혀 애굽 왕을 마치 비웃듯이 당당하게 출애굽하였습니다. 모세의 이러한 모습은 그의 부모를 닮은 것입니다.

모세의 부모에 대해서는 이미 앞에서 다음과 같이 설명한 바 있습니다.

> 믿음으로 모세가 났을 때에 그 부모가 아름다운 아이임을 보고 석 달 동안 숨겨 왕의 명령을 무서워하지 아니하였으며(히 11:23).

모세의 부모는 믿음으로 왕의 명령을 무서워하지 않고 남자 아기인 모세를 숨겨서 키웠습니다. 즉, 모세가 살아 있는 것은 부모가 목숨을 걸고 왕의 명령을 두려워하지 않으며 믿음으로 행동했기 때문이었습니다. 이러한 부모의 믿음이 모세에게 그대로 흘러갑니다. 그래서 오늘 본문에서 모세는 그의 부모처럼, 믿음으로 왕의 노함을 무서워하지 않습니다. 정말

'그 부모에 그 자식'이라는 말처럼 모세의 믿음은 부모에게서 물려받은 것이라고 할 수 있습니다. 우리도 모세의 부모처럼 자녀에게 좋은 믿음을 유산으로 물려줄 수 있으면 좋겠습니다. 그래서 자녀들에게 바울이 고린도 교회 교인들에게 했던 말처럼 이런 말을 할 수 있기를 소망합니다.

> 내가 그리스도를 본받는 자가 된 것 같이 너희는 나를 본받는 자가 되라 (고전 11:1).

자녀는 부모의 말투와 행동을 보고 배웁니다. 그래서 나의 안 좋은 모습조차도 자녀에게서 나타나는 것입니다. 부모인 내가 믿음으로 살면, 자녀도 나의 믿음을 본받아 믿음의 삶을 살게 될 것입니다.

> 웃시야가 그의 아버지 아마샤의 모든 행위대로 여호와 보시기에 정직하게 행하며 (대하 26:4).

19. 믿음으로 정하였으니

> [히 11:28] 믿음으로 유월절과 피 뿌리는 예식을 정하였으니 이는 장자를 멸하는 자로 그들을 건드리지 않게 하려 한 것이며.

　모세는 여호와 하나님의 명령을 따라 이스라엘에 유월절을 지키도록 지시했습니다. 첫 유월절은 B.C. 1446년경에 지켜졌는데 아빕월 10일에 각 가정에서 흠 없고 일 년 된 어린양 한 마리를 취하여 간직하였다가 14일 해질 때에 그 양을 잡고, 그 양의 피로 문 좌우 설주와 인방에 바르고, 그 밤에 그 고기를 불에 구워서 무교병과 쓴 나물과 함께 먹되, 허리에 띠를 띠고 발에 신을 신고 손에 지팡이를 잡고 급히 먹었습니다.

　그러는 동안에 여호와의 사자는 양의 피를 바른 집은 뛰어넘었습니다. 반면, 어린양의 피가 없는 애굽인 집의 모든 초태생의 생명은 빼앗았습니다. 바로 그 첫 번째 유월절은 애굽이 장자 죽음의 심판을 당하는 동안 어린양의 피 아래 있던 이스라엘이 구원을 받던 날이었습니다. 그 이후로 이스라엘은 매년마다 그 출애굽 당시의 유월절을 회상하면서 기념하여 지키게 됩니다.

　'유월'이라는 말은 '뛰어넘음'을 뜻합니다. 즉, 사람과 짐승을 막론하고 애굽의 모든 초태생을 죽이는 무시무시한 밤에 이 일을 행하는 주의 사자가 어린양의 피가 있는 집은 그대로 넘어갔으므로 생긴 이름이 바로 유월절입니다.

　'피 뿌리다'는 개념은 흠 없는 어린양의 피를 이스라엘 백성이 머물고 있는 집의 문설주와 좌우 인방에 바르는 것을 말합니다. 죽음의 사자가 그 피를 보고 그 집을 뛰어넘었다는 사실은 예수 그리스도의 피 흘림의 제사와 연결됩니다. 이는 그리스도께서 유월절 어린양으로서 십자가에서 무죄한 피를 흘리심으로써 그 피를 믿고 그 피 아래 자기를 맡기는 사람들은 하나님의 진노 심판을 피하게 된다는 사실을 예표하는 것입니다. 하나님의 무서운 심판은 그리스도의 보혈 아래 있는 사람들을 뛰어넘어가게 됩니다.

모세가 유월절과 피 뿌리는 예식을 정한 것은 믿음이 아니고서는 도저히 불가능한 일이었습니다. 모세는 이스라엘이 애굽에서 떠나게 된다는 것을 기정 사실로 받아들였습니다. 그들이 아직 애굽 땅 한가운데 있음에도 그는 하나님께서 말씀하신 출애굽과 약속의 땅에서의 안식을 이미 이루어진 것처럼 사실로 받아들였기에 유월절 제도를 정하여 해마다 지키도록 명할 수 있었던 것입니다. 이것이 바로 하나님께서 기뻐하시는 온전한 믿음입니다.

아직 성취되지도 않고 보이지도 않는 미래의 일임에도 그것이 신실하신 하나님의 약속이기 때문에 분명한 기정사실로 믿는 것이 진정한 믿음입니다. 하나님께서 무엇을 말씀하시든 또 무엇을 약속하시든지 간에 한 점의 의혹도 없이 그것을 믿음으로 받아들이고 준비하는 사람들을 통해서 하나님은 위대한 일을 행하십니다.

20. 믿음으로 여리고를 도니

> [히 11:30] 믿음으로 칠일 동안 여리고를 도니 성이 무너졌으며.

오늘 본문에서는 드디어 가나안 땅에 진입한 후에 첫 번째 맞닥뜨린 장애물인 여리고성을 무너뜨린 이스라엘의 믿음을 제시하고 있습니다. '무너졌으며'라는 원어의 의미는 '완전히 무너지다', '파멸하다'는 뜻입니다. 즉, 이는 여리고가 철저하게 파괴된 것과 또 그 백성이 이스라엘 앞에서 완전히 패하였음을 잘 표현해 주고 있습니다.

그러면 여호수아가 이와 같은 완전한 승리를 얻기 위해 취한 전략은 무엇입니까?

히브리서 기자는 그것이 믿음의 전략이었다고 말합니다. 여호수아는 하나님에 대한 믿음으로 이 전투를 수행하였으며 그 결과로 완전한 승리를 거두게 된 것입니다. 여리고성은 전차가 그 위에서 달릴 수 있을 정도의 거대한 이중 성벽으로 되어 있는 아주 견고한 요새였습니다. 그래서 제대로 훈련된 군사 조직도 갖춰져 있지 않은 이스라엘이 이 여리고성을 함락시킨다는 것은 거의 불가능한 일이었습니다.

그러나 오직 하나님만을 의지하는 믿음으로 싸우는 이스라엘 앞에서 여리고성은 아무것도 아니었습니다. 여호수아가 여리고성을 무너뜨리기 위해 이스라엘 백성에게 요구한 것은 그 성 주위를 이레 동안 돈 것이 전부였습니다. 성을 도는 것은 전술이라고 할 것도 없었으므로 성 안에 있는 사람들은 이스라엘 사람들을 의아하게 생각했을지도 모릅니다.

한편, 오늘 본문에서 우리가 주목할 것은 히브리서 기자가 여리고성 함락 사건을 언급하면서 여호수아의 이름을 거명하지 않고 있다는 점입니다. 지금까지는 '믿음으로 아브라함은', '믿음으로 이삭은', '믿음으로 야곱은', '믿음으로 요셉은' 이런 식으로 모두 개인의 이름을 언급하였습니다.

하지만, 오늘 본문에서 여리고성 함락과 관련해서는 여호수아의 이름을 언급하지 않고 있습니다. 왜냐하면, 여리고성 함락 사건에서 히브리서 기자가 강조하고 싶었던 것은 여호수아 개인의 믿음이 아니라 이 전투에 참여한 이스라엘 백성 전체의 믿음이기 때문입니다.

그들은 하나님의 방법이 상식적으로나 이성적으로 이해하기 어려웠을 수도 있지만, 하나님을 믿었기에 그 말씀 그대로 순종했고 그 결과 난공불락의 요새인 여리고성을 쉽게 탈취할 수 있었습니다. 하나님께서 행하시는 일은 참으로 오묘하므로 사람의 이성으로는 따르기 어려울 때가 많습니다.

따라서 누구든지 그분의 위대한 역사를 경험하려면 우선 믿음이 있어야 합니다. 믿음이 최고의 전략입니다. 아무리 그 위용을 자랑하며 성도를 두렵게 하는 세상의 장애물도 믿음 앞에서는 힘없이 무너져 내린 여리고성처럼 허물어지고 맙니다.

> 예수께서 이르시되 할 수 있거든이 무슨 말이냐 믿는 자에게는 능히 하지 못할 일이 없느니라 (막 9:23).

예수님의 말씀처럼 믿음은 모든 어려움을 극복하게 하며 무슨 일이든지 할 수 있게 합니다. 난공불락과 같은 세상과 늘 맞닥뜨리며 사는 성도가 언제든지 믿음을 가지고 싸워야만 하는 이유가 바로 여기에 있습니다.

21. 믿음으로 기생 라합은

> [히 11:31] 믿음으로 기생 라합은 정탐꾼을 평안히 영접하였으므로 순종하지 아니한 자와 함께 멸망하지 아니하였도다.

오늘 본문은 여리고의 기생이던 라합이 취한 믿음의 행위에 대한 언급입니다. 라합은 여리고성 공격 전 그곳의 정황을 정탐하도록 여호수아가 파견한 정탐꾼들을 보호하기 위해 위험을 무릅쓰고 그들을 숨겨 주었습니다. 히브리서 기자는 그녀의 이러한 행위를 믿음으로 인한 것이라고 평가합니다. 여호수아서의 기록에서도 그녀가 하나님에 대한 믿음이 있었다는 것을 확인할 수 있습니다. 즉, 그녀는 이스라엘의 하나님 여호와께서 여리고성을 포함한 가나안 땅 전체를 이스라엘에게 주신 것으로 믿고 있었습니다.

그녀의 믿음은 하나님께서 이스라엘을 위해 홍해를 가르시고 광야에서 행하신 큰일들을 소문으로 들음으로써 생긴 것이었습니다. 그녀는 오직 여호와 하나님만이 참 신이심을 굳게 믿고 있었습니다. 그랬기 때문에 그녀는 그 하나님을 섬기는 이스라엘의 정탐꾼들이 위태한 상황에 빠져 자기에게 도움을 요청했을 때, 그들을 밀고해야 할 적이 아닌 마치 반가운 손님을 맞이하듯 영접하였습니다.

이때 '영접하다'라는 말은 기본적으로는 '받아들이다'라는 뜻이지만, 이 외에 '환대를 베풀다'라는 의미도 있습니다. 즉, 이스라엘의 정탐꾼들을 여리고 당국에 고발하는 것이 시민으로서 의무였을 수 있지만, 라합은 오히려 손님을 맞듯이 그들을 받아들이고 환대하였습니다.

그리고 여리고성에 있는 많고 많은 집 가운데에서 정탐꾼들이 라합의 집에 머물렀던 것은 결코 우연이 아닙니다. 하나님은 만세 전부터 구원하기로 예정해 놓으신 그녀의 집으로 정탐꾼들이 숨어 들어가도록 섭리하심으로써 정탐꾼들도 안전하게 보호받고, 라합 또한 구원받을 기회를 얻게 하신 것입니다.

라합은 이방인 중에서도 매춘부의 삶을 살았던 기생이었습니다. 이런 여인도 하나님에 대한 믿음으로 멸망 가운데에서 구원받았다는 사실은 구원이 신분이나 혈통이 아닌 오직 하나님에 대한 믿음 하나로 결정됨을 말해 줍니다. 라합은 이방 여인이었으며 기생이었지만, 하나님께 대한 믿음이 있었기에 온 성이 멸망하는 가운데 구원을 얻었고, 더 나아가 예수 그리스도의 족보에 그 이름이 기록되는 영광까지 누리게 됩니다.

혹자는 그 당시에 이스라엘이 여리고를 함락시킬 확률은 순수한 군사력으로만 보았을 때, 백만 분의 일에 불과했다고 말합니다. 즉, 함락시킬 가능성이 거의 없었다는 말입니다. 사막을 가로질러 온 유목민이었던 이스라엘로서는 견고한 성읍 여리고를 무너뜨릴 전력이 거의 전무한 상태였습니다.

그런데도 라합은 하나님께서 여리고를 이스라엘에 주실 것으로 확신하였습니다. 불가능을 가능으로 바꾸시는 하나님의 전능하심을 믿었던 것입니다. 이처럼 라합에게는 상식을 초월한 믿음의 시각이 있었습니다. 우리가 이성과 상식에만 의존할 때는 절망으로 보이던 현실도 믿음의 눈으로 바라보면 희망이 생깁니다.

22. 믿음으로 나라들을 이기기도 하며

> [히 11:32-33] 내가 무슨 말을 더 하리요 기드온, 바락, 삼손, 입다, 다윗 및 사무엘과 선지자들의 일을 말하려면 내게 시간이 부족하리로다 그들은 믿음으로 나라들을 이기기도 하며 의를 행하기도 하며 약속을 받기도 하며 사자들의 입을 막기도 하며.

"내가 무슨 말을 더 하리요"라는 표현은 이미 중요한 것을 모두 말했기에 더 이상 선진들의 소개가 필요하지 않다는 것을 나타내는 수사의문문입니다. 즉, 히브리서 기자는 아벨로부터 라합에 이르기까지 말했던 것과 같은 방식으로 더 이상 계속 언급할 필요를 느끼지 않았던 것입니다. 사사 시대 이후 믿음의 본보기로 삼을 만한 사람이 없어서가 아니라 지금까지 말한 것으로서 전달하고자 하는 메시지를 충분히 전했기 때문입니다.

히브리서 기자가 32절에서 언급하는 이들은 믿음의 위대한 영웅입니다. 기드온과 바락, 삼손, 입다 이 네 사람은 사사 시대의 뛰어난 영웅이며, 다윗은 메시야 왕권을 상징하는 위대한 왕이며, 사무엘은 최초의 선지자로 불릴 만한 인물입니다. 또 선지자들은 엘리야, 이사야, 예레미야, 다니엘 등 구약성경에 등장하는 선지자를 염두에 둔 표현입니다.

이들에게는 한 가지 공통점이 있는데 모두가 하나님에 대한 믿음으로 위대한 역사를 경험한 사람들이라는 것입니다. 이들은 자신의 삶을 통하여 믿음의 위력을 확실히 보여 주었습니다. 또한 이들이 어떤 믿음을 가졌으며, 믿음으로 어떤 일들을 행했는지는 구약에 익숙한 히브리서 일차 독자들인 히브리 성도들이 이미 잘 알고 있었습니다. 그래서 더 많은 이에 대해 일일이 구체적으로 언급하지 않았는지도 모릅니다.

33절에서는 구체적으로 믿음으로 어떤 일을 했는지 말해 주고 있습니다. 즉, 믿음으로 강한 나라들과 싸워서 이기기도 했고, 또 믿음으로 의를 행하기도 했으며, 또 믿음으로 약속을 받기도 하며 믿음으로 사자들의 입을 막기도 했던 것입니다.

역사적으로 보면, 하나님께서 들어 쓰신 인물들의 공통점이 있습니다. 바로 믿음을 가진 자들이었다는 것입니다. 다른 사람들은 눈에 보이는 것을 쫓아 살아가고 또 이성과 논리로 살아갈 때, 이들은 오직 하나님을 향한 믿음 하나 붙들고 살았습니다. 즉, 이들의 삶은 믿음이 없이는 아무 의미도 없습니다.

> 복음에는 하나님의 의가 나타나서 믿음으로 믿음에 이르게 하나니 기록된 바 오직 의인은 믿음으로 말미암아 살리라 함과 같으니라 (롬 1:17).

23. 믿음으로 연약한 가운데서 강하게 되기도 하며

> [히 11:34] 불의 세력을 멸하기도 하며 칼날을 피하기도 하며 연약한 가운데서 강하게 되기도 하며 전쟁에 용감하게 되어 이방 사람들의 진을 물리치기도 하며.

"불의 세력을 멸하기도 하며"라는 표현은 다니엘의 세 친구, 곧 사드락, 메삭, 아벳느고에 관한 이야기입니다. 이들이 맹렬히 타는 풀무 불 가운데 떨어졌을 때 하나님께서 그 불 가운데서 그들을 보호하셔서 머리카락 하나, 옷 한 조각조차 상하지 않게 하시는 기적을 행하셨습니다. 그들이 맹렬히 타는 풀무 불 속에 떨어지게 된 것은 모두가 우상에게 절하는 상황에서도 여호와 하나님에 대한 믿음을 지켰기 때문입니다.

즉, 하나님은 믿음을 지킨 자들에게 과학이나 이성으로는 도저히 이해할 수 없는 기적을 행하셔서 구원하심으로써 그들의 생명을 구원하시고, 주변의 불신자들로 하여금 놀라지 않을 수 없게 하신 것입니다.

이어서 나오는 '칼날을 피했다'는 표현은 극단적으로 위험한 상황에서 구원을 얻는다는 의미로 이해될 수 있습니다. 다윗이 사울의 칼날을 피한 것이나 선지자 엘리야가 아합과 아세라의 칼날을 피한 것 또는 선지자 엘리사가 아람 왕의 칼날을 피한 것 등을 염두에 둔 것으로 보입니다.

이때 '칼'이라는 것은 권세의 상징이기도 합니다. 원래 권세란 의로운 통치를 위해 하나님께서 주신 것이지만, 불경건하고 악한 자들은 이것을 오용하거나 남용함으로써 불행과 비극을 초래하기도 합니다. 이 세상에서 의인이 고난을 당하고 경건한 자들이 곤경에 처하는 이유는 합당치 못한 자들이 권세를 잡고 있기 때문이기도 합니다. 그러나 이러한 상황 속에서도 믿음의 사람들은 하나님의 도우심을 받습니다.

또 믿음의 사람들은 연약한 가운데서 강하게 되기도 합니다. 예를 들면, 두 눈이 뽑힌 후 다시 하나님으로부터 힘을 얻어 블레셋을 대파한 삼손이나 죽음을 앞두고 얼굴을 벽으로 향해 주께 기도함으로써 하나님의 능력으로 치유된 히스기야를 들 수 있습니다. 절망적인 상황에서도 믿음을 잃지 않는 이들은 전혀 예기치 못한 놀라운 힘을 얻을 수 있습니다.

하나님의 능력은 믿음을 통해서 역사합니다. 히브리서 기자가 히브리 독자들에게 믿음의 영웅들에 관한 이야기를 상세하게 회상시키고 있는 것은 현재 시험과 핍박 가운데에서 흔들리고 있는 히브리 성도들에게 용기와 믿음의 중요성을 되새겨 주고자 했기 때문입니다.

지금 이들에게 필요한 것은 흔들리지 않는 믿음입니다. 당시 히브리 성도들은 위협에 직면해 있었고, 만약 믿음이 없다면 넘어져 그리스도에 대한 신앙을 저버릴 위험이 컸습니다. 이러한 신앙적 위기에 직면한 히브리서 독자들에게 보여 주는 믿음의 선진들 본보기는 동일한 싸움을 싸워야 할 그들에게 큰 용기를 심어 주었을 것입니다.

24. 어떤 이들은 심한 고문을 받되

> [히 11:35] 여자들은 자기의 죽은 자들을 부활로 받아들이기도 하며 또 어떤 이들은 더 좋은 부활을 얻고자 하여 심한 고문을 받되 구차히 풀려나기를 원하지 아니하였으며.

오늘 본문에서 언급하는 "여자들은" 구약성경에 기록되어 있는 사르밧 과부와 수넴 여인으로 추정됩니다. 사르밧 과부는 하나밖에 없는 아들이 죽었을 때 엘리야 선지자에게 탄식하였고, 결국 엘리야의 간절한 기도로 죽은 아들이 다시 살아나는 기적을 체험하게 됩니다.

또한, 수넴의 한 여인은 느지막이 아들을 얻었는데 그 아들 역시 어린 나이에 죽게 됩니다. 이때 이 여인은 엘리사에게 급히 도움을 청했으며, 도움을 요청받은 엘리사의 간절한 기도를 통해서 아들이 다시 살아나는 기적의 은혜를 체험하였습니다.

하나님에 대한 믿음은 죽음 가운데서도 새 생명을 얻는 놀라운 축복을 경험하게 합니다. 히브리서 기자가 이를 언급한 이유는 당시 죽음이 두려워 기독교 신앙을 저버리고 다시 유대교로 되돌아가고자 하는 히브리 성도들에게 믿음이야말로 죽음도 이기게 하는 능력이라는 사실을 상기시키고자 함입니다.

그리고 어떤 이들은 이 믿음 때문에 심한 고문을 받기도 하였습니다. '고문을 받다'라는 동사는 '북을 두드리는 채'를 뜻하는 명사 '튐파논'에서 유래한 '튐파니조'라는 단어입니다. 이 단어는, '튐파논'이라는 고문 기구로 사람을 아프게 한다는 뜻입니다.

즉, 대적자들은 믿음의 사람들을 북 모양으로 생긴 형태 위에 뉘어 고정시키고 쇠창살로 어깨와 팔 그리고 엉덩이와 다리의 관절을 찔러 탈골 시킨 뒤 죄수의 앞가슴을 마치 북을 치는 사람이 북채를 쥐고 힘껏 북을 두드리는 것처럼 쳐서 죽였는데, 이것이 바로 오늘 본문에서 말하고 있는 고문이라는 것입니다.

만약에 오늘 우리 시대에도 예수님 믿는다는 이유로 이런 고문을 받는다면, 나는 과연 끝까지 믿음을 지킬 수 있을까요?

마카비 4서에 두 가지 유명한 사건이 나옵니다.

첫째, 늙은 제사장 엘르아살에 관한 이야기입니다.

90세의 노인인 그는 심문하는 자 앞에 끌려가서 부정한 음식으로 여겨졌던 돼지고기를 먹으라는 명령을 받았으나 끝까지 거부한 결과 극형에 처해지게 됩니다. 이 엘르아살은 자신을 동정하는 병사가 조리가 된 돼지고기를 가져와 다른 고기인 것처럼 먹도록 권유했지만, 일체의 타협을 거부하고 명예로운 죽음을 선택한 믿음의 용사였습니다. 그는 죽으면서 "나는 율법을 위해 불의 고문을 받으면서 죽어간다"라고 말한 것으로 전해지고 있습니다.

둘째, 일곱 형제의 순교에 관한 이야기입니다.

이들을 고문하여 죽인 기구들은 톱니바퀴, 쇠갈고리, 투석기, 큰 솥, 손가락을 끼는 기계, 철로 된 손 그리고 뜨거운 탄재 등이었습니다. 일곱 형제는 말하기조차도 끔찍한 잔인무도한 방법들에 따라 고문을 당했지만, 죽는 그 순간까지 자신들의 신앙을 굳게 지켰습니다. 그리하여 후세들에게 믿음의 산증인으로 남아 있습니다.

그렇다면 이들이 그와 같은 고문을 당하면서도 조금도 흔들리지 않을 수 있었던 것은 무엇 때문일까요?

바로 "더 좋은 부활"에 대한 소망이 있었기 때문에 이러한 고통을 기꺼이 참아낼 수 있었던 것입니다. 마찬가지입니다. 오늘 우리도 부활과 영생에 대한 믿음이 있다면, 어떠한 어려움도 능히 이겨낼 수 있습니다.

25. 조롱과 채찍질

> [히 11:36] 또 어떤 이들은 조롱과 채찍질뿐 아니라 결박과 옥에 갇히는 시련도 받았으며.

믿음을 가진 많은 사람이 믿음이 없는 자들로부터 조롱과 채찍질을 당하기도 했었습니다. 대표적인 예로 예레미야가 있습니다. 또한, 사도 바울 역시 미친 자로 취급받기도 하고, 수없이 많은 매를 맞았습니다.

이와 같은 조롱과 채찍질은 예수님께서 당한 고난이기도 합니다.

> 어떤 사람은 그에게 침을 뱉으며 그의 얼굴을 가리고 주먹으로 치며 이르되 선지자 노릇을 하라 하고 하인들은 손바닥으로 치더라(막 14:65).

> 지키는 사람들이 예수를 희롱하고 때리며 그의 눈을 가리고 물어 이르되 선지자 노릇 하라 너를 친 자가 누구냐 하고 이 외에도 많은 말로 욕하더라(눅 22:63-65).

> 빌라도가 무리에게 만족을 주고자 하여 바라바는 놓아 주고 예수는 채찍질하고 십자가에 못 박히게 넘겨 주니라(막 15:15).

히브리서 기자가 오늘 본문에서 믿음의 선진들이 조롱과 채찍질을 당한 것을 상기시키고 있는 이유는, 히브리서 일차 독자인 히브리 출신의 성도들 역시 예수님을 믿는다는 이유로 유대주의자들로부터 온갖 조롱을 당하며 핍박을 받고 있었기 때문입니다. 즉, 믿음 때문에 조롱과 핍박을 받고 있는 히브리 성도들을 격려하며 믿음을 굳게 붙들고 고난을 이겨내게 하기 위하여 이러한 과거의 사례를 언급하고 있는 것입니다.

또한, 믿음의 조상 중에는 옥에 갇히는 시련을 겪은 이들도 적지 않았습니다. 성도가 믿음을 지키기 위해 당한 고난은 군인이 전쟁터에서 용감하게 싸워 얻은 훈장과도 같이 영예스러운 것입니다. 따라서 이런 일을 당하는 이들은 부끄러워하지 말고 도리어 자랑스럽게 여겨야 합니다. 성도에게 고난이나 시험이 따르는 것은 지극히 당연한 일입니다.

> 이것을 너희에게 이르는 것은 너희로 내 안에서 평안을 누리게 하려 함이라 세상에서는 너희가 환난을 당하나 담대하라 내가 세상을 이기었노라 (요 16:33).

> 제자들의 마음을 굳게 하여 이 믿음에 머물러 있으라 권하고 또 우리가 하나님의 나라에 들어가려면 많은 환난을 겪어야 할 것이라 하고 (행 14:22).

> 무릇 그리스도 예수 안에서 경건하게 살고자 하는 자는 박해를 받으리라 (딤후 3:12).

이 세상에서 믿음을 지키며 살 때, 환난은 피할 수 없을 것입니다. 따라서 환난이 없기를 위해 기도하기보다, 환난을 당할 때 잘 견디며 이길 수 있는 믿음을 달라고 기도하는 것이 올바른 기도입니다.

26. 궁핍과 환난과 학대를 받았으니

> [히 11:37] 돌로 치는 것과 톱으로 켜는 것과 시험과 칼로 죽임을 당하고 양과 염소의 가죽을 입고 유리하여 궁핍과 환난과 학대를 받았으니.

돌에 맞아 죽은 사람으로서 구약성경에 기록된 대표적인 선지자는 제사장 여호야다의 아들 스가랴입니다. 스가랴는 아버지 여호야다가 생존해 있을 때 가졌던 신앙을 내팽개쳐버리고 우상을 섬기는 유다 백성들 앞에 서서 하나님의 이름으로 그들을 책망했습니다. 그 결과, 요아스왕이 시킨 사람들에 의해 성전 뜰 안에서 돌에 맞아 죽임을 당했습니다. 하나님에 대한 신앙과 의로운 심령으로 하나님의 뜻을 전한 선지자가 하나님의 뜻을 저버린 악인들이 던진 돌에 맞아 거룩한 곳에서 순교한 것입니다.

이와 유사한 일이 신약 시대에도 있었는데, 바로 스데반이 당한 일입니다. 스데반 역시 구약성경을 들어 복음을 전하고 책망함으로써 유대인들의 마음을 찔리게 하였고, 그 결과 성 밖으로 끌려가 돌에 맞아 죽임을 당했습니다.

한편, 톱으로 켜져서 잔인하게 죽임을 당한 사람은 선지자 이사야로 알려져 있습니다. 구약성경 기록에는 나오지 않지만, 탈무드와 '이사야의 순교'라는 유대 위경 문헌을 비롯하여 초대 교회 교부들의 전승에는 나오는 내용입니다.

이에 따르면 이사야는 히스기야 왕의 아들인 므낫세왕이 보는 앞에서 톱으로 겨져 두 동강 나 죽었는데, 죽임을 당하는 동안 "큰 소리로 울부짖거나 울지 않았으며, 그의 몸이 두 조각으로 잘릴 때까지 그의 입술이 성령으로 말하였다"라고 전해집니다. 그리고 '칼에 죽는 것'은 사울 왕 시대 때 죽임당한 제사장들 및 우리야 등을 염두에 둔 표현으로 보입니다.

또한, 어떤 이들은 믿음 때문에 "양과 염소의 가죽을 입고 유리하여 궁핍과 환난과 학대를" 받기도 하였습니다. 이때 '유리하다'라는 말은 '이리저리 돌아다녔다'라는 뜻으로서 순교하지 않고 살아 있는 자들의 고통을 나타냅니다. 이들의 참혹한 실상이 두 개의 수식어구에 의해 잘 표현되고 있습니다.

첫째, '양과 염소의 가죽을 입고'라는 분사구문입니다. 이들이 들과 산으로 유리할 때 입었던 의복이 양과 염소의 가죽인데, 이것은 초라하기 짝이 없는 옷을 가리킵니다. 선지자 엘리야와 엘리사가 이런 옷을 입고 유랑하였으며, 이사야의 제자들과 마카비 시대의 성도들 역시 이와 같은 모습으로 광야 및 산중, 동굴 등에서 짐승 같은 생활을 했던 것으로 전해집니다.

둘째, '궁핍과 환난과 학대를 받았으니'라는 이유를 나타내는 종속절입니다. 즉, 이들은 궁핍과 환난과 학대를 받으면서 유리하는 생활을 하였던 것입니다. 이들이 불의를 행하거나 법을 어긴 일은 없습니다. 그런데도 마치 큰 죄인인 것처럼 비인간적인 대우를 받은 것입니다. 그러나 이들은 이러한 극한 고통 가운데에서도 믿음을 저버리지 않고 견고하게 믿음을 지켰던 것입니다. 이들의 모습을 보면서, 오늘 나의 모습을 한번 돌아봅니다.

만약에 예수님 믿는다는 이유로 이런 고통이 온다면, 나는 과연 믿음을 지킬 수 있을까요?

27. 세상이 감당하지 못하느니라

> [히 11:38] 이런 사람은 세상이 감당하지 못하느니라 그들이 광야와 산과 동굴과 토굴에 유리하였느니라.

오늘 본문에 나오는 "이런 사람"은 믿음의 사람을 가리킵니다. 즉, 믿음을 가진 사람은 세상이 감당하지 못한다는 것입니다. 이때 '감당하다'는 원어의 뜻은 '가치가 있다'라는 의미입니다. 따라서 이 부분을 원어대로 다시 번역하면 '그들에게 세상은 가치가 없었다'입니다.

믿음의 선진들은 이 세상을 잠시 머무르는 곳으로 인식하였기에 특별한 가치를 부여하지 않았습니다. 그들은 자신들을 이 세상의 나그네로 여기고 마치 세상을 불편한 잠자리처럼 생각하며, 세상에 집착하지 않았습니다.

그렇다고 해서 그들이 세상을 혐오하거나 하나님께 받은 사명을 소홀히 한 것은 아닙니다. 세상에서 하나님의 사명을 이행하는 것은 그들의 삶의 목표였기에 그것에 최선을 다하였을 뿐, 자신을 위해서 세상에 무엇을 쌓아 두는 일은 하지 않았습니다.

하나님의 부르심을 받은 우리도 세상에 대한 올바른 관점을 가져야 합니다. 이 세상이 비록 형편없이 타락하여 심판의 위기를 맞고 있을지라도 우리는 세상과 담을 쌓거나 하나님의 관심이 이 세상에서 떠났다고 생각해서는 안 됩니다.

하나님의 눈은 여전히 이 세상을 보고 계시며, 그 관심을 여러 모양으로 나타내십니다. 따라서 우리 성도는 세상을 외면하거나 세상에 대한 구원의 책임을 소홀히 해서는 안 됩니다.

> 너희는 세상의 소금이니 소금이 만일 그 맛을 잃으면 무엇으로 짜게 하리요 후에는 아무 쓸 데없어 다만 밖에 버려져 사람에게 밟힐 뿐이니라 너희는 세상의 빛이라 산 위에 있는 동네가 숨겨지지 못할 것이요 사람이 등불을 켜서 말 아래에 두지 아니하고 등경 위에 두나니 이러므로 집 안 모든 사람에게 비치느니라(마 5:13-15).

우리는 비록 세상 속에서 살아가지만, 그렇다고 해서 세상 사람들처럼 살아서는 안 됩니다. 또한, 죄 많은 세상이 싫다고 해서 속세를 떠나 산속에서 혼자 살아서도 안 됩니다. 우리는 죄로 인하여 썩어져 가고 어두워져 가는 세상에 소금과 빛의 역할을 감당해야 합니다. 세상이 죄로 인하여 썩어져 가고 어두워져 갈수록 소금과 빛의 역할을 감당할 사람이 필요합니다. 그러므로 내가 바로 그 사람이 되어야 합니다.

제12장
심판자이신 하나님

1. 벗어 버리고, 경주를 하며
2. 예수를 바라보자
3. 예수를 생각하라
4. 죄와 싸우되
5. 주의 징계하심을 경히 여기지 말며
6. 사랑하시는 자를 징계하시고
7. 징계는 다 받는 것이거늘
8. 육신의 아버지가 우리를 징계하여도
9. 우리의 유익을 위하여
10. 의와 평강의 열매를 맺느니라
11. 곧은 길을 만들어
12. 화평함과 거룩함을 따르라
13. 쓴 뿌리가 나서 괴롭게 하여
14. 망령된 자가 없도록 살피라
15. 신약 성도들의 특권
16. 만민의 심판자이신 하나님
17. 말씀하신 이, 경고하신 이
18. 흔들리지 않는 나라를 받았은즉

1. 벗어 버리고, 경주를 하며

> [히 12:1] 이러므로 우리에게 구름 같이 둘러싼 허다한 증인들이 있으니 모든 무거운 것과 얽매이기 쉬운 죄를 벗어 버리고 인내로써 우리 앞에 당한 경주를 하며.

"구름 같이 둘러싼 허다한 증인들"은, 경주가 펼쳐지고 있는 거대한 원형 경기장의 관중석을 가득 메운 사람에 대한 비유적인 표현입니다. 그들은 신앙의 경주를 달리고 있는 성도들을 향해 열렬한 응원을 보내 주고 있습니다. 또한, "증인"의 원어에는 '증인'이라는 뜻 외에 '순교자'라는 의미도 있습니다. 따라서 순교자란 죽음을 무릅쓰고 증거한 사람을 가리킵니다.

초대 교회 당시에는 물론이고, 오늘 우리의 시대에도 하나님과 예수 그리스도의 충성된 증인들은 종종 고통을 당하고 박해를 받습니다. 이것은 피할 수 없는 일입니다. 어두운 세상은 빛이신 그리스도를 거부하고 미워하게 마련인데 그것은 성도들이 바로 그 빛이신 그리스도에게 속하여 있기 때문입니다.

> 세상이 너희를 미워하면 너희보다 먼저 나를 미워한 줄을 알라 너희가 세상에 속하였으면 세상이 자기의 것을 사랑할 것이나 너희는 세상에 속한 자가 아니요 도리어 내가 너희를 세상에서 택하였기 때문에 세상이 너희를 미워하느니라(요 15:18-19).

우리는 믿음의 선진들이 당한 세상의 핍박과 환난을 생각하면서 확신과 담대함을 가지고 이 싸움에 임해야 합니다. 그들이 참아낸 것처럼 우리도 참아낼 수 있고, 그들이 극복한 문제들을 우리 또한 극복할 수 있으며, 그들의 승리는 얼마든지 우리의 승리가 될 수 있습니다.

신약의 성도들이 달리고 있는 신앙의 경기장에는 이미 그 길을 완주한 수많은 증인이 관중석에 앉아 우리를 바라보고 있습니다. 그들은 자신들이 달려온 코스를 따라 달리고 있는 우리를 향해 격려와 응원의 메시지를 보내고 있는 것입니다.

이러한 증인들의 응원에 힘입어 우리가 해야 할 일은 두 가지입니다.

첫째, 벗어버려야 합니다.

고대 헬라 지역에서는 운동 경기가 매우 성행하였고, 경기장에서 달음질하는 경주자들은 옷을 모두 벗고 달렸습니다. 그래서 그 당시 경기장에는 여자들의 출입이 제한되었습니다. 요컨대, 남보다 더 빨리 달리려면 몸에 걸친 옷의 무게를 가능한 한 줄이는 것이 상식입니다.

이처럼 '신앙의 경주'에서도 벗어버려야 할 두 가지가 있습니다.

① 모든 무거운 것입니다.

짊어지고 있는 짐이 많을수록 빨리 달리기란 더 어렵습니다. 앞을 막는 장애물이 많은 경우도 마찬가지입니다. 그래서 신앙 경주를 잘하고자 하는 성도는 모든 방해 요소를 철저히 제거해야 합니다.

② 얽매이기 쉬운 죄입니다.

얽매이기 쉬운 죄는 항상 우리 주변을 어슬렁거리면서 공격할 기회를 노리고 있습니다. 따라서 이와 같은 것은 바로 벗어버려야 합니다. 의심이라든지 교만 또는 게으름 같은 장애물들을 빨리 벗어버리고 불신앙의 요소들을 부단히 경계하여 우리의 발목을 잡지 못하게 해야 합니다.

둘째, 경주해야 합니다.

여기서 "경주를 하며"라는 동사구는 현재형으로서 그 의미는 '계속 힘써 달려가자'라는 뜻입니다. 즉, 목표 지점에 도달할 때까지 변함없는 자세로 계속해서 달려가야 한다는 것입니다. 이렇게 경주하는 자에게 필요한 자세는 인내입니다. 경주를 하다 보면 너무 힘들어서 포기하고 싶을 때도 생깁니다. 그런데도 중단하지 않고 앞으로 나아가야 합니다.

그래서 사도 바울은 다음과 같이 고백합니다.

> 내가 이미 얻었다 함도 아니요 온전히 이루었다 함도 아니라 오직 내가 그리스도 예수께 잡힌 바 된 그것을 잡으려고 달려가노라. 형제들아 나는 아직 내가 잡은 줄로 여기지 아니하고 오직 한 일 즉 뒤에 있는 것은 잊어버리고 앞에 있는 것을 잡으려고 푯대를 향하여 그리스도 예수 안에서 하나님이 위에서 부르신 부름의 상을 위하여 달려가노라(빌 3:12-14).

2. 예수를 바라보자

> [히 12:2] 믿음의 주요 또 온전하게 하시는 이인 예수를 바라보자 그는 그 앞에 있는 기쁨을 위하여 십자가를 참으사 부끄러움을 개의치 아니하시더니 하나님 보좌 우편에 앉으셨느니라.

"믿음의 주"에서 "주"라고 번역하고 있는 원어의 의미는 '창시자'라는 뜻입니다. 그리고 "온전하게 하시는 이"는 '완성자'라는 의미입니다. 예수 그리스도는 친히 십자가 구속 사역을 담당하심으로써 기독교 신앙의 시작점이 되셨고, 장차 심판주로 다시 오실 것입니다. 따라서 예수님은 구원의 길의 개척자인 동시에 완성자도 되십니다. 이처럼 예수 그리스도는 기독교의 믿음의 개척자일 뿐만 아니라 완성자로서 우리에게 가장 완전한 믿음의 본을 보여 주십니다.

히브리서 기자는 이러한 예수님을 바라보자고 말합니다. 이 말은 신앙의 경주자들이 승리하기 위해 그 시선을 어디에 집중해야 하는지를 알게 해 주는 말씀입니다. 이때 "바라보자"라는 동사의 의미는 '주목하다'라는 뜻입니다. 그리고 이 동사가 현재 분사형으로 쓰였는데, 이것은 '계속해서 주목하라', 즉 끊임없이 예수께 시선을 고정하라는 의미입니다.

육상 경기에 참여하는 자들이 결승점만을 바라보고 달리듯이 신앙의 경주자들은 신앙의 궁극적 대상인 예수님 이외의 다른 모든 것으로부터 눈을 떼고 오직 예수 그리스도에게만 주목해야 합니다. 누구든지 예수님에게 자기 눈을 고정하는 자들은 신앙의 달음질에서 반드시 이기게 됩니다. 예수 그리스도를 주목하고 달음질해야 길을 잃거나 표류하거나 뒤로 돌이키는 일이 없게 됩니다.

따라서 예수 그리스도만을 주목하는 자들은 모든 일에 그분의 모범을 따르게 마련이어서 하나님을 기쁘시게 함은 물론이고 사람들에게도 덕을 세울 수 있습니다. 우리가 매사에 그분이 행하신 대로 따르기만 한다면 주변의 시험과 시련이 아무리 거세다 할지라도 흔들리지 않고 전진해 나갈 수 있습니다.

만일, 성도가 예수 그리스도에게서 눈을 떼고 세상 사람들을 주목하기 시작한다면, 그는 머지않아 바른길에서 이탈하게 될 것이며 결국 목적지에 다다르지 못하게 될 것입니다. 우리 주변에는 우리의 시선을 예수 그리스도에게서 떼어 놓기에 좋은 것이 너무도 많습니다. 이런 상황에서 흔들리지 않고 또한 좌로나 우로나 치우치지 않는 것이 신앙 경주자로서의 바른 자세입니다.

이제 하반절에서는 우리가 바라보아야 할 예수님께서 보여 주신 모범을 기록하고 있습니다.

첫째, 예수님께서 십자가로 인한 수치 혹은 불명예의 부끄러움을 개의치 않으셨습니다.

둘째, 예수 그리스도는 그 앞에 있는 기쁨을 위하여 십자가를 참으셨습니다.

셋째, 예수 그리스도는 결국 하나님의 보좌 우편에 앉으셨습니다.

예수님을 믿는 모든 이가 세상 마지막 날에 예수님께서 앉아 계시는 이곳에 이르게 될 것입니다. 이곳이 바로 성도들의 신앙 경주의 결승점입니다. 이러한 사실을 확실히 안다면, 어떠한 시련과 시험 속에서도 뒤로 물러나지 않고 믿음의 경주를 끝까지 완주할 수 있을 것입니다.

3. 예수를 생각하라

> [히 12:3] 너희가 피곤하여 낙심하지 않기 위하여 죄인들이 이같이 자기에게 거역한 일을 참으신 이를 생각하라.

'피곤하다'라는 말은 피곤하여 지치거나 앓아서 눕게 되는 것을 가리킵니다. 히브리서 기자는 운동장에서 사력을 다해 달음질하던 선수들이 숨이 차서 바닥에 벌렁 드러눕게 되는 모습을 연상하고 이 단어를 썼는지도 모릅니다. 경주자들은 결승점을 먼저 통과하고자 사력을 다하여 뛰기 때문에 간혹 결승점에 닿기 전에 지쳐서 쓰러지기도 합니다.

그렇다면 신앙의 경주자들이 이처럼 지쳐서 기진맥진한 상태가 되는 원인은 무엇일까요?

그것은 바로 낙심 때문입니다. 마음의 맥이 풀려 기진맥진한 상태가 되면, 성도는 신앙의 경주를 포기하고 싶은 생각이 들기도 합니다. 즉, 아무리 뛰어난 달리기 선수라 해도 맥이 풀린 다리를 가지고는 경기에 임할 수 없듯이, 신앙의 달음질에서 맥이 풀리거나 기진맥진한 상태로는 끝까지 달려갈 수 없습니다.

이럴 때 우리에게 필요한 것은 예수님을 생각하는 것입니다. 예수님은 죄인들로부터 온갖 모욕과 조롱을 받으셨으며 심지어 손과 발에 못이 박히시는 고통을 당하셨으나 이 모든 것을 참으셨습니다. 이러한 예수님을 생각한다면, 설령 우리가 어려움을 겪는다 해도 낙심하지 않을 수 있습니다.

"생각하라"라는 원어의 뜻은 '반복적으로, 계속해서 생각하라'라는 의미입니다. 즉, 히브리서 기자는 예수님을 여러 번 되풀이해서 생각할 것을 명하고 있는 것입니다. 신앙의 위기에 직면하여 신앙의 경주를 중단하고 싶을 때마다 예수님을 생각하라는 것입니다. 만약 그렇게 한다면 믿음의 요동과 회의를 이길 수 있습니다.

우리가 이 땅에서 신앙의 경주를 하는 동안에는 언제든지 회의가 찾아올 수 있습니다. 이를 극복하기 위해서는 예수님을 계속해서 깊이 생각하며 그분의 뜻을 이해하도록 노력함이 필요합니다. 예수님에 관해 최초로 증거한 세례 요한조차도 이러한 회의에 빠진 적이 있었습니다.

> 요한이 옥에서 그리스도께서 하신 일을 듣고 제자들을 보내어 예수께 여짜오되 오실 그이가 당신이오니이까 우리가 다른 이를 기다리오리이까(마 11:2-3).

고난에 직면하여 신앙이 흔들릴 때, 예수님께서 자기에게 거역한 일을 참으셨음을 여러 번 깊이 생각하는 것이 필요합니다. 예수님을 바라보고 예수님을 생각한다면, 지금 내가 당하는 어려움은 충분히 이겨낼 수 있을 것입니다.

내가 당하는 아픔이나 억울함이 주님께서 겪으신 고통보다 더 크겠습니까?

4. 죄와 싸우되

> [히 12:4] 너희가 죄와 싸우되 아직 피 흘리기까지는 대항하지 아니하고.

오늘 본문을 통해서 보면, 당시 히브리 성도들은 죄와 싸우되 '피를 흘리기까지' 대항하지는 않았음을 알 수 있습니다. '피를 흘리기까지'라는 말은 '피 흘려 죽는 데까지'라는 뜻입니다. 이를 통해, 당시 그리스도인들 중에는 아직 순교자가 나오지 않았음을 짐작할 수 있습니다.

이와 관련하여 신학자 휴 고든 휴즈(Hugh Gordon Hughes)는 다음과 같이 해석합니다.

> 그들은 복음을 받아들인 후 공적인 모임, 재산 약탈, 일부의 투옥 등을 비롯한 고난의 싸움에 참았었다. 그러나 지금껏 자신들이 고백하는 신앙을 위해 목숨까지 내어놓아야 할 시험을 당한 적은 없었다.

그들을 위협하는 요소가 많았던 것은 사실이나 그들 중에 순교자가 하나도 나오지 않은 점으로 미루어보면 아직은 견딜 만했거나 그들이 정면으로 맞서지 않았던 것이 분명합니다. 이는 또한 그들이 당한 고난이 그리스도의 고난보다 훨씬 가벼운 것이었음을 말해 줍니다. 그런데도 다시 옛날로 돌아가려 한다는 것은 히브리서 기자에게 있어서는 매우 안타까운 일이 아닐 수 없었을 것입니다.

한편 '피 흘리기까지 대항하다'라는 표현은 마카비 시대에 사용되던 표현이기도 합니다. 당시의 지휘관들은 자기의 휘하에 있는 병사들에게 결사적으로 싸우도록 이와 같은 말로 독려하였습니다. 격렬한 전투가 벌어지고 있는데 희생자가 하나도 없다는 것은 결국, 그들이 적과 결사적으로 맞서지 않았음을 의미합니다. 주의 이름을 부르는 성도가 영적인 싸움에서 당당히 나서지 못하고 오히려 격렬한 싸움을 피한 채 영적인 무기력 상태에서 헤어나지 못하고 도망자가 된다는 것은 수치스러운 일입니다.

성도는 죄와 적대적인 관계에 있습니다. 따라서 믿음에서 떠나게 하는 것이라면 그 어떤 요소와도 우리는 맞서서 싸워야만 합니다. 하나님과 그리스도, 성령을 거역하는 모든 것에 대해 우리는 항상 전투하는 태도를 보여야 합니다.

이 세상에서 성도의 삶이란, 죄와의 치열한 전투임을 기억해야 합니다. 누구든지 신앙이 미적지근한 상태에 있으면 위험에 처할 수 있습니다. 주께서 우리에게 요구하시는 것은 결단적 태도, 즉 죄에 맞서 피 흘리기까지 싸우는 자리의 선택을 하나님께서 기뻐하신다는 사실은 의문의 여지가 없습니다.

> 내가 네 행위를 아노니 네가 차지도 아니하고 뜨겁지도 아니하도다 네가 차든지 뜨겁든지 하기를 원하노라 네가 이같이 미지근하여 뜨겁지도 아니하고 차지도 아니하니 내 입에서 너를 토하여 버리리라(계 3:15-16).

5. 주의 징계하심을 경히 여기지 말며

> [히 12:5] 또 아들들에게 권하는 것 같이 너희에게 권면하신 말씀도 잊었도다 일렀으되 내 아들아 주의 징계하심을 경히 여기지 말며 그에게 꾸지람을 받을 때에 낙심하지 말라.

오늘 본문에서 히브리서 기자는 성도들이 고난을 참아내야 하고 또 충분히 참아낼 수 있는 이유를 제시합니다. 그것은 바로 하나님께서 성도를 '종'이 아니라 '아들'로 대하신다는 점입니다. 성도들이 당하는 고난이나 시련은 사랑하는 자녀들을 향한 아버지 되신 하나님의 훈련 과정이라는 것이 히브리서 기자의 입장이고, 이 사실과 관련해서 구약에 이미 상세하게 기록되어 있습니다.

성도로서 우리는 시련과 역경에 처할 때 이것이 우연히 생긴 사건이 아니라 하나님께서 아버지로서 자녀에게 주시는 훈련 과정임을 기억해야 합니다. 훈련 과정은 충분히 감내할 수 있는 것이며, 하나님께서 이를 우리에게 주심은 성숙한 신앙을 갖게 하시려는 참된 부성애의 표시입니다. 고난이나 시험이 견디기 힘들 만큼 아픈 것은 사실이지만, 우리는 이것을 나에게 말씀하시는 하나님 아버지의 권면임을 기억해야 합니다.

이어서 잠언 3장 11절 말씀을 인용합니다.

> 내 아들아 주의 징계하심을 경히 여기지 말며 그에게 꾸지람을 받을 때에 낙심하지 말라(잠 3:11).

'경히 여기다'라는 말은 '멸시하다', '깔보다', '무시하다'라는 뜻입니다. 성도는 어떠한 경우에도 하나님께서 주시는 고난이나 시련을 멸시해서는 안 됩니다. 주의 견책은 우리를 하늘 나라에 합당한 사람들로 만들어 가시는 하나님의 방법입니다.

불순종으로 인해 물고기 뱃속에 던져진 요나는 이렇게 기도하였습니다.

> 내가 말하기를 내가 주의 목전에서 쫓겨났을지라도 다시 주의 성전을 바라보겠다 하였나이다 (욘 2:4).

또한, 고난 중에 있던 욥은 이렇게 고백하였습니다.

> 내가 가는 길을 그가 아시나니 그가 나를 단련하신 후에는 내가 순금 같이 되어 나오리라 (욥 23:10).

시편 기자 또한 말합니다.

> 고난 당한 것이 내게 유익이라 이로 말미암아 내가 주의 율례들을 배우게 되었나이다 (시 119:71).

하나님께서 주시는 시련의 과정을 통해서 우리는 성도로서 더 완전함에 이르며 성화되어 갑니다. 그러므로 우리가 징계를 받을 때 하나님께서 왜 나에게 이러한 채찍을 드시는지 깊이 생각해 보아야 하며, 징계 가운데에서도 더욱더 주께로 나아가야 합니다.

6. 사랑하시는 자를 징계하시고

> [히 12:6] 주께서 그 사랑하시는 자를 징계하시고 그가 받아들이시는 아들마다 채찍질하심이라 하였으니.

주의 징계는 영적 자녀된 성도에 대한 진정한 부성애의 표시입니다. 그분의 징계는 사랑하는 자들에게만 임하기 때문에 누가 주의 징계를 받는다는 것은 그분의 사랑 안에 있음을 확실하게 나타내는 증거가 됩니다. 이때 '징계하시고'라는 원어는 '파이듀오'입니다. 이 단어는 하나님의 징계를 통한 교육이라는 개념으로 쓰입니다.

유대 사상에서는 징계를 '최후의 심판에서 보호하기 위한 하나님 사랑의 행동'으로 봅니다. 따라서 히브리서 기자는 주의 징계가 성도들이 심판을 당하지 않도록 하시는 하나님의 사랑의 징표이기 때문에 고난 중에 있는 성도들에게 실망하지 않도록 권면하는 것입니다. 그것은 하나님께서 아버지의 사랑으로 자녀가 된 자기의 성도들을 멸망하는 악에 빠지지 않도록 가르치고 교정하시는 하나의 과정입니다.

사랑하는 자녀들이 그릇 행할 때에도 아무런 제재를 가하지 않는 부모는 실상 그들을 사랑하지 않는 것이라 할 수 있습니다. 마찬가지로 우리가 죄나 혹은 불의를 행하고 있음에도 하나님께서 전혀 상관하지 않으신다면 이는 하나님께서 그를 내버려 두셨다는 것과 다르지 않습니다.

이와 관련하여 로마서에는 다음과 같은 말씀이 있습니다.

> 또한, 그들이 마음에 하나님 두기를 싫어하매 하나님께서 그들을 그 상실한 마음대로 내버려 두사 합당하지 못한 일을 하게 하셨으니 곧 모든 불의, 추악, 탐욕, 악의가 가득한 자요 시기, 살인, 분쟁, 사기, 악독이 가득한 자요 수군수군하는 자요 비방하는 자요. 하나님께서 미워하시는 자요 능욕하는 자요 교만한 자요 자랑하는 자요 악을 도모하는 자요 부모를 거역하는 자요(롬 1:28-30).

하나님은 성도들을 사랑하는 자녀로 인정하시기 때문에 그들이 잘못된 길로 행하게 되면 징계하심으로 바른길로 돌아오게 하십니다. 가르침이나 교정에는 징벌이 불가피합니다. 언제든지 하나님은 우리 곁에 계시면서 하나님의 방법으로 우리를 교육하며 훈련하십니다.

하나님께서 사랑하시는 영적 자녀에게서 허물이 발견될 때 그분의 반응은 채찍질하시는 것입니다. 채찍질한다는 말은 '계속해서 매질하다' 혹은 '계속해서 응징하다'라는 뜻입니다.

그렇다면 하나님께서 무엇 때문에 그 받으시는 아들, 즉 구원하시기 위해 택하신 자들에게 그렇게 가혹하게 채찍질하시는 것일까요?

그 이유는 그 아들을 사랑하시기 때문이며 또한 그 아들을 상속자로 정하셨기 때문입니다.

오늘 본문에 나오는 "아들"이라는 단어는, 아버지의 유업을 상속하는 자라는 의미가 있습니다. 우리는 자신에게 내려지는 주의 채찍이 아프다고 생각될 때, 이는 그분이 나를 인정하시고 사랑하신다는 증거임을 알고 감사해야 합니다. 만약 하나님께서 나를 사랑하지 않으신다면, 채찍을 드실 필요조차 없을 것입니다. 그 채찍은 바로 아들 된 '나'를 향한 아버지 되신 하나님의 사랑의 증거인 것입니다.

7. 징계는 다 받는 것이거늘

> [히 12:7-8] 너희가 참음은 징계를 받기 위함이라 하나님이 아들과 같이 너희를 대우하시나니 어찌 아버지가 징계하지 않는 아들이 있으리요 징계는 다 받는 것이거늘 너희에게 없으면 사생자요 친아들이 아니니라.

주의 징계와 채찍질이 우리를 아들로 인정하시고 사랑하심을 나타내는 것이라면, 설령 징계가 견디기 힘든 것일지라도 우리는 인내해야 합니다. 병사가 훈련을 거부하면 정예병이 되지 못하듯이 성도가 하나님의 징계에 불평하거나 거부한다면, 그는 결코 훌륭한 성도가 될 수 없습니다.

하나님께서 성도를 징계하시는 것은 그를 종이 아니라 아들로 여기시기 때문입니다. 즉, 하나님의 징계가 때로는 가혹하게 느껴질 때도 있지만, 그것은 어디까지나 우리를 자녀로 여기고 사랑하시기 때문이라는 것입니다. 하나님께서 우리를 자녀로 대우하신다는 것은 큰 영광이 아닐 수 없습니다. 그러므로 하나님께서 하시는 징계는 참고 인내해야 합니다.

"징계는 다 받는 것이거늘 너희에게 없으면 사생자요 친아들이 아니니라."

이 말씀은 예수를 믿어 하나님의 자녀가 된 모든 성도에게 있어서 주의 징계는 피할 수 없는 일이라는 것을 보여 줍니다. 즉, 성도는 모두 하나님의 징계에 동참하는 자녀입니다. 따라서 성도가 징계를 받는 것은 조금도 이상할 것이 없는 당연한 일입니다. 오히려 성도임을 자처하지만, 전혀 징계가 없다면 그것을 이상하게 여겨야 합니다.

인자하신 하나님은 할 수만 있다면 한 영혼이라도 더 구원하시고자 인내심을 가지고 기회를 베푸십니다. 결국, 징계란 바로 하나님께서 주시는 기회인 것입니다. 잘하는 이들에게는 더 잘하도록 격려의 차원에서 연단하시고, 또한, 잘못 행하는 자들은 그 길에서 돌이키도록 교정의 차원에서 징계하십니다.

하나님의 징계를 받지 않고 편안함 가운데 안주하는 것이 결코 좋은 것만은 아닙니다. 본문에서 "사생자"란 조상이 물려준 정당한 권리나 지위를 합법적으로 물려받을 수 없는 사람을 말하는 것으로 고전 헬라어 문헌에서는 이 단어를 부모 중 한쪽이 로마 시민이 아닌 자를 가리킬 때 썼습니다.

따라서 히브리서 기자가 "사생자"라는 단어를 사용하여 나타내고자 하는 것은 하나님의 아들이라고 정당하게 주장할 수 없는 사람들을 표현하고자 한 것입니다. 이들은 하나님을 가리켜서 아버지라 부를 위치에 있지 못하며 하나님의 징계가 없을 뿐만 아니라, 하나님의 보호를 받을 수도 없고, 또한 하나님의 나라를 유업으로 받지도 못합니다.

반면, 주의 징계를 받는 자들은 "친아들"입니다. 이때 "친아들"은 아버지의 상속권을 가진 상속자를 가리킵니다. 하나님의 참 아들은 하나님의 나라를 상속할 위치에 있는 자입니다. 하나님은 하늘나라를 상속할 아들을 영적으로 거룩하게 성숙시키는 데 필요한 징계를 하시는 것입니다. 그러므로 나에게 징계가 있다는 것은 내가 사생자가 아니라 친아들이라는 증거이기에 징계를 받을 때 오히려 감사하는 마음을 가져야 합니다.

8. 육신의 아버지가 우리를 징계하여도

> [히 12:9] 또 우리 육신의 아버지가 우리를 징계하여도 공경하였거든 하물며 모든 영의 아버지께 더욱 복종하며 살려 하지 않겠느냐.

오늘 본문에 나오는 '징계'라는 원어의 의미는 '교정하는 사람', '훈련하는 사람'이라는 뜻입니다. 이 단어는 가정 안에서 아버지의 위치와 역할이 무엇인지를 잘 보여 줍니다. 즉, 아버지는 한 가정의 가장이면서 동시에 자녀들을 훈육하고 잘못된 부분들을 교정해 주는 사람이어야 합니다. 따라서 아버지가 자기 위치를 지키고 자신의 역할에 충실하게 되면 그 가정에서 훌륭한 자녀들이 나오게 됩니다.

당시 사회에서 아버지가 자녀를 징계하는 것과 또 징계받는 자녀가 그 아버지를 공경하는 것은 하나의 관례처럼 굳어진 매우 자연스러운 현상입니다. 흔히 자녀 교육에 대한 책임을 어머니에게만 돌리는 경향이 있는데, 자녀들의 인격적, 영적, 도덕적 훈련에의 책임이 아버지에게 우선적으로 있다는 사실을 잊어서는 안 됩니다.

지혜롭고 순종적인 아들은 성숙할 때까지 아버지의 훈육과 교정을 잘 받아들이고 아버지를 공경합니다. 아버지가 되는 일 자체는 그리 어렵지 않습니다. 하지만, 아버지다운 아버지가 되는 것은 결코 쉽지 않습니다. 자녀들이 올바른 생각을 하고 올바른 삶을 추구하도록 끊임없이 교정하여 훈련하는 선생이자 교관이 된다는 것은 실로 버거운 일입니다.

이 세상의 모든 훌륭한 아버지는 자녀들이 그릇 행할 때 무관심하지 않을 뿐만 아니라 그들이 다소 버겁게 느끼더라도 징계를 통한 필요한 훈련은 반드시 시킵니다. 육신의 아버지가 징계할 때 공경하는 것이 관례적 자세라면, 영의 아버지이신 하나님께서 징계할 때에는 더더욱 공경하고 복종해야 마땅합니다.

> 매를 아끼는 자는 그의 자식을 미워함이라 자식을 사랑하는 자는 근실히 징계하느니라(잠13:24).

하나님 아버지께서는, 하나님 자녀의 영적인 성장과 성숙을 위해서 징계라는 수단을 기꺼이 사용하십니다. 우리는 하나님께서 우리를 미워하시기 때문에 징계하시는 것으로 오해해서는 안 됩니다. 하나님의 최대 관심사는 우리의 영혼이 잘 되는 것입니다. 하나님은 우리가 영원한 나라에서 영생을 누리는 데에 필요한 징계를 하십니다. 따라서 우리는 그 하나님의 징계를 달게 받고 하나님의 뜻에 기쁘게 복종하며 살아야 합니다.

9. 우리의 유익을 위하여

> [히 12:10] 그들은 잠시 자기의 뜻대로 우리를 징계하였거니와 오직 하나님은 우리의 유익을 위하여 그의 거룩하심에 참여하게 하시느니라.

본문에서 "그들"은 9절에 나온 "육신의 아버지"를 가리킵니다. 즉, 육신의 아버지는 잠시 자기의 뜻대로 자녀를 징계한다는 것입니다. 이때 "뜻"의 원어는 '임의로 생각하다', '판단하다'라는 의미를 가지고 있습니다. 즉, 육신의 아버지들은 자녀를 징계할 때에 자신들 의지대로, 자신들이 좋다고 생각하는 대로 한다는 것입니다. 이는 육신의 아버지가 자녀의 유익을 고려해서 징계할 때도 있지만, 때로는 자녀의 유익과 상관없이 아버지 개인적 감정에 따라 징계할 때도 있다는 것을 의미합니다.

하지만, 영의 아버지이신 하나님은 전혀 그렇지 않습니다. 하나님은 오직 우리의 유익을 위해 징계하십니다.

하나님은 철저히 우리에게 유익을 주시는 참 좋으신 분이십니다. 우리는 예수님의 공생애를 통해서 이 사실을 잘 알 수 있습니다. 예수님께서 40일 금식 기도하신 후에 주리셨을 때, 사탄이 돌을 떡으로 만들어 먹으라고 시험합니다. 주님은 무에서 유를 창조하시는 능력을 가지신 분이시므로 굳이 돌이 아니어도 단지 말씀만으로도 무엇이든 만드실 수 있는 능력이 있습니다.

하지만, 주님은 당신의 그 능력을 자신을 위하여 단 한 번도 사용하시지 않으셨습니다. 대신 배고파 힘들어하는 무리를 위하여 그 능력을 사용하셔서 오병이어로 오천 명이 먹고도 남게 하셨습니다.

그뿐만 아니라 주님이 십자가를 지신 것도 죄인 된 우리를 위한 것이었습니다. 이처럼 주님은 철저히 우리의 유익을 위하여 당신의 모든 것을 내어주셨습니다.

오늘 본문의 말씀도 마찬가지입니다. 하나님께서 우리를 징계하시는 것은 우리의 유익을 위한 것입니다. 궁극적인 목적은 바로 하나님의 거룩하심에 참여하게 하시는 것입니다.

이와 관련하여 데살로니가전서에 다음과 같은 말씀이 있습니다.

> 하나님이 우리를 부르심은 부정하게 하심이 아니요 거룩하게 하심이니(살전 4:7).

하나님의 거룩하심은 모든 부정한 것, 모든 죄악으로부터 구별된 상태를 의미합니다. 하나님의 징계를 받는 성도들 역시 모든 정결함과 모든 선함의 상태에 이르게 될 것입니다.

이러한 까닭 모를 처절한 고난 속에서 욥은 다음과 같이 고백합니다.

> 그러나 내가 가는 길을 그가 아시나니 그가 나를 단련하신 후에는 내가 순금같이 되어 나오리라(욥 23:10).

10. 의와 평강의 열매를 맺느니라

> [히 12:11] 무릇 징계가 당시에는 즐거워 보이지 않고 슬퍼 보이나 후에 그로 말미암아 연단 받은 자들은 의와 평강의 열매를 맺느니라.

징계를 당하게 되면 그 당시에는 그것을 기쁘게 생각하지 않고 슬프게만 생각하는 것이 보편적인 현상입니다. 즉, 경험과 이성이 절대자 하나님께 미치지 못하는 유한한 인간이 징계를 받을 때 기뻐하지 않고 슬퍼하는 것은 어쩌면 당연합니다.

그러나 성도는 이러한 수준에 머물러 있어서는 안 됩니다. 성도는 하나님을 믿고 있는 존재입니다. 성도는 마땅히 자신에게 일어나고 있는 현상을 믿음의 시각으로 볼 수 있어야 하며, 그 징계 뒤에 있는 하나님의 섭리를 바라보며 그로 인해 궁극적으로 주어질 미래의 유익을 소망할 수 있어야 합니다.

왜냐하면, 믿음은 보이는 현상 너머에 빛나고 있는 초월적 실재를 볼 수 있는 눈이기 때문입니다.

> 믿음은 바라는 것들의 실상이요 보이지 않는 것들의 증거니 (히 11:1).

오늘 본문에서 히브리서 기자는 훈련의 순서를 징계(고통) → 연단 → 열매로 설명하고 있습니다. 목적을 알지 못할 때 받는 고통은 견디기가 어려울 것이지만 그것이 더욱 큰 유익을 위한 것임을 알 때는 경우가 다릅니다. 훈련의 고통을 견디어 내는 것은 하나님께서 기뻐하시는 삶을 위해서 꼭 필요한 요소입니다.

　우리는 훈련을 징벌이라고 생각해서는 안 됩니다. 그것은 우리를 위해 꼭 필요한 것이기에 우리를 사랑하시는 하나님께서 허락하시는 것입니다. 우리가 악을 행하는데도 하나님께서 노하지 않으신다면 이것이야말로 하나님의 최대의 분노일 것입니다.

> 또한, 그들이 마음에 하나님 두기를 싫어하매 하나님께서 그들을 그 상실한 마음대로 내버려 두사 합당하지 못한 일을 하게 하셨으니(롬 1:28).

　징계로 인하여 연단 받은 자들은 의와 평강의 열매를 맺게 됩니다. 이때 '의'는 신앙의 경주를 모두 마친 자에게 주어지는 완전한 의를 말합니다. 사도 바울은 이것을 의의 면류관으로 표현하였습니다. 다시 말해 성도가 궁극적으로 이르게 될 완전한 구원의 상태라고 말할 수 있습니다.

　'평강'은 피 말리는 경주와 투쟁 끝에 승리한 선수가 누리는 휴식과 긴장 완화를 표현하는 것으로서 신앙의 경주를 모두 마치고 승리한 자에게 하나님께서 주시는 완전한 평강을 의미합니다. 이런 의와 평강의 열매는, 징계라는 수단을 통하여 연단 받은 자들에게 하나님께서 주시는 보상입니다.

11. 곧은 길을 만들어

> [히 12:12-13] 그러므로 피곤한 손과 연약한 무릎을 일으켜 세우고 너희 발을 위하여 곧은 길을 만들어 저는 다리로 하여금 어그러지지 않고 고침을 받게 하라.

오늘 본문은 앞에서 교훈하고 있는 징계와 관련된 내용의 결론 부분입니다. 징계는 분명 하나님께서 우리의 유익을 위해 주시는 것이지만, 그렇다고 해서 유쾌한 것은 결코 아닙니다. 그래서 징계를 받게 되면, 심신이 지치게 됩니다. 이것을 오늘 본문에서는 "피곤한 손과 연약한 무릎"이라고 표현하고 있습니다. 이때 "피곤한"이라는 말은 '맥이 풀린', '기운이 없는'이라는 뜻입니다. 즉, 손이 피곤하다는 것은 완전한 낙심의 상태에 있음을 나타내는 표현입니다.

더 나아가 히브리 성도들은 무릎이 연약해져 있었습니다. 이는 그들이 두려움에 빠져 전진을 주춤거리고 있었다는 것과 기도를 중단한 상태에 있음을 나타냅니다. 하지만, 히브리 성도들은 이러한 상황에서도 다시 힘을 내어 일어나 신앙의 경주를 해야 합니다.

이와 관련하여 본문에서는 다음과 같이 말씀합니다.

"너희 발을 위하여 곧은 길을 만들어 저는 다리로 하여금
어그러지지 않고 고침을 받게 하라."

여기서 "곧은 길"이란, 수레바퀴가 지나다니면서 다져진 곧은 길을 가

리킵니다. 이러한 "곧은 길을 만들라"는 명령은 히브리 성도들의 행동에서 나타나는 영적 도덕적 문제점과 관련된 지적입니다. 즉, 핍박에 직면해 영적으로 약해지고 영적 전투에 무관심하게 되면, 올바른 행동 법칙에서 이탈하는 현상이 나타나게 되는데, 히브리서 기자는 이를 다리를 저는 자들을 쉽게 넘어지게 만드는 굽고 울퉁불퉁한 길로 표현합니다. 반대로 핍박에 직면했을지라도 믿음에서 떠나지 않고 영적·도덕적으로 바른 삶을 사는 것을 바르고 다져진 길로 비유하고 있습니다.

오늘 본문에 나오는 "저는 다리"라는 표현은 걷기는 하되 다리에 힘이 없어 절뚝거리며 걷는 사람을 의미합니다. 이는 곧 영적 전투에 적극적으로 참여하지 못하고 신앙의 변두리에서 왔다갔다하며 다시 유대교로 되돌아갈 가능성이 있는 자들을 비유하는 표현입니다. 과거 엘리야 선지자 시대에 여호와와 바알 사이에서 머뭇머뭇하는 사람들이 있었던 것처럼, 히브리서가 기록될 당시에도 기회를 엿보다가 다시 옛 유대교로 돌아가려고 하는 자들이 존재했던 것입니다.

만약 다리를 저는 사람이 접질려 넘어지면 큰 타격을 입을 수 있으며, 심한 경우에는 다시 걷지 못하게 될 수도 있습니다. 이러한 우려가 있기에 성도는 절뚝거리며 불안스럽게 걷는 약한 신앙을 가진 자들이 더 이상 실족하지 않고 오히려 고침을 받도록 단단하고 곧은 길과 같은 모범적인 신앙생활을 보여 주어야 한다는 것이 오늘 본문 말씀의 핵심입니다.

12. 화평함과 거룩함을 따르라

> [히 12:14] 모든 사람과 더불어 화평함과 거룩함을 따르라 이것이 없이는 아무도 주를 보지 못하리라.

이 말씀을 원문으로 살펴보면, "화평함"이라는 단어가 가장 먼저 나옴으로써 강조되고 있음을 알 수 있습니다. 이것은 히브리서 독자들 사이에 불화가 조성되고 있었을 가능성을 시사해 줍니다. 고난으로 인해 신앙이 흔들리는 사람들에게서 자연스럽게 발생하는 요소 중 하나가 불화인데, 아마도 당시 히브리서 독자들이 그런 상황에 있었던 것으로 보입니다. 그래서 히브리서 기자가 화평함을 강조하고 있는 것입니다.

그러면 누구와 화평을 이루어야 할까요?

바로 "모든 사람과 더불어" 화평을 이루어야 합니다. 즉, 히브리 출신의 그리스도인들이 적극적으로 화평해야 하는 대상에는 교회공동체 유대인들을 포함하여 이방 그리스도인, 동족 유대인, 헬라인, 로마인, 야만인 등을 다 포함합니다.

이와 관련하여 로마서에서도 똑같은 말씀을 하고 있습니다.

> 할 수 있거든 너희로서는 모든 사람과 더불어 화목하라 (롬 12:18).

그러나 우리는 모든 사람과 더불어 화평해야 한다는 이 말씀을 불의와 타협하라는 말로 받아들여서는 안 됩니다. 어떤 경우가 되었든 불의에 대해서는 단호히 거부해야 하고, 비진리를 외치는 자에 대해서는 진리로 맞서야 합니다. 이것은 뒤이어 나오는 '거룩함을 따르라'는 말씀을 통해서도 분명하게 알 수 있습니다.

이때 "거룩함"은 '부정'과 반대되는 단어로서 영적·도덕적 더러움에서 벗어나 점차 거룩하게 하는 성화의 과정을 의미합니다. 성화는 평화와 함께 성도가 성취하고자 노력해야 할 목표입니다. 이 둘은 동전의 양면과도 같아서 어느 한쪽이 없으면 영적 불균형 상태가 됩니다. 또한, 이 둘을 각각 저울의 한쪽에 올려놓을 때 어느 한 편으로라도 기울어지게 해서는 안 됩니다. 만일, 평화를 무시하고 성화만 추구한다면 이는 독선이 되고, 반대로 성화를 무시하고 평화만 추구한다면 이는 곧 비진리와 타협하는 것이 됩니다.

이것이 없이는 아무도 주를 보지 못합니다.

그렇다면 '주를 본다'라는 것은 무엇을 의미할까요?

문자적으로 하나님을 보는 것은 불가능합니다. 왜냐하면, 하나님은 형체가 없는 순수한 영이시기 때문입니다. 따라서 하나님을 본다는 것은 하나님의 속성을 깊이 이해하고 경험한다는 것, 더 나아가 궁극적으로는 하나님께서 주시는 천국에 들어간다는 것을 의미합니다. 거룩함이 없이는 아무도 하나님을 깊이 경험할 수도 없고 만날 수도 없습니다.

> 마음이 청결한 자는 복이 있나니 그들이 하나님을 볼 것임이요 (마 5:8).

13. 쓴 뿌리가 나서 괴롭게 하여

> [히 12:15] 너희는 하나님의 은혜에 이르지 못하는 자가 없도록 하고 또 쓴 뿌리가 나서 괴롭게 하여 많은 사람이 이로 말미암아 더럽게 되지 않게 하며.

오늘 본문과 이어지는 16절에서는 신앙 공동체의 화평과 거룩을 위협하는 세 가지 위험을 경고하고 있습니다.

이 가운데 오늘 본문 15절에서는 두 가지가 나옵니다.

첫째, 타락과 배교의 위험입니다.

이것을 "하나님의 은혜에 이르지 못하는 자"로 표현하고 있습니다. 하나님의 은혜는 곧 구원의 은혜이므로 여기에 이르지 못한다는 것은 영적 퇴보의 길로 들어서는 것을 의미합니다. 물론, 그 끝은 배교입니다.

하나님의 은혜가 필요치 않은 사람은 이 세상에 아무도 없지만, 하나님의 은혜에 이르지 못하는 사람은 많습니다. 즉, 하나님께서 주시는 은혜를 싫어하는 사람은 없지만, 이를 놓쳐버리거나 그대로 흘려 보내는 이들은 셀 수 없이 많습니다. 한번 비춤을 얻고 성령에 참여한 바 되었다고 해서 예외가 되는 것은 아닙니다. 따라서 성도들은 자신의 영적 상태를 늘 점검해야 합니다.

둘째, 악영향을 끼치는 사람들의 위험입니다.

이것을 "쓴 뿌리가 나서 괴롭게 하여"로 표현하고 있습니다. 그리스도 안에서의 신앙을 버리고 유대교로 돌아가려는 몇몇 사람이 미치는 공동체에 대한 영향력은 너무나 커서 적은 누룩이 온 덩어리에 퍼지는 것처럼 많은 사람을 오염시켜 신앙에서 떠나게 만들 수 있습니다. 교회 안에서 분쟁을 일으키고 많은 형제로 더러움을 입게 하는 "쓴 뿌리"에 대한 이러한 경고는 오늘 우리에게도 여전히 유효한 말씀입니다.

여기서 "쓴 뿌리"라는 문자적인 뜻은 '독한 뿌리' 또는 '악독한 뿌리'라는 의미입니다. 이것은 쓰고 독한 열매를 맺어서 주변에 있는 사람들에게 막대한 해를 끼치는 사람을 비유적으로 나타낸 말입니다. 이렇게 "쓴 뿌리"는 주변에 있는 사람들을 괴롭게 합니다. 이때 '괴롭게 하다'는 말은 '소동을 일으키다', '선동하다'라는 뜻입니다. 즉, 단순히 괴롭히고 고난을 주는 차원을 넘어 주위 사람들이 신앙에서 떠나도록 선동한다는 의미까지 포함하고 있습니다.

열두 정탐꾼 중에 여호수아와 갈렙 두 사람만이 믿음의 보고를 하고, 열 명은 눈에 보이는 대로 판단하고 부정적인 보고를 함으로써 결국 이스라엘 공동체에 치명적인 악영향을 끼치고 말았습니다. 이처럼 어느 공동체든지 선한 영향력을 끼치는 사람이 있는가 하면, 반대로 악한 영향력을 끼치는 사람도 있기 마련입니다. 그러나 분명한 것은 악영향을 끼치는 사람에게는 하나님의 복이 임하지 않는다는 사실입니다. 따라서 내 주변 사람들에게 선한 영향력을 끼치는 복된 사람이 되도록 힘써야 합니다.

14. 망령된 자가 없도록 살피라

> [히 12:16] 음행하는 자와 혹 한 그릇 음식을 위하여 장자의 명분을 판 에서와 같이 망령된 자가 없도록 살피라.

오늘 본문에서는 15절에 이어 신앙 공동체의 화평과 거룩함을 위협하는 세 번째 위험에 대해 말씀합니다. 이는 곧 육신의 욕망에 대한 경계입니다. 여기서 "음행하는 자"와 "망령된 자"는 동일 인물로서 에서의 두 가지 측면을 나타낸 것입니다.

이 구절을 원문에 따라 다시 번역하면 다음과 같습니다.

> 에서와 같이 어떤 음행하는 자 혹은 망령된 자가 있을까 두려워하라. 그는 그의 장자의 명분을 한 그릇 음식을 위하여 판 자이다(히 12:16, 저자 사역).

오늘 본문에서 에서를 경계의 모델로 제시하고 있습니다.

첫째, 음행하는 자입니다.

에서가 "음행하는 자"로 불리게 된 것은 그의 이방 여인들과의 결혼에 근거한 것으로 보입니다. 당시 유대인들 사이에는 에서가 성욕이 매우 강한 사람이었고, 이방 여인들을 아내로 취했던 사실이 이를 증거한다는 전설이 퍼져 있었습니다. 이러한 그의 결혼은 부모의 마음을 근심케 하였습니다. 이는 그의 부모인 이삭과 리브가의 눈에 비친 에서의 결혼이 심히 부도덕하여 부모에게 큰 상처와 슬픔을 주었음을 잘 보여 줍니다.

둘째, 망령된 자입니다.

이때 "망령된 자"란, 경건치 않은 자를 가리킵니다. 즉, 에서는 불경건한 사람이었다는 것입니다. 배고픔을 일시적으로 채워 줄 한 그릇 음식을 위해 장자의 명분을 기꺼이 포기한 그의 행동이 이를 잘 입증해 줍니다.

히브리 사회에서 장자의 명분은 여호와 하나님의 축복을 받는 위임장이나 다름없는 것이었습니다. 그런데도 에서는 이것을 경홀히 여기고 무익한 것으로 간주했던 것입니다. 한마디로 에서는 세속적인 것과 거룩한 것을 구별하지 못하는 자였으며, 영적 통찰력을 완전히 상실한 자였던 것입니다. 이처럼 육신의 탐욕과 욕망만을 좇는 삶은 거룩함에 결코 이르지 못하며 신앙공동체를 위협하는 요소가 됩니다.

장자권은 아버지의 기업을 상속하는 권한이며, 아버지를 통해 주시는 하나님의 약속된 복을 받는 권한입니다. 에서는 이와 같은 놀라운 축복을 아무런 수고도 없이 받은 것입니다. 그러나 육신의 배고픔 때문에 이 장자의 권리를 동생 야곱에게 팔아 버린 것입니다. 즉, 에서는 당장 현실적으로 배고픔을 해결해 줄 수 있는 팥죽 한 그릇을 장자권보다 더 유익한 것으로 여겼던 것입니다.

에서는 눈에 보이지 않는 장자권과 눈에 보이는 팥죽 중에서 팥죽을 선택하는 어리석음을 범하고 말았던 것입니다. 이렇게 눈에 보이는 것 때문에 눈에 보이지 않는 더 중요한 것을 놓치는 사람을 오늘 본문에서는 "망령된 자"라고 부릅니다. 이것은 오늘을 살아가는 우리에게도 해당하는 말씀입니다. 당장 눈앞에 보이는 것을 좇아 사느라, 더욱 중요한 하나님의 말씀을 놓친다면 이 역시 "망령된 자"라는 사실을 잊어서는 안 됩니다.

15. 신약 성도들의 특권

> [히 12:18-20] 너희는 만질 수 있고 불이 붙는 산과 침침함과 흑암과 폭풍과 나팔 소리와 말하는 소리가 있는 곳에 이른 것이 아니라 그 소리를 듣는 자들은 더 말씀하지 아니하시기를 구하였으니] 이는 짐승이라도 그 산에 들어가면 돌로 침을 당하리라 하신 명령을 그들이 견디지 못함이라.

　오늘 본문의 내용은 출애굽기 19장에 나오는 내용으로서 모세가 십계명을 받으러 시내산에 올라갔을 때의 모습을 요약한 것입니다. 오늘 본문의 배경이 되는 출애굽기에 의하면, 우레와 번개와 빽빽한 구름이 시내산에 있었고 그 시내산에 연기가 자욱했으며 여호와께서는 불 가운데에서 강림하셨고 연기가 옹기점같이 떠오르고, 이러한 일련의 현상으로 인해 온 산이 진동했다고 기록하고 있습니다.
　하나님께서 임재하신 시내산에 대한 이러한 묘사는 이스라엘 백성은 시내산에 오를 수 없었을 뿐만 아니라 가까이할 수조차 없었다는 것을 보여주기 위해서입니다. 즉, 구약 시대에는 거룩하신 하나님께서 자신의 임재하신 장소에 사람들이 접근하는 것을 철저히 금하셨습니다. 그러나 하나님의 아들 예수 그리스도께서 십자가의 구속 사역을 행하신 결과 예수 그리스도를 믿고 영접함으로써 하나님의 자녀가 된 자들은 과거 이스라엘 백성처럼 두려워할 필요 없이 하나님께 나아갈 수 있는 특권을 부여받았습니다.
　또한, 구약 시대의 이스라엘 백성은 하나님께서 자신들에게 직접 말씀하시지 않기를 원했습니다. 왜냐하면, 그들로서는 하나님의 음성을 도저히 감당할 수 없었기 때문입니다.

이와 관련하여 당시 이스라엘 백성은 다음과 같이 모세에게 말했습니다.

> 뭇 백성이 우레와 번개와 나팔 소리와 산의 연기를 본지라 그들이 볼 때에 떨며 멀리 서서 모세에게 이르되 당신이 우리에게 말씀하소서 우리가 들으리이다 하나님이 우리에게 말씀하시지 말게 하소서 우리가 죽을까 하나이다(출 20:18-19).

구약 시대의 이스라엘 백성은 비록 하나님께 택함받은 사람들이었지만, 하나님의 산에 오르지 못했을 뿐만 아니라 하나님의 음성을 듣는 것도 두려워하였습니다. 하지만, 예수 그리스도의 피로 정결케 된 신약의 성도들은 언제든지 하나님 앞에 나아갈 수 있게 되었습니다. 이처럼 신약의 성도들은 구약 시대 이스라엘 백성보다 훨씬 더 큰 은혜와 특권을 받은 것입니다. 따라서 하나님께 나아갈 수 있는 특권을 받은 자로서, 날마다 하나님께 더 가까이 나아가야 마땅합니다.

16. 만민의 심판자이신 하나님

> [히 12:22-24] 그러나 너희가 이른 곳은 시온 산과 살아 계신 하나님의 도성인 하늘의 예루살렘과 천만 천사와 하늘에 기록된 장자들의 모임과 교회와 만민의 심판자이신 하나님과 및 온전하게 된 의인의 영들과 새 언약의 중보자이신 예수와 및 아벨의 피보다 더 나은 것을 말하는 뿌린 피니라.

옛 언약 아래 있는 구약 시대의 이스라엘 백성은 지상에 임재하신 하나님 앞에도 나아가지 못했고 그 음성을 듣는 것조차 두려워했으나, 새 언약 아래 있는 성도들은 하늘에 계시는 하나님께도 담대히 나아갈 수 있는 현저한 차이가 있습니다.

히브리서 기자는 지금 그리스도인들을 기다리고 있는 영광에 관하여 말하고 있습니다. 히브리 성도들은 이미 목적지에 가까이 이르렀으며, 그리스도 안에서 탁월한 영적 지위를 차지하고 있었습니다. 그런데 눈앞에 보이는 그 최후 승리의 자리에서 뒤로 물러서려고 하는 사람들도 있었던 것입니다. 마치 마라톤 선수가 전 구간을 거의 다 달려와서 결승점이 보이는 트랙의 마지막 직선 코스에서 주저앉는다면, 이것은 참으로 애석한 일이 아닐 수 없습니다.

히브리서 기자는 히브리 성도들이 지금 이 직선 코스에 접어들었다고 격려하면서 그들을 기다리는 영광을 말해 주고 있습니다. 즉, 그 영광을 보여 주면서 다시 뒤로 돌아가거나 주저앉지 말라고 권면하는 것입니다. 과거 옛 언약 아래 있던 백성들은 그렇게 나아가고 싶어도 나아가지 못했던 반면, 새 언약 아래 있는 성도들은 하나님 앞에 너무나 손쉽게 나아갈 수 있습니다. 그런데도 마지막 순간에 환난으로 인하여 넘어져서 다시 뒤로 돌아가 버린다면, 이것은 참으로 안타까운 일입니다.

오늘 본문에서 우리가 또 유념해야 할 부분이 있습니다. 바로 하나님은 만민의 심판자이시다는 사실입니다. 이때 "만민"이란, 지구상에서 나고 죽은 모든 사람을 가리킵니다. 즉, 하나님으로부터 심판받는 대상은 이 땅에 존재했던 모든 사람이라는 것입니다.

그렇다면 하나님은 무엇에 대하여 심판하시는 것일까요?

하나님은 사람들의 행위는 물론이고, 그들이 한 모든 말과 심지어 속으로 품었던 모든 은밀한 생각까지도 모두 다 심판하실 것입니다.

> 또 내가 보니 죽은 자들이 큰 자나 작은 자나 그 보좌 앞에 서 있는데 책들이 펴져 있고 또 다른 책이 펴졌으니 곧 생명책이라 죽은 자들이 자기 행위를 따라 책들에 기록된 대로 심판을 받으니 바다가 그 가운데에서 죽은 자들을 내주고 또 사망과 음부도 그 가운데에서 죽은 자들을 내주매 각 사람이 자기의 행위대로 심판을 받고 (계 20:12-13).

> 내가 너희에게 이르노니 사람이 무슨 무익한 말을 하든지 심판 날에 이에 대하여 심문을 받으리니 네 말로 의롭다 함을 받고 네 말로 정죄함을 받으리라 (마 12:36-37).

> 곧 나의 복음에 이른 바와 같이 하나님이 예수 그리스도로 말미암아 사람들의 은밀한 것을 심판하시는 그 날이라 (롬 2:16).

마지막 날, 우리는 이 땅에서 행했던 모든 말과 행동 그리고 아직 말하거나 행하지는 않았지만, 속으로 품었던 생각까지도 심판받을 것입니다.

이 사실을 늘 기억하며 살아간다면, 나의 삶이 좀 달라지지 않을까요?

17. 말씀하신 이, 경고하신 이

> [히 12:25-26] 너희는 삼가 말씀하신 이를 거역하지 말라 땅에서 경고하신 이를 거역한 그들이 피하지 못하였거든 하물며 하늘로부터 경고하신 이를 배반하는 우리일까보냐 그때에는 그 소리가 땅을 진동하였거니와 이제는 약속하여 이르시되 내가 또 한 번 땅만 아니라 하늘도 진동하리라 하셨느니라.

"너희는 삼가 말씀하신 이를 거역하지 말라."

이 말씀은 '너희는 거역하지 않도록 계속 주의하라'는 의미입니다.

그렇다면 우리가 거역해서는 안 되는 대상은 누구인가요?

바로 "말씀하신 이"입니다. 여기서 말씀하시는 이는 하나님이십니다.

하나님은 말씀하시는 분이시며 우리는 그 말씀에 순종해야 할 존재입니다. 신약 시대에 하나님은 그 아들 예수 그리스도를 통해 말씀하셨습니다. 즉, 히브리서 기자는 하나님께서 예수 그리스도를 통하여 계시하신 뜻을 거역하지 말아야 한다고 강조하고 있는 것입니다.

히브리 성도들이 그리스도에 대한 믿음을 저버리고 다시 옛 유대교로 되돌아가는 것은 아들 예수 그리스도의 사역과 말씀 및 십자가를 통해 말씀하신 하나님의 분명한 뜻을 거역하는 일이 됩니다. 만약 그들이 끝까지 거역한다면 구약 시대 모세를 통해 주어진 하나님의 뜻을 저버린 이스라엘 백성이 멸망한 것과 마찬가지로, 그들도 반드시 심판과 멸망을 피할 수 없을 것입니다.

구약 시대 모세를 통하여 말씀하셨을 때 그 말씀에 권위가 있어 말씀을 거역한 자는 형벌을 피할 수 없었습니다. 그러므로 아들을 통해 말씀하신 것을 거역한 자는 더 큰 형벌을 받게 됩니다. 따라서 예수님을 거부하거나 등을 돌리는 사람들은 결단코 벌을 피하지 못할 것입니다.

이와 관련하여 하나님은 모세와 예수님을 통해서 경고하셨습니다. 모세는 땅에서 경고했지만, 그리스도는 하늘로부터 경고하셨습니다. 모세를 거역한 이들도 형벌을 피하지 못했듯이 하나님의 아들이신 예수 그리스도를 외면하거나 버리는 자들도 결코 형벌을 피할 수 없습니다.

히브리서 기자는 예수님의 가르침에 귀를 막는 자들과 믿음을 배반하는 자들은 다 같이 형벌을 받게 된다는 것을 말함으로써 믿음이 흔들리는 이들을 위해 배교의 결과가 어떤 것인지를 일깨워 주고 있습니다.

> "그때에는 그 소리가 땅을 진동하였거니와 이제는 약속하여 이르시되 내가 또 한 번 땅만 아니라 하늘도 진동하리라 하셨느니라."

하나님께서 이스라엘 백성에게 율법을 주시고자 시내산에 강림하셨을 때 땅이 진동하였습니다. 이 지진은 자연적으로 발생한 것이 아니라 하나님의 음성이 땅을 진동시킨 결과였습니다. 그러나 현 세계 질서의 종말이 임할 때에는 하나님께서 땅뿐만 아니라 하늘까지도 뒤흔드실 것입니다. 이것은 예수님께서 재림하실 때에 일어날 일로서 최후 심판에 대한 예고입니다.

> 그러나 주의 날이 도둑 같이 오리니 그날에는 하늘이 큰 소리로 떠나가고 물질이 뜨거운 불에 풀어지고 땅과 그중에 있는 모든 일이 드러나리로다 하나님의 날이 임하기를 바라보고 간절히 사모하라 그날에 하늘이 불에 타서 풀어지고 물질이 뜨거운 불에 녹아지려니와 우리는 그의 약속대로 의가 있는 곳인 새 하늘과 새 땅을 바라보도다 (벧후 3:10, 12-13).

지금까지 인류는 지진을 많이 경험했지만, 하늘이 흔들리는 것을 보지는 못했습니다. 이러한 우주의 대격변은 종말을 의미합니다. 우리는 그날이 지금 우리를 향해 다가오고 있다는 사실을 항상 기억하며 살아야 합니다. 그날은 불경건한 모든 이에게는 공포와 두려움의 날이 되겠지만, 성도들에게는 희망의 날이 될 것입니다. 따라서 그날이 두려움으로 다가오지 않도록 우리 모두는 거룩한 행실과 경건함으로 철저히 준비해야 합니다.

18. 흔들리지 않는 나라를 받았은즉

> [히 12:27-29] 이 또 한 번이라 하심은 진동하지 아니하는 것을 영존하게 하기 위하여 진동할 것들 곧 만드신 것들이 변동될 것을 나타내심이라 그러므로 우리가 흔들리지 않는 나라를 받았은즉 은혜를 받자 이로 말미암아 경건함과 두려움으로 하나님을 기쁘시게 섬길지니 우리 하나님은 소멸하는 불이심이라.

오늘 본문은 영원한 하늘나라를 유업으로 받은 성도들이 살아야 할 은혜와 경건의 삶에 대한 권고의 말씀입니다.

주님이 심판하시는 마지막 날에는 모든 피조물은 근본부터 뿌리가 뽑혀 멸망하게 될 것이나 "진동하지 않는 것"은 확고부동하게 머물 것입니다.

그렇다면 "진동하지 않는 것"은 무엇일까요?

바로 하나님의 나라입니다. 이에 대해서 본문 28절에서는 "흔들리지 않는 나라"로 표현하고 있습니다. 현 세계 질서의 종말은 우주의 마지막 정화이며 죄로부터의 최종적인 정결인데, 그 가운데에서도 하나님의 나라는 흔들리지 않고 보호됩니다. 또한, 그 가운데 그 나라를 구성하고 있는 예수님을 믿는 사람들 역시 요동치 않고 남아 있을 것입니다.

종말의 날이 이르면 우주의 가장 중요한 부분인 천체가 평형을 잃고 그 운행 자체가 교착 상태에 빠질 것으로 보입니다. 이는 예수 그리스도께서 재림하실 때 일어날 가공할 사건입니다. 히브리서 기자는 하나님께서 지으신 하늘과 땅 그리고 그 가운데 있는 모든 것을 "진동할 것들"에 포함합니다. 즉, 이것은 모두 없어지게 된다는 것입니다. 구질서의 요소들은 소멸하여 사라지게 됩니다. 이는 사라져버릴 세상에 소망을 두는 것이 얼마나 어리석은 일인지를 말해 주는 것이기도 합니다.

28절에서는, 우리가 흔들리지 않는 나라를 유업으로 받았기에 감사해야 한다고 말씀합니다.

> "그러므로 우리가 흔들리지 않는 나라를 받았은즉
> 은혜를 받자 이로 말미암아 경건함과 두려움으로
> 하나님을 기쁘시게 섬길지니."

"기쁘시게"라는 말은 '기뻐 받을 만하신'이라는 뜻입니다. 믿음으로 드린 아벨의 예물과 또 믿음으로 하나님과 동행한 에녹의 삶이 하나님께서 기뻐 받을 만하신 것이었던 것처럼, 우리는 경건함과 두려움으로 기뻐 받을 만하신 산 제물의 삶으로 하나님을 섬겨야 합니다. 즉, 하나님을 섬기되 경홀히 해서는 안 됩니다.

하나님을 경건함과 두려움으로 섬기지 않는 자들에 대한 하나님의 반응이 29절에 기록되어 있습니다.

> "우리 하나님은 소멸하는 불이심이라."

하나님은 모든 불경건과 악에 대해 철저하게 응징하십니다. 우리는 여기에서 예수님을 거부하거나 예수님을 배반하고 세상으로 나간 자들의 운명을 예감할 수 있습니다. 그들은 하나도 빠짐없이 모두 엄정한 하나님의 심판을 받게 될 것입니다.

제13장
오늘도 살아계신 예수님

1. 형제 사랑, 손님 대접

2. 돈을 사랑하지 말고

3. 주는 나를 돕는 이시니

4. 그들의 믿음을 본받으라

5. 어제도 오늘도 살아계신 예수님

6. 다른 교훈에 끌리지 말라

7. 거룩하게 하려고

8. 그에게 나아가자

9. 하나님이 기뻐하시는 제사

10. 순종하고 복종하라

11. 나를 위하여 기도하라

12. 자기 뜻을 행하게 하시고

13. 은혜가 있을지어다

1. 형제 사랑, 손님 대접

> [히 13:1-3] 형제 사랑하기를 계속하고 손님 대접하기를 잊지 말라 이로써 부지중에 천사들을 대접한 이들이 있었느니라 너희도 함께 갇힌 것 같이 갇힌 자를 생각하고 너희도 몸을 가졌은즉 학대 받는 자를 생각하라.

사실 형제 사랑은 그리스도인에게 요구되는 윤리의 근본이자 기초라고 할 수 있습니다. 예수님께서도 제자들에게 서로 사랑하도록 명하시면서 이것이 새 계명이라고 말씀하셨습니다. 그러므로 우리는 함께 신앙생활 하는 지체를 계속해서 사랑해야 합니다.

육신의 부모도 자녀들이 우애 있게 지내는 모습을 보면, 흐뭇해합니다. 마찬가지로 예수님을 믿음으로 하나님의 자녀가 된 우리는 한 형제요 한 자매입니다. 그러므로 우리가 서로 사랑하면서 살아가는 삶은 하나님 아버지께 기쁨이 됩니다.

형제 사랑에 이어 2절에서는 나그네를 대접하라고 말씀합니다. 원시 사회에서 낯선 사람을 대개 적으로 간주하였습니다. 하지만, 히브리 사회에서는 구약 시대부터 이미 나그네를 환대하는 행위가 익숙한 관습이자 의무였습니다. 따라서 초대 교회의 그리스도인들도 손님 대접하기에 힘썼음이 분명합니다.

이렇게 손님을 대접하다가 부지중에 천사를 대접한 사례도 있었습니다. 대표적인 인물이 아브라함과 롯입니다. 그들은 천사가 아닌 평범한 사람을 대접한다고 생각하며 선행을 베풀었으나 실제적으로는 천사를 대접한 것이었습니다.

그 결과 아브라함은 하나님의 심판 계획을 들을 수 있었고 그로 말미암아 조카 롯을 구원할 수 있었습니다. 롯 역시 두 딸과 함께 구원받는 복을 받게 됩니다. 즉, 하나님은 손님 접대를 극진히 한 아브라함과 롯에게 그들이 행한 것 이상의 복을 내려 주신 것입니다.

3절에서는 그리스도인이 고난 중에 있는 그리스도인 형제들에 대해서 취해야 할 태도에 관한 권면의 말씀입니다.

"너희도 함께 갇힌 것 같이 갇힌 자를 생각하고
너희도 몸을 가졌은즉 학대받는 자를 생각하라."

히브리서 독자 중에는 당시 믿음 때문에 옥에 갇히거나 학대를 당하는 자가 적지 않았습니다. 히브리서가 기록된 당시 로마의 네로 황제가 통치하고 있던 기간으로서 로마 제국의 영역 내에 있는 그리스도인들에 대한 박해가 극심한 시기였습니다.

그래서 히브리서 기자는 옥고를 치르지 않는 사람들에게 이들의 고통을 헤아리면서 마치 자신이 갇힌 자가 된 것처럼 고난을 함께 나누도록 권면하는 것입니다. 이것은 그리스도의 몸에 속한 지체들이 마땅히 가져야 할 태도입니다. 한 지체가 고통을 당하면 몸 전체가 고통을 함께 겪게 되어 있기 때문입니다.

2. 돈을 사랑하지 말고

> [히 13:5] 돈을 사랑하지 말고 있는 바를 족한 줄로 알라 그가 친히 말씀하시기를 내가 결코 너희를 버리지 아니하고 너희를 떠나지 아니하리라 하셨느니라.

돈을 사랑하는 일의 위험성에 관해서는 바울도 디모데전서에서 다음과 같이 경고한 바가 있습니다.

> 돈을 사랑함이 일만 악의 뿌리가 되나니 이것을 탐내는 자들은 미혹을 받아 믿음에서 떠나 많은 근심으로써 자기를 찔렀도다(딤전 6:10).

돈을 사랑하는 것은 일만 악의 뿌리가 되므로 철저히 경계하지 않으면 안 됩니다. 예수님께서도 돈이 하나님의 위치에까지 이를 수 있음을 경고하셨습니다.

> 한 사람이 두 주인을 섬기지 못할 것이니 혹 이를 미워하고 저를 사랑하거나 혹 이를 중히 여기고 저를 경히 여김이라 너희가 하나님과 재물을 겸하여 섬기지 못하느니라(마 6:24).

결국, 돈을 사랑하여 중히 여기는 자는 하나님을 뒷전으로 밀치는 자가 되는 것입니다. 그러므로 하나님을 섬기는 성도들은 돈을 사랑하는 자들이 되어서는 안 됩니다. 또한, 돈을 사랑하는 자들은 결국 하나님께서 원치 않으시는 여러 가지 악에 빠질 수밖에 없음을 잊지 말아야 합니다.

따라서 성도는 돈에 대한 욕심이나 집착을 버려야 합니다. 여리고성 함락 시 하나님께 바쳐진 것 중에서 금과 은과 아름다운 외투를 탐해 훔친 아간은 가족과 함께 진멸되었습니다. 또한, 많은 재산에 대한 욕망을 저버리지 못한 부자 청년은 예수의 말씀을 따르지 못했고, 또 헌금 일부를 감추고도 거짓말한 아나니아와 삽비라 부부는 즉각적인 하나님의 진노 심판을 받았습니다.

이러한 사실을 기억하고 우리는 돈을 사랑해서는 안 되며, 현재 가지고 있는 것이 많든 적든, 그것에 만족할 줄 알아야 합니다. 왜냐하면, 나를 사랑하시는 하나님께서 결코 나를 버리거나 떠나지 않으시기 때문입니다. 나를 나보다 더 잘 아시는 하나님은 나에게 무엇이 필요한지 아시며, 그분께서 풍성한 것으로 채우실 것입니다.

군인에게 있어서 정말 중요한 것은 피아식별(彼我識別)입니다. 즉, 누가 아군이며 누가 적인지를 잘 분별할 수 있어야 합니다. 그리스도인도 마찬가지입니다. 즉, 그리스도인으로서 사랑해야 할 대상이 누구이며 사랑하지 말아야 할 것이 무엇인지를 바르게 분별해야 합니다. 우리가 첫 번째로 사랑해야 할 대상은 하나님이며 두 번째로 사랑해야 할 대상은 이웃입니다. 그리고 사랑하지 말아야 할 것은 돈입니다.

사랑해야 할 것을 사랑하지 못하고, 반대로 사랑해서는 안 되는 것을 사랑함으로써 많은 문제가 발생합니다. 그러므로 하나님을 사랑해 보십시오. 그러면 내가 구하지 않은 것까지도 넘치도록 주실 것입니다.

> 자기 아들을 아끼지 아니하시고 우리 모든 사람을 위하여 내주신 이가 어찌 그 아들과 함께 모든 것을 우리에게 주시지 아니하겠느냐(롬 8:32).

3. 주는 나를 돕는 이시니

> [히 13:6] 그러므로 우리가 담대히 말하되 주는 나를 돕는 이시니 내가 무서워하지 아니하겠노라 사람이 내게 어찌하리요 하노라.

오늘 본문에서는 하나님을 이렇게 표현합니다. "주는 나를 돕는 이시니 이 문구를 원어대로 하면, '여호와께서 나에게 계신다'라는 뜻입니다. 즉, 성도가 주의 도움을 기대할 수 있는 근거는 바로 여호와 하나님께서 나와 함께 하시기 때문입니다. 성도는 하나님께서 항상 함께하시기 때문에 언제든지 하나님의 도움을 받을 수 있습니다. 그러기에 어떤 상황에서 누구를 만나더라도 두려워할 필요가 없습니다.

가나안 정복 전쟁을 앞에 두고 있는 여호수아의 마음에는 두려움이 있었습니다. 애굽에서 노예로 있던 이스라엘 민족을 출애굽시킨 지도자 모세가 죽음을 맞이하여 세상을 떠난 때였고 이스라엘 백성들은 전쟁 경험이 전혀 없어서 전쟁에 필요한 무기도 갖추지 못한 상태였습니다. 이런 상황에서 좋은 무기로 무장된 가나안 민족과 전쟁을 해야 한다는 사실은 여호수아에게 큰 두려움으로 다가올 수밖에 없었습니다.

이처럼 두려움에 휩싸인 여호수아에게 하나님께서 말씀하셨습니다.

> 네 평생에 너를 능히 대적할 자가 없으리니 내가 모세와 함께 있었던 것 같이 너와 함께 있을 것임이니라 내가 너를 떠나지 아니하며 버리지 아니하리니 강하고 담대하라 (수 1:5-6).

> 내가 네게 명령한 것이 아니냐 강하고 담대하라 두려워하지 말며 놀라지 말라 네가 어디로 가든지 네 하나님 여호와가 너와 함께 하느니라 하시니라(수 1:9).

여호수아가 두려워하지 않아도 되는 이유는, 모세와 함께하셨던 하나님께서 여호수아와도 함께하시기 때문입니다. 문제를 보고 상황을 보면 두려울 수 있으나, 문제보다 크신 하나님께서 나와 함께 하심을 바라보면, 어떤 상황도 어느 누구도 두렵지 않을 것입니다. 그러므로 우리에게는 주를 바라보는 믿음의 시각이 필요합니다.

때로 우리는 허허벌판에 홀로 버려진 듯한 느낌을 받을 때가 있습니다. 또 내 주변에 아무도 나를 도와주는 사람이 없어 외롭고 힘들다는 생각이 들기도 할 것입니다. 하지만, 믿음의 눈으로 바라보면, 주님은 언제나 나와 함께하셨습니다. 나와 항상 함께 있으리라고 약속해 주셨던 주님은 단 한 순간도 나를 떠나시거나 나를 버리신 적이 없습니다. 이렇게 언제나 나와 함께해 주시는 주님이 나를 도우시기에 우리는 결코 두려워할 필요가 없습니다.

4. 그들의 믿음을 본받으라

> [히 13:7] 하나님의 말씀을 너희에게 일러 주고 너희를 인도하던 자들을 생각하며 그들의 행실의 결말을 주의하여 보고 그들의 믿음을 본받으라.

오늘 본문은 하나님의 말씀을 전해 주고 신앙을 인도하던 자들의 삶의 자취를 되새기며 그들의 믿음을 본받으라고 권면하는 내용입니다. 본문에서 "인도하던 자들"이란, 히브리 성도들이 섬기는 교회를 설립하고 하나님의 말씀으로 지도했던 훌륭한 믿음의 사람들을 가리킵니다. 히브리서 기자는 바로 이들을 생각하라고 명령합니다. 이때 '생각하다'라는 말의 의미는 '기억하다'라는 뜻입니다. 즉, 이 믿음의 선배들을 기억할 때, 내가 현재 당하는 어려움을 믿음으로 극복할 힘이 생기는 것입니다.

현재 내가 당하는 어려움을 이미 믿음의 선진들과 영적 지도자들도 당했다는 사실을 알게 되면 어려움을 극복하는 데 큰 힘이 됩니다.

이와 관련하여 주님께서도 다음과 같이 말씀하셨습니다.

> 나로 말미암아 너희를 욕하고 박해하고 거짓으로 너희를 거슬러 모든 악한 말을 할 때는 너희에게 복이 있나니 기뻐하고 즐거워하라 하늘에서 너희의 상이 큼이라 너희 전에 있던 선지자들도 이같이 박해하였느니라 (마 5:11-12).

오늘 본문에서 히브리서 기자는 이렇게 믿음의 선배들을 생각하며 또한 이들 행실의 결말을 '주의하여 보라'고 권면합니다. 이때 '주의하여 보다'는 말은 '보고 또 보다', '반복해서 자세히 관찰하다'라는 의미입니다.

그렇다면 히브리서 기자가 성도들에게 반복해서 살펴보라고 말하는 '인도자들의 행실의 결말'은 무엇일까요?

그것은 바로 하나님께서 주시는 영광과 상급입니다. 비록 이 땅에서 믿음으로 인하여 많은 고난을 겪더라도 끝까지 믿음을 지킨 이들에게는 고난과 비교할 수 없는 영광이 주어집니다.

> 자녀이면 또한 상속자 곧 하나님의 상속자요 그리스도와 함께한 상속자니 우리가 그와 함께 영광을 받기 위하여 고난도 함께 받아야 할 것이니라 생각하건대 현재의 고난은 장차 우리에게 나타날 영광과 비교할 수 없도다(롬 8:17-18).

마지막으로 히브리서 기자는 이들의 믿음을 "본받으라"고 명령합니다. 이때 "본받으라"라는 말은 어떤 사람이 다른 사람의 하는 것을 보고 모방하는 것을 가리킵니다. 사람들은 모방하면서 배우게 됩니다.

사도 바울이 했던 많은 권면의 말씀 중에 이런 말씀이 있습니다.

> 내가 그리스도를 본받는 자가 된 것 같이 너희는 나를 본받는 자가 되라(고전 11:1).

이 시간, 나 자신의 믿음을 한번 돌아보기를 원합니다.
과연 나의 믿음은 다른 누군가가 본받을 만한 것일까요?

5. 어제도 오늘도 살아계신 예수님

> [히 13:8] 예수 그리스도는 어제나 오늘이나 영원토록 동일하시니라.

과거에 믿음의 선진들에게 힘과 위로가 되셨던 예수 그리스도는 오늘도 여전히 그리고 앞으로도 영원토록 모든 믿는 자에게 동일하게 위로와 힘이 되십니다. 왜냐하면, 예수님은 변치 않는 분이며, 영원히 살아계신 분이시기 때문입니다. 이 같은 사실은 히브리서를 읽고 있는 자들에게 적지 않은 위로가 되었을 것입니다.

믿음의 선진은 하나님께서 맡기신 역할을 마친 후 모두 사라졌습니다. 그러나 그리스도는 여전히 그 자리에 계셔서 전에 믿음의 선진들을 인도하신 것처럼 지금도 우리를 인도하십니다. 따라서 신약의 성도들은 앞서 살다 간 믿음의 영웅들이 그리스도에 대해 가졌던 믿음과 신뢰를 본받기만 하면 됩니다.

하나님께서 호렙산 떨기나무 가운데 임하셔서서 모세에게 자신을 소개하시는 장면에 보면 다음과 같은 말씀이 나옵니다.

> 또 이르시되 나는 네 조상의 하나님이니 아브라함의 하나님, 이삭의 하나님, 야곱의 하나님이니라 모세가 하나님 뵈옵기를 두려워하여 얼굴을 가리매 (출 3:6).

'나는 아브라함의 하나님, 이삭의 하나님, 야곱의 하나님이니라'라는 말씀은 이런 뜻입니다. 아브라함은 한 시대를 살다가 죽었고, 이삭과 야곱도 마찬가지로 한 시대를 살다가 죽었지만, 아브라함과 함께하셨던 하나님은 동일하게 살아계셔서 이삭과 야곱과도 함께하셨다는 뜻입니다. 즉, 인간은 유한한 피조물이지만, 하나님은 창조주로서 영원하신 분이심을 스스로 알려 주신 것입니다.

하나님께서 영원히 살아계시는 분이라는 사실은 매우 중요합니다. 한번 가만히 생각해 보십시오.

창세기에서 말씀으로 온 우주 만물을 만드신 하나님께서 오늘도 살아계시며 나와 함께 하신다는 사실을 내가 진정으로 믿는다면, 내가 어떤 어려움을 당하든 그것이 무슨 문제가 되겠습니까?

또 이천 년 전에 죽은 나사로를 다시 살리셨던 예수님께서 지금도 살아계셔서 나와 함께 하신다는 것을 진정으로 믿는다면, 나에게 지금 어떤 질병이 있든 그것이 무슨 문제가 되겠습니까?

나에게 어려움이 있는 것이 문제가 아니라, 어제나 오늘이나 영원토록 살아계시는 주님이 나와 함께 하신다는 믿음이 없는 것이 문제입니다. 성경책 속에서 역사하셨던 전능하신 하나님께서 지금도 살아계신다는 믿음이 있다면, 어떤 것도 두렵지 않을 것입니다.

> 복음에는 하나님의 의가 나타나서 믿음으로 믿음에 이르게 하나니 기록된 바 오직 의인은 믿음으로 말미암아 살리라 함과 같으니라(롬 1:17).

6. 다른 교훈에 끌리지 말라

> [히 13:9] 여러 가지 다른 교훈에 끌리지 말라 마음은 은혜로써 굳게 함이 아름답고 음식으로써 할 것이 아니니 음식으로 말미암아 행한 자는 유익을 얻지 못하였느니라.

"여러 가지"는 '온갖', '잡다한'을 의미합니다. 본문에서의 "여러 가지"는 당시에 믿음이 흔들리던 히브리 성도들을 그리스도에 대한 신앙에서 떠나게 하고자 사단이 다양한 방식으로 접근하고 있었음을 보여 줍니다. 그리고 "다른 교훈"이란, 낯선 사람들이 전해 주는 것으로서 그 내용조차 생소한 교훈을 말합니다.

오늘날 우리 또한 잡다한 다른 교훈에 주의하고 경계해야 합니다. 주의 이름으로 말한다고 하여 모두가 옳고 거룩한 것은 아닙니다. 왜냐하면, 사단은 성도를 혼란하게 하려고 천사의 모습으로 다가오기도 하고, 진리를 위장한 비진리로 접근하기도 하기 때문입니다. 그러므로 성경 말씀에 생소한 주장이나 가르침에는 항상 경계해야 합니다.

언젠가 월미공원에서 산책하고 있는데 한 낯선 여자가 아내에게 작은 전단을 건네고 가는 것이었습니다. 무엇인가 하고 보니, 전단에 이렇게 적혀 있었습니다.

"크리스마스의 진실을 아십니까?"

하나님의교회에서 나누어 주는 전단이었습니다. 그뿐만 아니라 저는 일주일에 서너 번씩 신천지 사람들로부터 메일을 받고 있습니다. 스팸 차단을 해도 계속해서 다른 사람에게서 오고 있습니다. 사단은 우리가 신앙생활을 잘하도록 그냥 가만히 내버려두지 않습니다. 온갖 잡다한 다른 교훈으로 우리를 미혹하여 넘어뜨리려고 안간힘을 다합니다.

> 거짓 그리스도들과 거짓 선지자들이 일어나 큰 표적과 기사를 보여 할 수만 있으면 택하신 자들도 미혹하리라 (마 24:24).

우리는 지금 유람선을 타고 이 세상을 관광하는 자들이 아니라, 전투선을 타고 영적 전쟁을 하는 자들입니다. 그러므로 어디서 사단의 공격이 날아올지 모르는 상황에서 하나님의 전신 갑주로 무장하여 늘 깨어 있어야 합니다.

> 근신하라 깨어라. 너희 대적 마귀가 우는 사자 같이 두루 다니며 삼킬 자를 찾나니 너희는 믿음을 굳건하게 하여 그를 대적하라 (벧전 5:8-9).

7. 거룩하게 하려고

> [히 13:10-12] 우리에게 제단이 있는데 장막에서 섬기는 자들은 그 제단에서 먹을 권한이 없나니 이는 죄를 위한 짐승의 피는 대제사장이 가지고 성소에 들어가고 그 육체는 영문 밖에서 불사름이라 그러므로 예수도 자기 피로써 백성을 거룩하게 하려고 성문 밖에서 고난을 받으셨느니라.

오늘 본문 10-11절은 구약 시대 속죄일에 드렸던 속죄 제물을 제사장들이 먹을 수 없었던 사실을 언급하고 있습니다. 즉, 일상 제사에서 드려지는 제물은 제사장들이 먹을 수 있었지만, 대속죄일에 백성의 죄에 대해 속죄하기 위 피를 가지고 성소에 들어가 바친 속죄 제물의 고기는 먹을 수 없었고 진 밖에서 불 살아야 했습니다.

히브리서 기자는 이러한 사실을 들어, 백성의 죄를 대신해서 속죄의 피를 흘리신 예수 그리스도의 은혜에 옛 언약의 규례를 고집하는 자들은 참여할 수 없음을 말하고 있습니다. 옛 언약은 예수 그리스도의 십자가 희생으로 인해 완전하게 성취됨으로써 이제는 효력을 잃었습니다.

그런데도 옛 언약을 따라 유월절 음식을 꼭 먹어야 한다고 주장하거나 레위기에 정한 정결한 음식만을 먹어야 한다고 고집하는 사람, 속되고 부정한 것은 먹을 수 없다고 주장하는 사람들은 근본적으로 예수 그리스도의 십자가의 은혜를 인정하지 않는 것과 같습니다.

따라서 그들은 속죄의 제단에서 속죄의 제물이 되신 그리스도의 은혜에 참여할 수 없습니다. 본문의 12절에서는 예수님께서 예루살렘 성문 밖에서 십자가를 지신 목적이 언급됩니다.

> "그러므로 예수도 자기 피로써 백성을 거룩하게 하려고
> 성문 밖에서 고난을 받으셨느니라."

우리 중 율법의 행위로 거룩하게 될 수 있는 사람은 아무도 없습니다. 이러한 우리를 거룩하게 하려고 주께서 이 대속 제물이 되셔서 십자가에서 피 흘려 죽으신 것입니다. 그러므로 예수님을 믿는 사람이라면 반드시 세상 사람들과 구별되는 거룩함이 있어야 합니다.

하나님께서 우리에게 요구하시는 것이 바로 이것입니다.

> 나는 너희의 하나님이 되려고 너희를 애굽 땅에서 인도하여 낸 여호와라 내가 거룩하니 너희도 거룩할지어다(레 11:45).

> 너희는 나에게 거룩할지어다 이는 나 여호와가 거룩하고 내가 또 너희를 나의 소유로 삼으려고 너희를 만민 중에서 구별하였음이니라(레 20:26).

그렇다면 어떻게 해야 거룩해질까요?

하나님은 우리가 거룩해지는 방법에 대해서도 자세하게 말씀해 주고 계십니다.

> 하나님의 말씀과 기도로 거룩하여짐이라(딤전 4:5).

8. 그에게 나아가자

> [히 13:13-14] 그런즉 우리도 그의 치욕을 짊어지고 영문 밖으로 그에게 나아가자 우리가 여기에는 영구한 도성이 없으므로 장차 올 것을 찾나니.

오늘 본문 바로 앞 12절에는 다음과 같은 말씀이 있습니다.

> 그러므로 예수도 자기 피로써 백성을 거룩하게 하려고 성문 밖에서 고난을 받으셨느니라(히 13:12).

그리고 그다음 말씀인 오늘 본문 13절에서는 그리스도의 피로 속죄함을 받고 성화된 성도들이 취해야 할 행동 방향을 제시하고 있습니다. 즉, 히브리서 기자는 히브리 성도들에게 여전히 유대교의 진 안에 머뭇거리고 있음을 지적하며 진밖에 계신 그리스도에게로 나아가자고 촉구하고 있는 것입니다.

광야 시대의 이스라엘에 있어서 진영 밖으로 나가는 것은 문둥병자들이나 행하던 행동으로 큰 수치였으나 히브리서 기자는 성도들에게 함께 진밖으로 나아가자고 권면합니다. 누구든지 구원을 얻은 자는 그리스도의 발자취를 따르기 위해 이 결단을 내리는 것이 필요합니다. 그러나 이 결단에는 고난과 핍박이 따릅니다. 그래서 히브리서 기자는 "그의 치욕을 짊어지고"라는 말을 덧붙이고 있습니다. 이 말을 통해 우리는 그리스도를 따르는 길이 절대 순탄치 않음을 알 수 있습니다.

오늘날 우리도 그리스도를 따르기 위해 세속주의와 형식주의의 틀에서 과감히 벗어나야 합니다. 그리스도를 따르는 데 있어서 가장 올바른 자리는 세상 사람들이 추구하는 가치와 복을 좇는 자리가 아니라 오직 십자가 앞입니다. 그리고 십자가 앞에 머물기 위해서는 그에 따르는 많은 고난과 시련을 기꺼이 감수해야 합니다.

14절에는 우리가 영문 밖으로 나가야 할 또 다른 이유를 제시합니다.

"우리가 여기에는 영구한 도성이 없으므로 장차 올 것을 찾나니."

우리가 사는 이 세상에는 영구한 도성이 없습니다. 이때 "영구한 도성"이란, 장차 임할 새 하늘과 새 땅의 새 예루살렘성을 가리킵니다. 이 새 예루살렘의 영적 거민인 성도는 장차 사라져버릴 이 세상에 속하지 않고 예수와 함께 영문 밖으로 나간 자들입니다. 그러므로 성도는 아랫것, 즉 현재의 것들에 집착하지 말고 위엣것, 즉 하늘에 있는 것들을 사모해야 합니다.

이와 관련하여 골로새서에서는 다음과 같이 말씀합니다.

> 그러므로 너희가 그리스도와 함께 다시 살리심을 받았으면 위의 것을 찾으라 거기는 그리스도께서 하나님 우편에 앉아 계시느니라 위의 것을 생각하고 땅의 것을 생각하지 말라(골 3:1-2).

9. 하나님께서 기뻐하시는 제사

> [히 13:15-16] 그러므로 우리는 예수로 말미암아 항상 찬송의 제사를 하나님께 드리자 이는 그 이름을 증언하는 입술의 열매니라 오직 선을 행함과 서로 나누어 주기를 잊지 말라 하나님은 이같은 제사를 기뻐하시느니라.

히브리서 기자는 오늘 본문에서 하나님께서 기뻐하시는 찬송과 선행의 제사를 지낼 것을 권면합니다. 예수 그리스도의 완전한 제사 이후 다시는 동물의 피로 드리는 제사가 필요하지 않게 되었습니다. 그러므로 이제 성도가 하나님께 드릴 제사는 바로 찬송과 선행의 제사입니다.

15절에서는 "찬양의 제사"에 관하여 언급합니다. 랍비들의 격언에서도 말하듯 다른 모든 제사는 폐하여질지라도 찬양의 제사만큼은 없어지지 않을 것입니다. 유대 철학자 필로는 찬양의 제사를 제사 중에서 '최선의 선물'이라고 표현하기도 하였습니다. 즉, 찬양은 우리가 하나님께 드려야 할 최선의 제물이므로 이를 끊임없이 바치도록 힘써야 합니다.

히브리서 기자는 "찬양의 제사"를 지내는 방법과 관련하여 두 가지 방법을 제시합니다.

첫째, 예수로 말미암아 드리는 것입니다.

이는 찬양의 제사는 오직 예수를 믿는 자만이 예수를 통해서 드릴 수 있다는 뜻입니다. 따라서 예수를 거부하는 자는 이 찬양의 제사를 지낼 수가 없습니다.

둘째, 항상 드리는 것입니다.

'항상'이라는 말은 '계속해서'라는 뜻입니다. 찬양은 하나님을 명예롭게 말하는 것이므로 구원 얻은 성도들은 찬양하는 일을 계속해야 합니다. 즉, 어떤 환경 가운데에서도 찬양할 수 있는 성도가 진정한 믿음의 사람이라 할 수 있습니다. 좋은 예가 사도 바울입니다. 바울은 평상시에도 늘 하나님을 찬양하는 삶을 살았지만, 감옥에 갇힌 상태에서도 찬양하는 사람이었습니다.

이와 관련하여 사도행전에는 다음과 같은 말씀이 기록되어 있습니다.

> 그가 이러한 명령을 받아 그들을 깊은 옥에 가두고 그 발을 차꼬에 든든히 채웠더니 한밤중에 바울과 실라가 기도하고 하나님을 찬송하매 죄수들이 듣더라 (행 16:24-25).

이와 같이 바울은 옥에 갇힌 상태에서도 하나님을 찬양할 만큼 항상 찬양하는 사람이었습니다. 이처럼 하나님을 영화롭게 하는 찬양의 제사와 함께 성도들이 힘써야 할 또 하나의 제사는 선행의 제사입니다.

> "오직 선을 행함과 서로 나누어 주기를 잊지 말라
> 하나님은 이 같은 제사를 기뻐하시느니라."

평상시 가정이나 직장에서 선한 삶을 살아야 합니다. 즉, 우리의 삶 자체가 예배가 되어야 하고, 또한 예배자의 삶을 살아야 합니다. 이러한 삶을 살 때, 그 사람이 드리는 예배를 하나님께서 기쁘게 받으십니다.

10. 순종하고 복종하라

> [히 13:17] 너희를 인도하는 자들에게 순종하고 복종하라 그들은 너희 영혼을 위하여 경성하기를 자신들이 청산할 자인 것 같이 하느니라 그들로 하여금 즐거움으로 이것을 하게 하고 근심으로 하게 하지 말라 그렇지 않으면 너희에게 유익이 없느니라.

본문에서 "너희"는 히브리 교회 성도들을 말합니다. 그리고 '너희를 인도하는 자들'이란, 교회의 지도자들을 가리킵니다. 오늘 본문 전반부에서는 교회의 지도자들에 대해 성도가 취해야 할 태도, 바로 순종과 복종에 대해 이야기하고 있습니다. 교회의 인도자들은 주의 양 떼를 돌보도록 임명받은 사람들이므로 성도가 그들에게 거역하고 불순종하는 것은 그들을 임명하신 주님께 불순종하는 것과도 같습니다. 또한, 순종과 복종은 성도 개인의 영적 유익을 위해서도 반드시 필요한 부분입니다.

오늘 본문 중반부에서는 성도들의 신앙을 지도하는 교회 인도자들의 특징에 대해 말하고 있습니다

> "그들은 너희 영혼을 위하여 경성하기를
> 자신들이 청산할 자인 것같이 하느니라."

'경성하다'라는 말은 '깨어 있다', '잠을 자지 않고 보초를 서다'는 뜻입니다. 영적 지도자들은 그들이 인도하는 영혼들을 위해 깨어서 밤낮으로 돌봅니다. 즉, 한 영혼이라도 잃어버리면 주님께 책망을 받을 것이라는 생

각을 가지고, 단 한 영혼도 잃어버리지 않으려고 노력한다는 것입니다.

> "그들로 하여금 즐거움으로 이것을 하게 하고 근심으로 하게 하지 말라 그렇지 않으면 너희에게 유익이 없느니라."

성도들이 영적 지도자들의 지도에 순종하고 복종해야 하는 적극적인 목적은 그들이 영혼을 위해 경성하는 일을 기쁨으로 수행하도록 돕기 위함이며, 소극적인 목적은 그들이 그 일을 근심하며 하지 않도록 하기 위함입니다. 이때 '근심으로 하다'라는 말은 '한숨짓다', '탄식하다'라는 뜻입니다. 영적 지도자는 양 떼가 불순종할 때 탄식하고 한숨을 짓습니다. 이러한 탄식과 한숨은 결국 양 떼 자신에게 유익하지 못합니다.

광야에서 이스라엘 백성은 만나만 먹고 사는 것이 지겨워 고기를 달라고 항의하며 인도자 모세를 거역하여 애굽으로 돌아갈 기세였습니다. 그때 모세는 기뻐하지 않고 하나님 앞에서 탄식하며 자신의 고초를 토로하였습니다.

그 결과 하나님은 이스라엘에 메추라기를 내려 주며 고기를 먹게 하셨지만, 모세를 거역한 백성들에게 진노하시어 큰 재앙을 내리셨습니다. 이러한 사실은 양 떼의 불순종으로 인해 지도자가 탄식하고 한숨짓는 마음으로 사역한다면 결국 양 떼에게 큰 해가 미칠 수 있음을 보여 줍니다.

11. 나를 위하여 기도하라

> [히 13:18-19] 우리를 위하여 기도하라 우리가 모든 일에 선하게 행하려 하므로 우리에게 선한 양심이 있는 줄을 확신하노니 내가 더 속히 너희에게 돌아가기 위하여 너희가 기도하기를 더욱 원하노라.

히브리서 기자는 오늘 본문에서 히브리 성도들을 방문할 의사를 밝히면서 그 기도 제목을 위해 중보 기도해 달라고 요청합니다. 이때 "기도하라"라는 말은 강제적인 의무가 아니라 요청의 의미가 강합니다. 즉, 히브리서 기자는 성도들에게 자신을 위해 계속해서 기도해 주기를 부탁하고 있는 것입니다.

성도들에게는 서로를 위해 그리고 특히 영적 지도자들을 위해 매일 중보의 기도를 드려야 할 임무가 있습니다. 이는 함께 영적 전투를 수행하는 자들로서 마땅히 해야 할 일입니다.

> "내가 더 속히 너희에게 돌아가기 위하여
> 너희가 기도하기를 더욱 원하노라."

이 당시에 히브리서 기자가 정확히 어디에 있었는지는 알기 어렵습니다. 또한, 그가 왜 다시 돌아오기를 원했는지도 분명하지 않습니다. 다만, 그가 옥고를 치르는 상태는 아니었지만, 피치 못할 사정으로 인해 목양지에서 잠시 떠나 있었던 것으로 보입니다.

'돌아간다'는 말은 일차적으로 본래 위치로 되돌아간다는 뜻을 지니고 있음이 분명합니다. 이 단어가 많은 경우에 환자의 회복과 관련되어 사용된다는 점을 고려하면 그가 심각한 병 때문에 고생하고 있었고 그로 인해 본래의 위치로 돌아가지 못했음을 암시하기 위해 이 단어를 썼다고 볼 수도 있습니다. 따라서 본문은 그런 어려운 상황에서도 회복되어 성도들에게 다시 돌아갈 수 있도록 성도들이 중보 기도해 달라고 요청하고 있는 것으로 이해할 수 있습니다.

  히브리서의 저자는 공식적으로는 미상이지만, 비공식적으로는 사도 바울이라고 보는 의견이 많습니다. 그렇다면 오늘 본문은 위대한 사도 바울이 성도들에게 자신을 위해 기도해 달라고 부탁하는 말씀이 되는 것입니다. 기도가 필요하지 않은 사람은 없습니다. 목회자도 예외가 아니며, 사도 바울이 성도들의 기도가 필요했다면, 오늘날 목회자는 더 많은 기도가 필요할 것입니다.

> "나를 위하여 기도하라
> 내가 더 속히 너희에게 돌아가기 위하여
> 너희가 기도하기를 더욱 원하노라."

12. 자기 뜻을 행하게 하시고

> [히 13:20-21] 양들의 큰 목자이신 우리 주 예수를 영원한 언약의 피로 죽은 자 가운데서 이끌어 내신 평강의 하나님이 모든 선한 일에 너희를 온전하게 하사 자기 뜻을 행하게 하시고 그 앞에 즐거운 것을 예수 그리스도로 말미암아 우리 가운데서 이루시기를 원하노라 영광이 그에게 세세무궁토록 있을지어다 아멘.

오늘 본문 20절에서는 예수 그리스도를 "양들의 큰 목자"로 표현합니다. 예수 그리스도는 양의 목자 중에 가장 위대한 목자이십니다. 그분은 양에게 생명을 더 풍성히 얻게 하시려고 기꺼이 자신의 생명을 버리셨습니다. 베드로는 이러한 예수님을 다시 오실 "목자장"이라고 표현한 바 있습니다.

우리의 큰 목자 되시는 예수님은 자신의 보배로운 피로 새 언약을 세우셨습니다. 즉, 예수님의 십자가 희생으로 말미암아 하나님과 인간 사이에 새로운 관계가 맺어진 것입니다. 십자가에서 흘리신 예수 그리스도의 피는 바로 죄인을 하나님과 화목하게 하는 영원한 언약의 피였으며, 예수님은 그 피로 속죄 사역을 감당하시고 죽으셨습니다. 우리는 이 피에 근거하여 하나님과의 관계가 회복된 것입니다.

"모든 선한 일에 너희를 온전하게 하사
자기 뜻을 행하게 하시고."

이때 '온전하게 하다'는 말은 원래 상태로 복구하는 것을 의미합니다. 이 당시 히브리 성도들의 믿음은 유대교의 핍박 등 여러 많은 환난 속에서 흔들리고 있는 상태였기에, 그들이 처음 가졌던 신앙 상태로 회복되는 것은 절실한 과제였습니다. 하나님의 뜻을 행할 수 있도록 원 상태로 회복되는 것이 곧 온전하게 되는 것이며, 이는 곧 예수님께서 우리에게 원하시는 것이기도 합니다.

이렇게 우리를 온전하게 하신 이유는 '자기 뜻을 행하게' 하시기 위해서입니다. 내 뜻을 고집하고 이루는 것이 진정한 성공이 아닙니다. 예수님께서 십자가에서 피 흘려 돌아가심으로써 나를 온전하게 하신 것은 내 뜻과 내 고집을 내려놓고 주님의 뜻을 행하게 하기 위해서입니다.

우리는 예수님께서 십자가를 앞두고 겟세마네 동산에서 기도하셨던 내용을 잘 알고 있습니다.

> 조금 나아가사 얼굴을 땅에 대시고 엎드려 기도하여 이르시되 내 아버지여 만일 할 만하시거든 이 잔을 내게서 지나가게 하옵소서 그러나 나의 원대로 마시옵고 아버지의 원대로 하옵소서 하시고(마 26:39).

또한, 주님께서 가르쳐 주신 기도문에도 이러한 내용이 나옵니다.

> 나라가 임하시오며 뜻이 하늘에서 이루어진 것 같이 땅에서도 이루어지이다(마 6:10).

우리는 예수님처럼 내 뜻을 내려놓고 아버지의 뜻이 이루어지기를 위해 기도해야 하며, 또한 하나님의 뜻이 하늘에서 이루어진 것 같이 이 땅에서도 이루어지기를 위해 기도해야 합니다. 이렇게 기도하는 성도가 성숙한 성도입니다.

13. 은혜가 있을지어다

> [히 13:22-25] 형제들아 내가 너희를 권하노니 권면의 말을 용납하라 내가 간단히 너희에게 썼느니라 우리 형제 디모데가 놓인 것을 너희가 알라 그가 속히 오면 내가 그와 함께 가서 너희를 보리라 너희를 인도하는 자들과 및 모든 성도들에게 문안하라 이달리야에서 온 자들도 너희에게 문안하느니라 은혜가 너희 모든 사람에게 있을지어다.

히브리서 기자는 히브리서를 마무리하면서 성도들을 향하여 "형제들아"라는 애정 어린 호칭으로 부릅니다. 이는 그들에 대한 히브리서 기자의 큰 관심과 사랑을 표현한 것이라 할 수 있습니다.

히브리서 기자는 성도들을 "형제들아"라고 부르며 다음과 같이 권면합니다.

"형제들아 내가 너희를 권하노니 권면의 말을 용납하라."

"용납하라"는 '견디다', '참다'라는 뜻입니다. 히브리서 기자는 성도들이 이 히브리서에 기록된 모든 권면의 말씀을 인내심을 가지고 읽고 지킬 것을 간청하고 있습니다.

거룩하신 하나님께서 하시는 모든 말씀은 죄인인 인간이 받아들이기에는 솔직히 부담스러운 것이 사실입니다. 쉬운 예로 '네 원수를 사랑하고 너를 핍박하는 자를 위하여 기도하라'는 말씀은 기독교인이라면 모두가 다 알고 있는 말씀입니다. 그런데 우리는 이 말씀을 실천한다는 것이 얼마나 어려운 것인지를 잘 알고 있습니다. 또한, "항상 기뻐하라 쉬지 말고 기도하라 범사에 감사하라"(살전 5:16)라는 말씀도 잘 알지만, 이 말씀 역시 실천하기란 여간 어려운 일이 아닙니다.

이렇게 실천하기 어렵다고 해서 하나님의 말씀을 못 들은 척하거나 거부해서는 안 됩니다. 하나님의 말씀에 대한 우리의 반응은 온전히 용납하는 자세가 되어야 합니다. 즉, 하나님의 말씀을 우리가 "아멘" 하며 받아들여야 합니다. 그래서 히브리서 기자는 히브리서를 마무리하며, 독자들에게 모든 권면의 말씀을 온전히 받아들이라고 강조하고 있습니다.

그리고 마지막으로 다음과 같이 축도합니다.

"은혜가 너희 모든 사람에게 있을지어다."